Erich Oberpichler

Deutscher Bildungsrat

Empfehlungen
der Bildungskommission

Zur Neuordnung der Sekundarstufe II

Konzept für eine Verbindung von allgemeinem und beruflichem Lernen

Verabschiedet auf der 38. Sitzung
der Bildungskommission
am 13./14. Februar 1974 in Bonn

Ernst Klett Verlag Stuttgart

1. Auflage 1974
Alle Rechte vorbehalten
Fotomechanische Wiedergabe nur mit Genehmigung des Verlages
Ernst Klett Verlag, Stuttgart 1974. Printed in Germany
Satz und Druck: Bundesdruckerei Bn 422113 2.74
ISBN 3-12-922360-6

Inhalt

Inhalt		Seite

Vorwort

Die Bildungskommission hat in der Arbeitsperiode von
1970 bis 1974 die berufliche Bildung zu einem Schwerpunkt ihrer Arbeit gemacht. Als ersten Ausschuß hat sie
im Juni 1970 den Ausschuß „Berufliche Bildung" eingesetzt und ihm den Auftrag gegeben, im Anschluß an die
Empfehlung zur Verbesserung der Lehrlingsausbildung
(1969) und an die Ausführungen des Strukturplans zur
Sekundarstufe II das gesamte Problemfeld der beruflichen
Bildung zu erörtern und eine weiterführende Empfehlung
vorzubereiten.

Im Verlauf der gründlichen analytischen Arbeiten dieses
Ausschusses stellte sich heraus, daß die Fragen der beruflichen Bildung nur dann angemessen behandelt werden
können, wenn sie in den Zusammenhang der gesamten
Sekundarstufe II gestellt werden. Schon der Strukturplan
hatte die Überwindung des Gegensatzes von Allgemeinbildung und Berufsbildung zum Ziel gehabt; beides sollte
zusammengeführt und ineinandergefügt werden. Diese
Zielsetzung machte es notwendig, alle Bildungsgänge für
Jugendliche nach der Vollzeitschulpflicht, also die Bildungsgänge im dualen System, die beruflichen Bildungsgänge in Vollzeitschulen und die verschiedenen gymnasialen Bildungsgänge, einzubeziehen. Die Bildungskommission
stand vor der Aufgabe, ihre Überlegungen auf eine Neuordnung der Sekundarstufe II insgesamt auszuweiten. Der
Mittelpunkt dieser Überlegungen sollte die Struktur der
Lernprozesse sein und hier wiederum die Frage, wie die
Lernangebote in der Sekundarstufe II zu ordnen sind,
wenn in den Lernprozessen berufliches Lernen mit einem
nicht berufsspezifischen, also allgemeinen Lernen verbunden sein soll. Bisher sind im beruflichen Lernen Berufs-

qualifikationen für Ausbildungsberufe und im allgemeinen Lernen die allgemeine Hochschulreife erworben worden. Wie soll jedoch das Lernen vonstatten gehen, wenn mit beruflichen Kenntnissen und Fertigkeiten zugleich allgemeine Befähigungen erworben werden sollen, das heißt Befähigungen, die zur Bewältigung mannigfaltiger, nicht allein beruflicher Lebenssituationen notwendig sind? Die Antwort auf diese Fragen kann nicht gegeben werden, wenn nur ein Teil der Lernangebote, die beruflichen oder die gymnasialen, im Blickfeld steht. Dazu bedarf es eines alle Lernangebote der Sekundarstufe II übergreifenden Konzepts.

Um zugleich mit der Bearbeitung der Fragen der beruflichen Bildung diese umfassende Perspektive zu entwickeln, hat die Bildungskommission im September 1971 den Ausschuß „Lernprozesse (Sekundarstufe II)" eingesetzt. Dieser Ausschuß hatte den Auftrag, vom curricularen Ansatz her ein Konzept der Sekundarstufe II zu erarbeiten, während der Ausschuß „Berufliche Bildung" seinen Auftrag weiterführte.

Die Arbeit beider Ausschüsse fand zunächst im gegenseitigen Kontakt, dann in enger Kooperation statt. In der Schlußphase arbeiteten die Ausschüsse integriert und legten der Bildungskommission im Juli 1973 ein Konzept zur Neuordnung der Sekundarstufe II vor, in dem die Reform der beruflichen Bildung zum leitenden Gesichtspunkt geworden war. Der Empfehlungsentwurf war auch die Grundlage eines Hearings mit Vertretern der Wirtschaft (Vertreter der Arbeitgeberverbände und der Gewerkschaften), der Lehrerverbände, der Eltern und der Schüler, dessen Ergebnisse in die weitere Diskussion eingeflossen sind.

Der Reformvorschlag betrifft alle Bildungsgänge, die heute für Jugendliche zwischen etwa 15 und 19 Jahren gegeben sind. Die besondere Lernsituation der Jugendlichen ohne Ausbildungsverhältnis (Jungarbeiter) und der behinderten Jugendlichen finden Berücksichtigung. Eine einseitige Orientierung an einer der heute gegebenen Bildungsinstitutionen, etwa der beruflichen Bildung an der gymnasialen oder der gymnasialen Bildung an der beruflichen, findet nicht statt. Vielmehr werden die Bildungsgänge durch eine für alle gleich geltende curriculare Grundstruktur bestimmt, wenngleich ihre Inhalte und die Anforderungen je nach dem Ziel des Bildungsganges und der erstrebten Qualifikation verschieden sind.

Das in der vorliegenden Empfehlung ausgearbeitete Modell kann auch für weitere Bereiche des Bildungswesens Geltung haben. Die Bildungskommission hat in ihrer Empfehlung „Zur Planung berufsqualifizierender Bildungsgänge im tertiären Bereich" vom 22. Juni 1973 ein ähnliches Modell vorgeschlagen. Dadurch leisten diese Empfehlungen auch einen Beitrag zur inneren Einheitlichkeit des Bildungswesens. Die Fortsetzung des Lernens nach dem Erreichen einer Fachqualifikation ist für den einzelnen dann besser möglich, wenn eine übereinstimmende Grundstruktur des organisierten Lernens den Anschluß erleichtert. Dieser Gesichtspunkt hat gegenwärtig auch deswegen besonderes Gewicht, weil das lebenslange Lernen verstärkte Bedeutung gewinnt.

Die Ziele und Maßnahmen, welche die Regierungen von Bund und Ländern im Bildungsgesamtplan (1973) beschlossen haben, beziehen sich insbesondere auf die Verzahnung von beruflicher und allgemeiner Bildung, auf den Ausbau von Lehrwerkstätten und auf eine Erhöhung des Theorienanteils in der beruflichen Ausbildung. Insoweit nehmen sie die gleiche Richtung wie die Empfehlung auf. Das gleiche gilt von den „Grundsätzen zur Neuordnung der beruflichen Bildung" der Bundesregierung vom 16. November 1973, die als „Markierungspunkte" die Grundlage für die Neufassung des Berufsbildungsgesetzes bilden. Die vorliegende Empfehlung geht jedoch insofern über diese Beschlüsse hinaus, als sie einen curricularen Rahmen und eine Gesamtstruktur für die Sekundarstufe II schafft, der für die Weiterentwicklung der Ziele wie auch für die Fortführung der Maßnahmen zur Orientierung dienen sollte.

In der „Zusammenfassung", die der Empfehlung vorangestellt ist, wird darauf hingewiesen, daß hier das allgemeine Modell für die neue Sekundarstufe II dargestellt wird. Es wird betont, daß dieses Modell aufgrund einer öffentlichen Diskussion weiterentwickelt werden muß und daß seine Realisierung sicherlich nur schrittweise erfolgen kann. Gleichwohl zeigt das vierte Kapitel konkrete Ansatzpunkte für die Reform, die schon heute aufgegriffen werden können. Sie bieten nicht nur Anlaß zur Diskussion, sondern auch zu praktischer Erprobung.

Hermann Krings
Vorsitzender der Bildungskommission
des Deutschen Bildungsrates

Zusammenfassung

Die Bildungskommission legt eine Empfehlung für die Sekundarstufe II vor, die in vier Kapiteln die Ausgangspunkte, die Grundlinien der Neuordnung, den Entwurf eines Modells der Sekundarstufe II sowie Ansatzpunkte zur Verwirklichung des Konzepts darstellt. Das Konzept umfaßt alle Bildungsgänge. Es stellt die Lernprozesse und ihre Organisation in den Mittelpunkt, berücksichtigt aber auch die Probleme des Jugendalters und die Situation des Jugendlichen in der Gesellschaft.

Die Empfehlung geht von allgemeinen Zielsetzungen aus. Vorab ist es ihr Ziel jedem Jugendlichen nach der Vollzeitschulpflicht ein Lernangebot zu machen, das geeignet ist, ihn entsprechend seinen Fähigkeiten, Neigungen und Plänen zu fördern. Die Lernangebote werden darum derart differenziert, daß sie den unterschiedlichen Lernvoraussetzungen und Lernmotivationen angemessen sind; sie sollen insgesamt so angelegt sein, daß allgemeines und berufliches Lernen eine Einheit bilden. Der durch die Bildungsgänge der Sekundarstufe II organisierte Lernprozeß soll mit der Fachkompetenz zugleich allgemeine Kompetenzen vermitteln.

Die Neuordnung der Sekundarstufe II hat zum Ziel, die Bildungsangebote so zu gestalten, zu organisieren und zu vermitteln, daß der Jugendliche in der Entfaltung seiner persönlichen Fähigkeiten gefördert wird, eine Fachkompetenz erwirbt, durch die er im Beschäftigungssystem eine ihm angemessene Leistung im Beruf erbringen kann und zugleich auf seine gesellschaftlich-politischen Aufgaben vorbereitet wird.
Dieser Zielsetzung entsprechen folgende Grundzüge der Neuordnung:

(1) Lernangebote für alle Jugendlichen
Die Sekundarstufe II umfaßt die Lernangebote für alle Jugendlichen, die die Sekundarstufe I mit einem Abschluß oder auch ohne Abschluß beendet haben. In der gegenwärtigen Situation setzt sich die Altersgruppe zusammen aus den Jugendlichen, die in einem Ausbildungsverhältnis stehen, den Jugendlichen, die eine berufliche Vollzeitschule oder ein Gymnasium besuchen sowie den Jugendlichen ohne Ausbildungsverhältnis. Auch Jugendliche mit Behinderungen oder Verhaltensstörungen werden einbezogen. Diese Jugendlichen bedürfen aus unterschiedlichen Gründen einer besonders

intensiven Betreuung. Deshalb wird vorgeschlagen, für alle Jugendlichen eine Bildungspflicht bis zum Ende des elften Bildungsjahres gesetzlich festzulegen (siehe 2.7.1). Die Neuordnung der Sekundarstufe II soll demnach von ihrer Anlage her keine Gruppe von Jugendlichen unberücksichtigt lassen.

(2) Bildungsgänge

Die Lernangebote in der Sekundarstufe II werden als Bildungsgänge organisiert. Lernen in der Sekundarstufe II ist nicht mehr unterschieden nach Lernen in den Schulen und nach Ausbildung im dualen System (Betrieb und Teilzeitschule), sondern nach Bildungsgängen gegliedert. Bildungsgang heißt eine geordnete Abfolge von Lernveranstaltungen in einem Schwerpunkt (siehe 2.3.4.1), die zu einem Fachabschluß (siehe 2.4.3) führt. Schwerpunkte sind inhaltliche Bereiche, die durch bestimmte Kurse, allenfalls auch durch eine bestimmte Abfolge der Kurse, curricular strukturiert sind. In den Schwerpunkten erwerben die Lernenden ihre spezifische Fachkompetenz.

Zur Abfolge der Bildungsgänge gehört eine berufliche Grundbildung (siehe 2.3.5), die je nach der Wahl des Schwerpunkts und des erstrebten Abschlusses verschieden zu gestalten ist. An die berufliche Grundbildung schließt sich die Fachbildung an. Fachbildung zusammen mit beruflicher Grundbildung ergibt die Grobstruktur jedes Bildungsganges.

(3) Integration und Differenzierung

Die Sekundarstufe II ist ein Teil des Bildungswesens unter öffentlicher Verantwortung. Die bisher getrennten Bildungs- und Qualifikationssysteme für eine berufliche Ausbildung und für eine Studienbefähigung werden in einer alle Bildungsgänge umfassenden Stufe des Bildungswesens — Sekundarstufe II — vereinigt. Dies setzt voraus, daß die berufsbildenden Angebote mit einer Fachkompetenz auch allgemeine Fähigkeiten humaner und sozialer Art vermitteln. Die studienbezogenen Angebote erhalten eine stärkere Berufsbezogenheit. Die Curricula aller Bildungsgänge werden nach jenen Grundsätzen aufgebaut, die durch die Zielsetzung — Vermittlung von Fachkompetenz in eins mit Vermittlung von humaner und gesellschaftlich-politischer Kompetenz — vorgegeben sind (integrierter Lernprozeß). Die-

*für gesellschaftl.
Kompetenz*

sem Ziel dient auch die Aufnahme eines den jeweiligen Schwerpunkt ergänzenden obligatorischen Bereichs in das Lernprogramm eines jeden Lernenden in der Sekundarstufe II (siehe 2.3.4.2). Die Bildungsangebote innerhalb dieses Systems werden stark differenziert sein. Die Curricula sind entsprechend den Bildungsgängen, entsprechend den verschiedenen Qualifikationsebenen (siehe 2.4.2) und entsprechend den angestrebten Qualifikationen für eine Berufstätigkeit und/oder ein Studium (siehe 2.4.3) zu differenzieren. Eine angemessene Differenzierung der Bildungsangebote kann die horizontale und vertikale Durchlässigkeit sicherstellen.

④ Kurse

Die Bildungsangebote werden in der Sekundarstufe II grundsätzlich als Kurse organisiert (siehe 2.6.2). Kurse sind inhaltlich begrenzte, in sich abgeschlossene Lerneinheiten, deren Abfolge und Summe den Inhalt der Bildungsgänge ausmachen oder zu deren Ergänzung dienen. Kurse können in einem zeitlichen Block (Blockkurse) oder zeitlich erstreckt mit einer bestimmten wöchentlichen Stundenzahl (Intervallkurse) durchgeführt werden. Die betrieblichen Anteile werden nur bei bestimmten Voraussetzungen (z. B. größere Ausbildungsabteilungen) in Kurse untergliedert werden können. Generell werden alle betrieblichen Anteile wie Kurse behandelt.

Ein Bildungsgang besteht aus Pflichtkursen, möglicherweise ergänzt durch Wahlpflichtkurse sowie aus den zugehörigen Abschlüssen; zu den Pflichtkursen treten außerdem Kurse aus dem Bereich frei wählbarer Angebote (siehe 2.3.4.3). Die Wahlpflichtkurse zusammen mit den frei gewählten Kursen geben der erworbenen Qualifikation ein bestimmtes Profil.

Die Kurse sollen, soweit das sachlich möglich ist, in verschiedenen Bildungsgängen anrechenbar sein; zum Beispiel ein Englischkurs des Bildungsgangs Industriekaufmann im Bildungsgang Neuere Sprachen oder ein Mathematikkurs des Bildungsgangs Vermessungstechniker im Bildungsgang Optiker. Die Anrechnung von studienbezogenen Kenntnissen auf berufliche Bildungsgänge ist heute schon möglich. Zwar werden die Bildungsgänge durch Pflichtkurse deutlich bestimmt sein, doch die Beispiele zeigen, daß geeignete Kurse, das heißt Kurse, die nach Art und Niveau ihrer Lernanforde-

rungen in verschiedene Bildungsgänge passen, in diesen
auch angerechnet werden können. Die Anrechenbarkeit
(siehe 2.6.3) von Kursen wird die horizontale und vertikale Durchlässigkeit erhöhen.

(5) Qualifikationen und Abschlüsse
Der Lernerfolg, der mit einem abgeschlossenen Bildungsgang erreicht ist, kann unter verschiedenen Gesichtspunkten gesehen, bezeichnet und bewertet werden.

Der Lernerfolg in einem Schwerpunkt hat zunächst
eine Bedeutung im Hinblick auf den Lernenden selbst
und seine persönliche Befähigung. Der Lernerfolg in
dieser Hinsicht wird in der Empfehlung als Fachkompetenz bezeichnet. Die Bedeutung der Fachkompetenz
reicht jedoch über das rein Fachliche hinaus, wenn sie
so vermittelt wird, daß zugleich allgemeine Befähigungen für die Bewältigung von Lebenssituationen, seien es
Befähigungen im Bereich der Sprache oder anderer
Kommunikationsformen, seien es Kenntnisse über organisatorische, soziale und politische Zusammenhänge,
seien es Urteilsfähigkeit oder Fähigkeit zur Verantwortung erworben werden können. Sie werden hier als
humane und soziale Kompetenzen bezeichnet. Die Bezeichnung Kompetenz bringt zum Ausdruck, daß der
Lernerfolg nicht nur in nachgewiesenen Kenntnissen
und Fertigkeiten besteht, sondern auch die Fähigkeit
zu selbstverantwortetem Handeln im persönlichen, beruflichen und gesellschaftlich-politischen Bereich
umfaßt.

Fachqualifikation bezeichnet den(selben) Lernerfolg
im Hinblick auf die Verwertbarkeit in einem Beruf, in
einem weiteren Bildungsgang oder in einem Studium.
Die Fachkompetenz qualifiziert den Jugendlichen dazu,
bestimmten Anforderungen in anderen gesellschaftlichen Bereichen als der Sekundarstufe II, vornehmlich
in den Berufen und in der Hochschule, zu genügen.

Die Fachqualifikationen werden durch staatliche
Ordnungsmittel, also durch Ausbildungsordnungen,
Lehrpläne, Rahmenrichtlinien, anerkannte Curricula,
Prüfungsordnungen und so weiter definiert.

Die Feststellung der Fachqualifikation, sofern sie in
einem staatlich anerkannten Prüfungsverfahren förmlich
durchgeführt wird, ist ein Fachabschluß (siehe 2.4.3).
Er kann auf verschiedenen Qualifikationsebenen erreicht werden: Der Fachabschluß A führt entweder un-

mittelbar in eine Berufstätigkeit oder zu einem weiteren Bildungsgang in der Sekundarstufe II. Der Fachabschluß B führt zu einer Berufstätigkeit, die höhere Anforderungen stellt, vergleichbar etwa heutigen Assistenten- oder Technikerberufen oder zu einem Studium. Jeder Fachabschluß, gleich in welchem Bildungsgang und in welcher Ebene, ist ein Sekundarabschluß II. Die Fachabschlüsse, insbesondere die Prüfungszuständigkeit und die Prüfungsanforderungen, werden vom Staat geregelt.

(6) Die Pluralität der Lernorte
Das Lernen in der Sekundarstufe II geschieht an verschiedenen Lernorten, nicht nur in der Schule, jedoch in jedem Fall auch in der Schule. Betrieb und Lehrwerkstatt sind weitere Lernorte. Ein vierter Lernort, der neu zu begründen ist, soll vornehmlich Angebote im Bereich des kreativen, ästhetischen und sozialen Lernens machen. Er wird unter dem Namen „Studio" (siehe 2.5.2.4) eingeführt. Die Lernorte sind grundsätzlich gleichwertig, auch wenn sie in verschiedenen Bildungsgängen in unterschiedlichem Maß in Anspruch genommen werden.

Unter Lernort (siehe 2.5.1) ist eine im Rahmen des öffentlichen Bildungswesens anerkannte Einrichtung zu verstehen, die Lernangebote organisiert. Der Ausdruck „Ort" besagt zunächst, daß das Lernen nicht nur zeitlich nach Stundentafeln, Blöcken, Trimestern oder Schuljahren sondern auch lokal gegliedert ist.

Die Lernorte können öffentliche oder private Träger haben. Die Pluralität der Lernorte ist, unabhängig von der Trägerschaft, durch Gesichtspunkte der fachlichen Zweckmäßigkeit begründet. Die Ausbildung im Betrieb, in der Lehrwerkstatt, im Studio oder in der Schule vermittelt je verschiedene Seiten einer Fachkompetenz. Für bestimmte Teile von Qualifikationen kann der geeignete Lernort durch keinen anderen ersetzt werden.

Die Pluralität der Lernorte ist ferner pädagogisch begründet. Der Jugendliche hat Gelegenheit, unter verschiedenen, den jeweiligen Lernzielen entsprechenden Bedingungen zu lernen. Da sich die Lernprozesse, die für die verschiedenen Qualifikationen nötig sind, nach der Art der Lernziele, nach der Vermittlungsart und nach dem sozialen Kontext des Lernens unterscheiden können, ist je nach der Art der Lernprozesse der geeignete Lernort zu bestimmen.

Die Lernorte stellen in je verschiedener Weise ein
Feld des sozialen Lernens dar. Damit bietet eine Plurali-
tät der Lernorte schließlich weiterreichende Sozialisa-
tionsmöglichkeiten, als die Schule allein sie bieten
könnte. Der Jugendliche wird besser in verschiedene
Lebensbereiche, von denen der eine vorwiegend durch
Technik, andere durch Produktion, soziale Aufgaben,
Konsum, Kommunikation, Kunst, Medien oder anderes
geprägt sind, und in das jeweils entsprechende soziale
Umfeld eingeführt werden können. Der Wechsel des
Lernorts gibt dem Lernenden überdies Gelegenheit, sich
allmählich aus der Schülerrolle zu lösen und Verhaltensweisen in nichtschulischem Milieu kennenzulernen
und einzuüben.

— Lernort Schule:

Der Lernort Schule wird in allen Bildungsgängen eine
zentrale Stellung einnehmen (siehe 2.5.2.1). Alle Jugendlichen sollen die für ihren späteren Beruf grundlegende
theoretische Ausbildung erhalten. Ferner sollen alle
Jugendlichen in der ihnen angemessenen Weise in die
vornehmlich durch sprachliche Kommunikation geprägte
Kultur unserer Gesellschaft eingeführt werden. Überdies
wird die Schule jener Lernort sein, in der der Lernfortschritt und die Sozialerfahrungen an anderen Lernorten distanziert und kritisch aufgearbeitet werden
können.

— Lernort Betrieb:

Die Neuordnung der Sekundarstufe II verändert das
„duale System" insofern, als Schule und betriebliche
Bildung nicht mehr als zwei voneinander getrennte
Qualifikationssysteme nebeneinander stehen. Der Betrieb übernimmt in einem Bildungsgang jene Lernanteile,
die praxisnah vermittelt werden müssen (siehe 2.5.2.2).
Die privat durchgeführte betriebliche Bildung soll aber
unter öffentlicher Verantwortung stehen. Staat und
Wirtschaft werden Kooperationsformen zur Aufstellung
und Durchführung der Lernprogramme der beruflichen
Bildung entwickeln müssen. Diese Einbeziehung des
betrieblichen Anteils in das Bildungssystem der Sekundarstufe II bedeutet eine ausdrückliche Bejahung des
Betriebs als Lernort.

— Lernort Lehrwerkstatt:

Aus sachlichen wie aus pädagogischen Gründen (siehe
2.5.2.3) wird die Lehrwerkstatt als ein eigener Lernort
neben Schule und Betrieb empfohlen. Eine Lehrwerk-

statt kann in Nähe zur Schule, in Nähe zu einem Betrieb
oder überbetrieblich geführt werden. In einer Reihe von
beruflichen Bildungsgängen wird der Anteil von Betrieb
und Lehrwerkstatt beziehungsweise von Schule und
Lehrwerkstatt zeitlich und organisatorisch eng verbunden sein und einen erheblichen Anteil des Lernprogramms ausmachen.
— Lernort Studio:
Die neue Sekundarstufe II ergänzt die überkommenen
Lernorte durch den Lernort Studio (siehe 2.5.2.4). Das
Studio eröffnet dem Lernenden für den Wahlbereich
neuartige Lernmöglichkeiten im Bereich des kreativen,
ästhetischen und in diesem Zusammenhang auch des
sozialen Lernens. Es bietet ferner die Möglichkeit, eine
Fachqualifikation oder Teile von Qualifikationen zu
erwerben, für die andere Lernorte nicht die notwendigen
Angebote machen können, zum Beispiel für den Bereich
der Medien oder der Musik.

Ein Bildungssystem, das dem Jugendlichen jene
Fachqualifikationen vermitteln muß, die für anspruchs-
volle und spezialisierte Leistungen in einer arbeits-
teiligen Industriegesellschaft gefordert werden, hat die
Aufgabe, nicht nur durch die Art der Vermittlung von
Fachkompetenz, sondern auch durch ein eigenes Lernangebot jene menschlichen Fähigkeiten und Begabungen zu entwickeln und zu fördern, die beim Erwerb
einer beruflichen Qualifikation nicht hinreichend Berücksichtigung finden, jedoch für ein humanes Leben
und für die Kultur einer Gesellschaft unerläßlich sind.
Die Bereiche von Spiel, Sport und freiem Gestalten, die
Bereiche der Medien und der Künste sollen dem Lernenden durch organisierte Angebote zu eigener kreativer
Tätigkeit erschlossen werden.

(7) Die Institution der Sekundarstufe II
Zur Neuordnung der Sekundarstufe II wird eine veränderte Institutionalisierung der Bildungseinrichtungen
empfohlen. Die Bildungsinstitution der Sekundarstufe II
muß die Bildungsgänge so anbieten, daß sie auf verschiedene Lernorte hin ausgelegt werden können.
Gleichwohl müssen die Angebote der Lernorte inhaltlich
und organisatorisch so aufeinander abgestimmt sein,
daß sie für die Lernenden überschaubar und realisierbar
sind.

Dazu bedarf es einer institutionalisierten Kooperation der Lernorte, die es erlaubt, im Rahmen der Vorgaben
— das Bildungsangebot für einen bestimmten Einzugsbereich zu organisieren,
— eine die Lernorte übergreifende Verantwortung für das Gesamtcurriculum eines jeden Bildungsganges wahrzunehmen,
— die Lernangebote zeitlich und inhaltlich so zu organisieren, daß sie inhaltlich vollständig sind, die notwendige Abfolge gewahrt wird und jeder Anteil, auch der Bereich der frei wählbaren Kurse, angemessen Raum erhält,
— das Beratungs- und das Prüfungswesen für die Lernorte gemeinsam einzurichten.

Die Sekundarstufe II bedarf eines Verbundsystems, das als ein Institut der Kooperation der vier Lernorte zu begründen ist. Öffentliche und private Lernortträger werden neue institutionalisierte Formen der Zusammenarbeit hinsichtlich der Lernangebote und der Unterrichtsorganisation vereinbaren müssen, so daß die von verschiedenen Trägern an verschiedenen Lernorten angebotenen Kurse als Bestandteile von deutlich bestimmten Bildungsgängen gelten können. Die Bildungskommission empfiehlt als Zielvorstellung eine organisatorische und institutionelle Zusammenfassung der Lernorte Schule, Lehrwerkstatt, Betrieb und Studio in der Sekundarstufe II. Die Schulen im Bereich der Sekundarstufe II werden zu einem Lernort, dem Lernort Schule, zusammengefaßt; sie werden insgesamt mit anderen Lernorten zusammenarbeiten. Die Aufgaben der Schule werden dadurch erweitert. Das gleiche gilt für die anderen Lernorte.

Die Institution, in der die Lernorte zu einer kooperativen Organisation zusammengefaßt sind, ist die umfassende Bildungseinrichtung der Sekundarstufe II. Sie kann also nicht mit der Schule gleichgesetzt werden. In Anlehnung an internationale Entwicklungen und geläufige Bezeichnungen wird für die Bildungsinstitution der Sekundarstufe II der Name „Kolleg" empfohlen (siehe 3.1.1).

(8) Die Lernortträger

Die Lernortträger in Industrie, Handel, Handwerk, Landwirtschaft, Hauswirtschaft, in den freien Berufen und in anderen Bereichen sowie der öffentliche Dienst nehmen

mit den Lernangeboten in Betrieben und Lehrwerkstätten an den Aufgaben des öffentlichen Bildungswesens teil. Ihr Beitrag wird als Anteil am Lernprogramm in das kooperative Organisationssystem der
Sekundarstufe II eingefügt. Die Lernangebote aller
Lernorte werden gleichwertigen Ansprüchen an Inhalt,
Methoden und Organisation, an Ausstattung und Lehrpersonal genügen müssen. Die Lernortträger bieten nach
Maßgabe von Ausbildungsordnungen und Rahmenrichtlinien ihre Lernprogramme selbständig an, haben sie
jedoch im Kolleg mit den Programmen der anderen
Lernorte inhaltlich und zeitlich abzustimmen.

Die Bildungskommission empfiehlt keine bestimmte
Rechtsform für das Kolleg. Die Ausführungen über die
Probleme der Rechtsform des Kollegs (siehe 3.5) dienen
der Verdeutlichung der Aufgabenstruktur der Institution.
Die Rechtsform des Kollegs und dessen Satzung müssen
jedoch eine für alle Lernorte verbindliche Aufstellung
der Lernprogramme sicherstellen. Die Bildungskommission geht davon aus, daß die in den einzelnen Lernorten
bestehenden Mitbestimmungs- beziehungsweise Mitwirkungsmöglichkeiten angewendet und im Hinblick
auf das Kolleg weiter entwickelt werden. Die Finanzierung der betrieblichen Bildung muß mit der Finanzierung des übrigen Bildungswesens durch die öffentliche
Hand in Zusammenhang gebracht und in sich betriebs-
und konjunkturunabhängig gestaltet werden.

⑨ Die **Aufgaben des Staates**
Zur Wahrnehmung ihrer Aufgaben im Bildungswesen
haben Bund und Länder die Bund-Länder-Kommission
für Bildungsplanung geschaffen, die Vereinbarungen zur
einheitlichen Reform des Bildungswesens vorbereitet.
Der Bildungsgesamtplan vom 15. Juni 1973 sieht eine
Verzahnung von beruflicher und allgemeiner Bildung
vor und mißt dem Ausbau von Lehrwerkstätten eine
besondere Bedeutung zu. Darüber hinaus werden dem
Staat durch die vorgesehene Neuordnung der Sekundarstufe II insbesondere folgende weitergehende Aufgaben
zugewiesen: Der Staat soll die öffentliche Verantwortung für den gesamten Bereich der Sekundarstufe II
übernehmen. Damit ist es Aufgabe des Staates, durch
Bundesgesetze, durch Ländergesetze sowie durch Vereinbarungen zwischen Bund und Ländern die erforderliche Koordinierung der Bildungsangebote, insbeson-

dere die Abstimmung der Ausbildungsordnungen mit
den Rahmenlehrplänen für berufsqualifizierende Bildungsgänge sicherzustellen sowie die notwendigen
Instrumente der Kooperation auf Bundesebene, Landesebene und regionaler Ebene zu schaffen. Über das Verhältnis von Bildungsverwaltung und Schule einschließlich der Aufsicht hat sich die Bildungskommission in
anderen Empfehlungen geäußert. Die gemachten Vorschläge gelten auch für den Lernort Schule im Kolleg.
Das Bildungssystem der Sekundarstufe II soll der
Rechts- und Fachaufsicht des Kultusministers (Senators)
unterstehen. Die Aufsicht über die nichtschulischen
Lernorte sollte eigens in einer den Lernprozessen und
dem Rechtsstatus dieser Lernorte angepaßten Weise geregelt werden.

(10) Der Stellenwert der Empfehlung
Die Bildungskommission legt in dieser Empfehlung zunächst ein allgemeines Modell vor, daß als Zielvorstellung und zur Orientierung von Einzelmaßnahmen zur
Verbesserung der beruflichen Bildung und der Bildungsangebote in der Sekundarstufe II insgesamt dienen soll.
Zu einer Umsetzung in die Praxis bedarf es noch der
Konkretisierung. Eine solche Umsetzung und die Lösung
der damit verbundenen Probleme wird nur schrittweise
erfolgen können. Die einzuleitenden Reformen und die
nächsten Schritte, auf die im vierten Kapitel der Empfehlung eingegangen wird, bedürfen jedoch der langfristigen Orientierung an einer ausgearbeiteten Zielvorstellung. In schrittweiser Verwirklichung wird das
allgemeine Modell, das im dritten Kapitel dargestellt
wird, erprobt, geprüft und modifiziert werden können.
Es wird sich zeigen, welche der heute drängenden Probleme durch das Modell gelöst werden können, welche
neuen Probleme entstehen und durch welche Abwand-
lungen des Konzepts ihnen begegnet werden kann.
Darum läßt die Empfehlung einen weiten Spielraum für
künftige Entwicklungen und Verbesserungen. Der pädagogisch, bildungspolitisch und gesellschaftspolitisch
begründete Grundriß der neuen Sekundarstufe II soll
jedoch dabei maßgebend sein.
    Die Weiterentwicklung des allgemeinen zu einem in
die Praxis umsetzbaren Modell wird eine öffentliche
Diskussion sowohl im Bereich der einschlägigen Wissenschaften, der Lehrenden und Lernenden, als auch im

gesellschaftspolitischen, bildungspolitischen und wirtschaftspolitischen Feld erfordern. Die Empfehlung des Modells bedeutet aber auch eine Aufforderung zu gemeinsamen Anstrengungen, eine schrittweise Verwirklichung voranzubringen. Insbesondere kann sie jene Überlegungen in Gang setzen, die es dem Gesetzgeber ermöglichen, die gesetzlichen Grundlagen für die Verwirklichung des Modells zu schaffen.

Gemäß dem Charakter dieser Empfehlung als einer Zieldarstellung, die der Orientierung von Einzelmaßnahmen dient, ist ihr bildungspolitischer Stellenwert zu bestimmen. In ihrem Kern richtet sich die Empfehlung über die Regierungen an den Gesetzgeber in Bund und Ländern. Denn — abgesehen von Versuchen — wird ihre Umsetzung in die Wirklichkeit eine Reihe von neuen Gesetzen und Neufassungen von Gesetzen sowie Vereinbarungen zwischen Bund und Ländern erfordern. Mit einigen Vorschlägen richtet sie sich an die Regierungen und an die Träger der nichtschulischen beruflichen Bildung mit der Bitte, Maßnahmen, die ohne Änderung von Gesetzen ergriffen werden können (z. B. neue Ausbildungsordnungen, Kurssystem usw.) weiterzuführen und insbesondere Formen der Zusammenarbeit auf lokaler und regionaler Ebene sowohl in Fragen der Abstimmung des schulischen und des betrieblichen Anteils am Lernprogramm als auch in Fragen der Lernorganisation zu erproben.

Die Bildungskommission bittet die Vertragschließenden in Bund und Ländern zu prüfen, ob in den Kultusressorts der Länder und in den zuständigen Ressorts des Bundes entsprechende Gesetzesinitiativen vorbereitet werden können.

Empfehlungen

1.   **Ausgangspunkte**
1.1   **Einleitung**

Die Sekundarstufe II nimmt im öffentlichen Bildungswesen eine zentrale Stelle ein. Sie baut einerseits auf
den Ergebnissen des frühen Lernens und des Lernens
während der Vollzeitschulpflicht auf; andererseits führt
sie zu einem Abschluß für den unter öffentlicher Verantwortung stehenden Bildungsprozeß des Jugendlichen.
Die Sekundarstufe II ist zugleich ein Ende und ein Anfang, wenn ihre Lernangebote zum Ziel haben, den
Jugendlichen als mündigen Bürger mit einer von ihm
gewählten und erworbenen Fachkompetenz in eine neue
Phase seines Lebens in Beruf, Hochschule und Weiterbildung zu entlassen.

Das Lernen in der Sekundarstufe II orientiert sich
maßgeblich an den künftigen Aufgaben in Familie, Beruf, Gesellschaft und Staat. Der fachliche Schwerpunkt
im Lernen und dessen Bedeutung für den künftigen Beruf
sind maßgebende Faktoren. Die Lernenden sind keine
Kinder mehr. Der Charakter der Lernprozesse und der
Lerninstitutionen muß sich gegenüber den vorausliegenden Stufen ändern. Der Lebensabschnitt des jungen Menschen in der Sekundarstufe II kann als ein Übergang
vom Jugendleben in die verschiedenen Rollen des Erwachsenenlebens gesehen werden. In diesem Lebens-
alter trifft er die Entscheidung für einen Beruf oder ein
Berufsfeld; er wird selbständig und für seine Entscheidungen und sein Handeln verantwortlich. Er erhält mit
dem Wahlalter politische Rechte und damit eine verant-
wortliche Aufgabe im politischen Leben; er sucht außerhalb der Familie einen neuen Lebensumkreis, und die
Beziehungen zum Partner anderen Geschlechts gewinnen
ihre volle Bedeutung im Lebensvollzug und im Lebens-

plan. Das Bildungsangebot für die Altersgruppe der 15- bis 19jährigen in unserer Gesellschaft hat wegen der Besonderheit dieser Lebensphase eine entscheidende Bedeutung für die persönliche, berufliche und gesellschaftlich-politische Zukunft des einzelnen.

1.1.1   Die bisherigen Empfehlungen der Bildungskommission zur Sekundarstufe II

Die nunmehr über sieben Jahre andauernden Überlegungen der Bildungskommission über eine angemessene Lösung der mannigfachen pädagogischen, bildungspolitischen, gesellschaftspolitischen und beschäftigungspolitischen Probleme der Sekundarstufe II haben bisher ihren Niederschlag vor allem in der Empfehlung zur Verbesserung der Lehrlingsausbildung (Januar 1969), in der Empfehlung zur Neugestaltung der Abschlüsse im Sekundarschulwesen (Februar 1969) und im dritten Kapitel des Strukturplans für das Bildungswesen (Februar 1970) gefunden. Vom heutigen Stand der Überlegungen aus sind diese Empfehlungen als Vorbereitung und Einleitung einer Reform der Bildungsgänge in der Sekundarstufe II zu verstehen. In ihnen wurde zwar die Sekundarstufe II als eine „differenzierte Einheit" bezeichnet, doch diese Einheit konnte noch nicht hinreichend ausgearbeitet werden. Die Überlegungen für den Bereich der allgemeinbildenden Schule und für den Bereich der Berufsbildung waren verschiedenen Ausschüssen übertragen, und die Empfehlungen erschienen jeweils getrennt. Die Kapitel über gymnasiale und berufliche Bildungsgänge wurden gesondert ausgewiesen, und die Verbindung von allgemeinem und beruflichem Lernen war lediglich auf die Schule bezogen. Es ließen sich noch weitere Merkmale dafür anführen, daß die Bildungskommission in den genannten drei Empfehlungen zwar Anstöße für Reformschritte im Bereich der Sekundarstufe II gegeben hat; die im Strukturplan skizzierten Grundzüge der künftigen Sekundarstufe II [1]) gelten auch heute noch und liegen den nach-

[1]) Deutscher Bildungsrat, Empfehlungen der Bildungskommission, Strukturplan für das Bildungswesen, Stuttgart 1970, S. 77: „Gegenüber dem heutigen Schulwesen wird die Sekundarstufe II als eine differenzierte Einheit begriffen. Alle Bildungsgänge der Sekundarstufe II sollen an den gleichen bildungspolitischen Zielen, didaktisch-pädagogischen Gesichtspunkten und organisatorischen Grundsätzen ausgerichtet sein. Das Denken in Bildungsinstitutionen tritt hinter dem Denken in Bildungsgängen zurück, die auf bestimmte Lernziele gerichtet sind. Die gegenwärtigen Bildungseinrichtungen erhalten neue Funktionen."

folgenden Vorschlägen zugrunde. Doch das den Zielvorstellungen entsprechende Konzept war in ihnen noch
nicht enthalten. Wenn die Bildungskommission nunmehr
den Versuch unternimmt, ein solches Konzept für die
gesamte Sekundarstufe II vorzulegen, so ist sie sich bewußt, daß es sich dabei um eine weit vorausgreifende
Perspektive handelt, die neue Zielsetzungen und neue
Strukturen für die Bildung in der Sekundarstufe II enthält. Im Strukturplan heißt es: „Das Verhältnis von allgemeiner zu beruflicher Bildung im Rahmen der Sekundarstufe II muß neu durchdacht werden" [2]). Dieser Hinweis wird hier aufgegriffen.

1.1.2 Die berufliche Bildung in der Sekundarstufe II

Das Konzept der Sekundarstufe II, in der alle Lernorte
und alle Bildungsgänge miteinander in Verbindung
stehen, soll vornehmlich dazu beitragen, die beruflichen
Bildungsgänge als gewichtigen Bestandteil in das öffentliche Bildungswesen einzugliedern und sie in fachlicher
Hinsicht wie auch in der Struktur des Angebots zu verbessern. Durch das veränderte Konzept sollen vor allem
die Lernbedingungen für jene 80 bis 85 Prozent der
Lernenden eines Jahrgangs verbessert werden, die heute
in der Berufsausbildung oder aber ohne Ausbildungsvertrag im Arbeitsleben stehen. Für sie ist die allgemeinbildende Schule abgeschlossen; sie lernen in einem
von der Oberstufe der Schule abgetrennten Lernbereich,
der vornehmlich die Qualifikation für eine Tätigkeit im
Beschäftigungssystem zum Ziel hat, und dies mit einem
zu einseitigen Programm. Die Lernprozesse dienen nur in
geringem Maß dem Erwerb von humanen und gesellschaftlich-politischen Kompetenzen.

Das Qualifikationssystem der beruflichen Bildung ist
nach Trägerschaft und Anforderungen vom Qualifikationssystem der allgemeinbildenden Schule getrennt.
Im Gegensatz zum allgemeinen Qualifikationssystem
besteht es aus einer großen Zahl von „anerkannten Ausbildungsberufen" und bietet daher dem Lebensplan des
einzelnen und seiner Entwicklung nur geringen Spielraum.

Die Probleme und Mängel in der beruflichen Bildung
sind hinreichend bekannt. Für die Ausbildung in Betrieben werden die Mängel ebenso festgestellt wie für

---

[2]) Deutscher Bildungsrat, Strukturplan, a. a. O., S. 163.

den Unterricht in Berufsschulen, für die von der Bundesregierung anerkannten Ausbildungsordnungen ebenso wie für die von den Kultusministerien der Länder erlassenen Lehrpläne und für die Lehr- und Lernmittel, für die Ausstattung von Ausbildungsbetrieben ebenso wie für die von Berufsschulen, für die Ausbildung der Ausbilder ebenso wie für die Ausbildung der Lehrer. In allen Ländern der Bundesrepublik ist die Zahl der in den Berufsschulen tatsächlich erteilten Unterrichtsstunden immer noch und zum Teil sogar erheblich geringer als die Zahl der in den Schulgesetzen vorgesehenen Stunden. Mögen diese Feststellungen auch in Einzelfällen nicht zutreffen, so lassen doch die zahlreichen berufspädagogischen und bildungspolitischen Initiativen von Regierungen, Parlamenten, Fraktionen, Parteien, Institutionen und Organisationen aller Art erkennen, daß auf diesem Gebiet Veränderungen vorgenommen werden müssen. Dabei sollte sowohl die Orientierung an allgemeinen Lernzielen wie die Orientierung am Beschäftigungssystem verbessert werden. Die Empfehlung greift diese Initiativen und Tendenzen auf und hat zum Ziel, die berufliche Bildung zu einer vollgültigen Gestalt fachlicher, gesellschaftlich-politischer und humaner Bildung werden zu lassen. Sie soll organisatorisch in das allgemeine und öffentlich verantwortete Bildungssystem eingefügt und curricular so gestaltet werden, daß mit verbesserter Fachkompetenz zugleich auch Kompetenzen erworben werden, die für das Leben des Menschen in Familie, Beruf, Freizeit, Gesellschaft und Staat von Bedeutung sind.

Auch die gymnasialen Bildungsgänge erhalten durch ihre Eingliederung in eine alle Bildungsgänge umfassende Sekundarstufe II eine Chance zur Verbesserung. Ihre durch das System bedingte Praxisferne wird durch das offene Kursangebot sowie durch Angebote des Lernens an verschiedenen Lernorten abgebaut werden können. Diese Erweiterung des Angebots, mit der in der „Vereinbarung zur Neugestaltung der gymnasialen Oberstufe in der Sekundarstufe II" der Ständigen Konferenz der Kultusminister der Länder vom 7. Juli 1972 ein Anfang gemacht worden ist, kann sowohl die Studienqualifikation für bestimmte Studiengänge verbessern als auch die Bildungsgänge, die eine Studienqualifikation zum Ziel haben, für eine Berufsqualifikation öffnen [3]). <u>Die Möglichkeit zu einer beruflichen Verwertbarkeit der in der Sekundarstufe II erworbenen Fachkompetenz wird allen geboten.</u>

1.1.3 Probleme und Schwierigkeiten

Die Einbeziehung der verschiedenartigen Bildungsgänge der Sekundarstufe II in einen organisatorischen und curricularen Zusammenhang bietet spezifische Hemmnisse und Schwierigkeiten, mit denen bei einer (auch schrittweisen) Umsetzung in die Wirklichkeit und auch schon bei einer weiteren Ausarbeitung des Modells gerechnet werden muß. Sie müssen ernstgenommen werden. Sie sind aber nicht unüberwindbar, wenn sie sachgemäß und unter hinreichender Berücksichtigung ihrer gesellschaftlichen und politischen Ursachen angegangen werden. Überdies ist zu bedenken, daß möglicherweise noch schwierigere Situationen entstehen, wenn die Bildungspolitik vor diesen Hemmnissen zurückweicht und deutlich erkennbaren individuellen und gesellschaftlichen Ansprüchen an das Bildungswesen gerade im Bereich der beruflichen Bildung nicht genügt.

Ein elementares Hemmnis, das nur in einem längeren Zeitraum überwunden werden kann, <u>besteht in der tief verwurzelten und die gesellschaftliche Struktur mitbestimmenden Trennung der Systeme des beruflichen und des allgemeinen Lernens,</u> sowie in den unterschiedlichen Strukturen der Lernprozesse und der Abschlüsse im einen und im anderen System. <u>Die Überwindung dieses Hemmnisses wird ebenso bildungspolitische Maßnahmen erfordern wie einen allgemeinen Lernprozeß,</u> der alle Schichten unserer Gesellschaft angeht und zu dem diese Empfehlung einen Beitrag leisten möchte. Eine nicht zu unterschätzende Schwierigkeit liegt ferner darin, daß das berufliche Bildungswesen ein von der vorhergehenden Schulstufe (Sekundarstufe I) abgesetztes System darstellt, im Gegensatz zur gym-

[handwritten margin note: konkreter!]

[3] „So wird es vor allem im Wahlbereich der neuen Oberstufe möglich sein, Unterrichtsgegenstände aus dem Bereich der beruflichen Schulen anzubieten. Gleichzeitig schafft das Kurssystem bessere Möglichkeiten, die curriculare und organisatorische Abstimmung sogenannter allgemeinbildender und berufsbezogener Bildungsgänge durch gegenseitig anerkennbare polyvalente Kurse zu erreichen."
Aus: Einführender Bericht zur Vereinbarung zur Neugestaltung der gymnasialen Oberstufe in der Sekundarstufe II, Neuwied 1972, S. 8.

nasialen Oberstufe, die heute noch einen festen Bestandteil des grundständigen Gymnasiums bildet. Daher
hat das Lernen im Gymnasium nur eine geringe Beziehung zum Beschäftigungssystem. Das berufliche Lernen
steht in einer unmittelbaren Abhängigkeit von ihm.
Beide aber werden von den noch wenig geklärten Zusammenhängen zwischen Bildungssystem und Beschäftigungssystem, wenn auch in verschiedener Weise,
beeinflußt.

Die verschiedenen Zuständigkeiten, die teils bei Bun-
desressorts, teils bei Länderressorts und überdies meist
noch bei verschiedenen liegen, erschweren eine pädagogisch notwendige und sachlich vertretbare Zuordnung von Bildungssystem und betrieblicher Berufsausbildung. Dies gilt auch dort, wo die Notwendigkeit
einer besseren Abstimmung erkannt wird. Hinzu kommt,
daß in der beruflichen Bildung stärker als in anderen
Bereichen des Bildungswesens die Interessen verschiedener Gruppen unmittelbar berührt werden.

Diese und noch eine Reihe anderer Probleme — wie
der Wunsch nach besseren Übergangs- und Aufstiegs-
möglichkeiten, die bildungspolitischen Forderungen der
Lehrer, Forderungen der Betriebe und Verwaltungen,
die sich aus dem technischen und sozialen Wandel
ergeben — sollten in einem Gesamtkonzept der Sekundarstufe II Berücksichtigung finden.

1.1.4 Teilreform oder Gesamtkonzept für die Sekundar- stufe II

Die Vielschichtigkeit der Probleme wie auch die Tatsache, daß die unterschiedlichen Interessen der Betroffenen, der Lernenden, der Lehrer, der Betriebe und der
staatlichen Schulverwaltung, sich kaum auf einen
Nenner bringen lassen, könnten dazu veranlassen, zunächst nur die Einzelprobleme in Angriff zu nehmen, für
die Lösungen oder Teilverbesserungen erkennbar sind.
Einzelschritte in den Teilbereichen der beruflichen Bildung einerseits und in der gymnasialen Oberstufe
andererseits, die nicht aufeinander abgestimmt sind,
würden jedoch neue Probleme aufwerfen und grundlegende Mängel nicht beheben. Das Entstehen immer
neuer Schulformen und -typen und die Annäherung der
Berechtigungen weisen, unabhängig von allgemeinen
Entwicklungstendenzen in der Gesellschaft, darauf hin,
daß die Teilsysteme an Gültigkeit verlieren. Aus diesen

Gründen hat sich die Bildungskommission entschlossen, ein Gesamtkonzept zur Neuordnung der Sekundarstufe II vorzulegen.

Länder und Bund, die Träger der nichtschulischen beruflichen Bildung und nicht zuletzt die Lehrer haben schon beachtliche Einzelreformen auf den Weg gebracht. Hierzu zählen unter anderem die Vereinbarung der Ständigen Konferenz der Kultusminister der Länder zur Neugestaltung der gymnasialen Oberstufe, das Berufsbildungsgesetz, Arbeitsförderungsgesetz und Ausbildungsförderungsgesetz, Modellversuche in der Wirtschaft, die Zusammenfassung beruflicher Schulen zu Schulzentren, die Einrichtung der Fachoberschulen und die Zusammenfassung der gymnasialen Oberstufe mit beruflichen Schulen. Der Bildungsgesamtplan sieht weitere Einzelmaßnahmen vor, die eine stärkere Verzahnung von allgemeiner und beruflicher Bildung ermöglichen sollen. Diese Einzelansätze, um weitere zu vermehren, hält die Bildungskommission nicht für sinnvoll. Um so dringlicher erscheint es ihr, die umfassendere Aufgabe eines Gesamtkonzepts der Sekundarstufe II in Angriff zu nehmen, um das Ziel zu verdeutlichen und dadurch auch die eingeleiteten Reformmaßnahmen sichern zu helfen.

1.2 Gesellschaftspolitische Zielsetzungen und Vorgaben aus dem Bildungssystem

1.2.1 Gesellschaftspolitische Zielsetzungen

Das Grundgesetz und die Verfassungen der Bundesländer garantieren das Recht auf die freie Entfaltung der Persönlichkeit, auf die Gleichheit vor dem Gesetz und auf die freie Berufswahl. Die staatlichen und gesellschaftlichen Einrichtungen müssen die Möglichkeit gewährleisten, daß jeder diese Grundrechte wahrnehmen kann. Entscheidende Voraussetzungen hierfür müssen durch das Bildungswesen geschaffen werden. Die Grundrechte bilden darum auch leitende Gesichtspunkte für die in der Empfehlung dargestellten Mindestanforderungen an Ziele, Inhalte, Methoden und Organisation der Bildungsgänge in der Sekundarstufe II.

Ein übergreifendes gesellschaftspolitisches Ziel ist es, Chancenungleichheiten in den verschiedenen Lebensbereichen und Lebensphasen zu vermeiden. Vornehmlich das Bildungswesen darf bestehende Chancen-

2

ungleichheiten nicht vertiefen sondern muß dazu beitragen, diese abzubauen. Es muß jedem einzelnen die
Voraussetzungen vermitteln, ihm gebotene Chancen, sei
es im Bereich der Bildung, des Berufs, der Familie oder
der Gesellschaft, wahrnehmen zu können. In einer rasch
sich verändernden Industriegesellschaft muß neben der
fachlichen Kompetenz die Mobilität ein leitender Gesichtspunkt für die Lernzielbestimmung sein.

Überdies muß jeder junge Mensch befähigt werden,
seine individuellen Fähigkeiten entwickeln und seinen
Interessen gemäß entfalten zu können. Humane und
sozialen Kompetenz für die Gestaltung des persönlichen
Lebens wie für eine aktive Mitwirkung in der Gesellschaft soll darum in den Lernangeboten der Sekundarstufe II maßgebliches Ziel sein, sei es im Schwerpunkt,
im obligatorischen Bereich oder im Wahlbereich
(siehe 2.3.4). Darum ist in allen Lernprozessen der
Sekundarstufe II Vermittlung von fachlicher, humaner
und gesellschaftlich-politischer Kompetenz zu sichern.

Der Eintritt in die einzelnen Bildungsgänge soll nicht
durch formale oder durch inhaltlich unbegründete Anforderungen behindert sein, und kein Bildungsgang darf
in eine Sackgasse führen. Jeder Bildungsgang muß im
Rahmen seiner speziellen Ausprägung unmittelbar fortgesetzt werden können und den Zugang zu weiterer
Bildungsgängen eröffnen. Innerhalb der Sekundarstufe II
muß ein Wechsel des Bildungsganges möglich sein.
Dabei sollen erbrachte Lernleistungen — soweit dies
sachlich gerechtfertigt ist — angerechnet werden.

Die Einlösung des Rechts auf Bildung richtet sich in
letzter Instanz nicht an private Institutionen, sondern
an den Staat. Deshalb ist es begründet, daß die Einrichtungen, die diesen Anspruch erfüllen, unter öffentlicher
Verantwortung stehen. Die Beteiligung von privaten
Einrichtungen ist möglich und im Falle der Berufsbildung notwendig. Da jedoch die Produktions- und
Dienstleistungsbetriebe nicht primär pädagogische Zielsetzungen verfolgen, ergeben sich Interessenkonflikte,
für deren Lösung institutionelle Vorkehrungen getroffen
werden müssen. Betriebe werden verpflichtet sein, bestimmte Mindestbedingungen sachlicher und personeller
Art zu erfüllen. Außerdem muß eine Garantie dafür
geboten sein, daß die für die Erfüllung des Lernprogramms erforderlichen Einrichtungen auch tatsächlich
zur Verfügung stehen und für die Lernenden oder be-

stimmte Gruppen von ihnen nicht durch Entscheidungen
einzelner Lernortträger verschlossen bleiben.

Die Erfüllung der notwendigen Voraussetzungen wird
in einem **staatlichen Akkreditierungsverfahren** festgestellt. Schließlich ist **eine betriebsunabhängige und
konjunkturunabhängige Finanzierung der beruflichen**
Bildung notwendig.

1.2.2 Vorgaben aus dem Bildungssystem

Das Konzept für eine neue Sekundarstufe II muß einerseits von den Grundrechten und den daraus folgenden
gesellschaftspolitischen Grundsätzen und Ansprüchen
an das Bildungssystem, andererseits vom gegenwärtigen
Bildungssystem ausgehen, sicherlich insoweit, als es
Unzulänglichkeiten deutlich macht und entsprechende
Reformansätze aufweist.

Den gegenwärtigen Zustand im Bereich der Sekundarstufe II kann man abgekürzt als das Nebeneinander-
bestehen zweier Qualifikationssysteme beschreiben,
denen verschiedene Bildungsinstitutionen zugeordnet
sind.

Aufgrund der historischen Gegebenheiten hat sich
die herkömmliche Allgemeinbildung in der gymnasialen
Oberstufe als allgemeine Wissenschaftspropädeutik verstanden, ohne die Anforderungen der Berufs- und
Arbeitswelt hinreichend in das Lernprogramm einzubeziehen.

Demgegenüber hat sich die berufliche Bildung lange
Zeit auf die Vermittlung unmittelbar verwendbarer
Kenntnisse und Fertigkeiten beschränkt. Einige Gegebenheiten in heutigen Bildungsgängen für Fünfzehn-
bis Neunzehnjährige können in gleicher Weise die Ausgangssituation wie auch die Veränderungen verdeutlichen, die notwendig sind, wenn die Aufgaben, die einer
neuen Sekundarstufe II gestellt sind, gelöst werden
sollen.

— Die heute geltenden Lernprogramme stimmen vielfach nicht mehr mit den Anforderungen in Beruf und
Gesellschaft überein.

— Pädagogische und lernpsychologische Erkenntnisse
werden in einer Reihe von Ausbildungsbereichen nur
unzureichend berücksichtigt.

— Jugendliche aus den sozial benachteiligten Schichten
haben nur eine relativ geringe Chance, anspruchsvollere
Bildungsgänge wahrzunehmen.

— Der Zugang zu sogenannten allgemeinen Bildungsgängen ist durch öffentlich-rechtliche Vereinbarungen
geregelt; dagegen kommt der Zugang zur Ausbildung im
dualen System durch private Verträge zustande.

— Die derzeitigen Ausbildungsordnungen und Rahmenlehrpläne für berufliche Bildungsgänge sind nicht lern-
zielorientiert. Sie bilden keinen hinreichenden Rahmen
für curriculare Angebote, in denen die fachlichen Lernziele über alternative Inhalte erreicht werden.

— Prüfungen im dualen System werden durch die externen „zuständigen Stellen" abgenommen.

— Die Finanzierung der beruflichen Bildung ist weitgehend vom Einzelbetrieb abhängig und vom übrigen
Bildungswesen getrennt.

— Die allgemeine Hochschulreife ist sowohl als Zu-
gangsberechtigung als auch als geeignete Vorbereitung
auf die verschiedenen Studiengänge im tertiären Bereich
in Frage gestellt.

Heute schon gibt es Maßnahmen, die darauf gerichtet
sind, diese Gegebenheiten partiell zu verändern. Probleme ergeben sich jedoch aus der Struktur des gegenwärtigen Bildungssystems. Zur Lösung dieser Probleme
ist daher auch eine strukturelle Neuorientierung der
Bildungsgänge in der Sekundarstufe II notwendig.

1.3   Probleme des Jugendalters
1.3.1   Bezug zur Lebenssituation der Jugend

Das Jugendalter ist ein Durchgangsstadium, in dem der
Heranwachsende den sozialen Status des Kindes verliert, ohne den des Erwachsenen schon erworben zu
haben. Es ist ein Stadium der Ablösung aus überkommenen Bindungen, der Verselbständigung der Person und
einer neuen Identitätsfindung. Die Bildungsprozesse in
der Sekundarstufe II müssen in diesem Zusammenhang
gesehen werden, da sie weitgehend die Inhalte für diese
Emanzipationsprozesse vermitteln. Dies gilt gerade auch
dann, wenn sie laufend den veränderten gesellschaftlich-
ökonomischen Anforderungen, die maßgeblich durch die
technische Entwicklung bestimmt sind, angepaßt werden.

Wenn die Sekundarstufe II den Jugendlichen eine
wirklichkeitsbezogene Lebensperspektive eröffnen soll,
die deren Neigungen und Befähigungen gerecht wird,
müssen auch die Bildungs- und Ausbildungsprozesse die
individuellen, aber gesellschaftlich vermittelten Bedürf-

nisse, Interessen und Erwartungen der Jugendlichen berücksichtigen. Um dem spürbaren Motivationsverlust gegenüber dem Bildungsangebot erfolgreich begegnen zu können, muß sich das Bildungsangebot sowohl an der gesellschaftlichen, ökonomischen und technischen als auch an der individuellen Bedeutung für eine selbständige und verantwortungsvolle Lebensplanung des Jugendlichen orientieren.

Die gegenwärtige Lage der Jugend in unserer Gesellschaft, ihre sozialen und psychischen Probleme sowie daraus ableitbare, bisher ungelöste Fragen, müssen deshalb bei Überlegungen zur Neuordnung der Sekundarstufe II berücksichtigt werden [4]).
Hierbei sind vor allem drei Problembereiche bedeutsam:

(1) Es besteht gegenwärtig eine erhebliche Chancenungleichheit in der sozialen Lage und in der speziellen Lernsituation zwischen Jugendlichen der gymnasialen Oberstufe und Jugendlichen, die sich auf eine Berufstätigkeit in einem Ausbildungsverhältnis vorbereiten sowie Jugendlichen, die ohne eine Berufsausbildung als ungelernte oder angelernte Jugendliche im Arbeitsprozeß stehen.

(2) Die tendenzielle Verlängerung des Jugendalters als ein Durchgangsstadium vom Kind zum Erwachsenen bewirkt in modernen Industriegesellschaften eine erhebliche Status- und Rollenunsicherheit und verzögert damit eine stabile soziale und psychische Persönlichkeitsentwicklung. Die derzeitige Organisation der Lernprozesse sowie ihre zum Teil vorhandene Trennung von anderen gesellschaftlichen Bereichen schreiben dem Jugendlichen den Status und die Rolle eines unmündigen „Noch-nicht-Erwachsenen" zu. Sie werden teilweise zu lange in einer Schülerrolle festgehalten. Dadurch verstärken sich soziale und psychische Unsicherheiten, die zu einem insgesamt problematischen Verhältnis der Jugend zur Gesellschaft beitragen.

(3) Hieraus ergeben sich Folgeprobleme für die Organisation und inhaltliche Bestimmung der Lernprozesse in der Sekundarstufe II. Diese Folgeprobleme müssen bei

[4]) Vgl. Deutscher Bildungsrat, Gutachten und Studien der Bildungskommission, Lernen im Jugendalter (in Vorbereitung)

der Neuordnung bedacht werden, ohne daß für alle bereits eine wissenschaftlich hinreichend begründbare und brauchbare Lösung zur Verfügung stehen wird.

1.3.2   Unterschiede in den Lernchancen der Jugendlichen
Ein Ziel bei der Neuordnung der Sekundarstufe II ist der Abbau von Chancenungleichheit. Die gegenwärtige Trennung der beruflichen Bildung und Ausbildung von der allgemeinen Bildung engt die Durchlässigkeit des gesamten Bildungswesens erheblich ein. Das erschwert den Jugendlichen nicht nur die notwendige Anpassungsfähigkeit an die jeweiligen Veränderungen im Beschäftigungssystem; die Trennung beeinträchtigt auch soziale und berufliche Mobilität einer Mehrheit von Jugendlichen aus unteren sozialen Schichten. Sie werden damit in der Regel von der Konkurrenz um solche beruflichen Positionen ausgeschlossen, die eine höhere Qualifizierung voraussetzen.

Jugendliche, die im Alter von fünfzehn bis neunzehn Jahren durch Merkmale des Bildungswesens vom Zugang zu zahlreichen sozial höher bewerteten Berufspositionen ausgeschlossen sind, erfahren dies vielfach als eine soziale Benachteiligung. Viele von ihnen erleben ihre Ausbildungssituation überdies als unbefriedigend, weil die Ausbildungsinhalte und -ziele oft durch die unmittelbaren Qualifikationsanforderungen spezifischer Arbeitsplätze festgelegt sind.

Neben diesen Nachteilen der gegenwärtigen Berufsausbildung im dualen System ergeben sich negative Sozialisationswirkungen, die gesellschaftspolitisch bedenklich sind. Es besteht ein Mangel an Möglichkeiten zur Entfaltung humaner und gesellschaftlich-politischer Kompetenz. Die starke Festlegung auf funktionale Leistungsfähigkeit behindert ein soziales Lernen, das auch außerberufliche Situationen berücksichtigt.

Die mangelnde Vermittlung gesellschaftlich-politischer Kompetenz führt dazu, daß zahlreiche Jugendliche sich nicht am öffentlichen, gesellschaftlich-politischen Leben beteiligen können, weil die Beteiligung an Voraussetzungen gebunden ist, die für sie bei der derzeitigen Organisation der Lernprozesse in Bildungsgängen der Sekundarstufe II kaum erreichbar sind.

Schließlich läßt sich auch im Gebrauch von Medien und bei der Beteiligung von Jugendlichen an der außerschulischen Jugendarbeit eine verstärkt einseitige Aus-

wirkung feststellen: Informierende und bildende Sendun-
gen und Lektüre werden weitgehend von Jugendlichen
benutzt, die auch schon schulisch „besser gestellt" sind.
Realschüler und Gymnasiasten sind stärker motiviert
und haben mehr Möglichkeiten, über die in ihrer Schul-
laufbahn enthaltenen Lernchancen hinaus auch noch an
Veranstaltungen teilzuhaben, die außerhalb der Schule
angeboten werden.

1.3.3 Zur Lernsituation der Jugend heute

Gegenüber den Lernangeboten der Schule wie gegenüber den herkömmlichen Lernmethoden werden oft Ab-
lehnung und Verdrossenheit der Jugendlichen sichtbar.
Jugendspezifische Reaktionsformen auf die Erwach-
senenwelt, die als Jugendsubkultur mit unterschiedlichen
Formen der Apathie und Gleichgültigkeit wie des Pro-
tests und der Rebellion beschrieben werden, tragen deutlich Züge der Fremdheit und der Distanzierung von den
sozialen und kulturellen Orientierungen der Erwachsenen. Es scheint, als sei das Verhältnis eines Teiles der
Jugend zu den Institutionen der Gesellschaft im allgemeinen und zu denen der Bildung und Ausbildung im
besonderen problematisch und krisenhaft.

Gymnasium, Berufsschule und betriebliche Lehre sind
durchweg nicht in der Lage, Sozialisationsleistungen zu
erbringen, die den Anforderungen einer sich rasch verändernden Gesellschaft entsprechen und die zugleich
den Jugendlichen befähigen, daß er sich mit diesen gesellschaftlichen Veränderungen und den daraus sich
ergebenden Problemen seiner eigenen sozialen Lage angemessen auseinandersetzen kann.

Trotz mancher Veränderungen im Gymnasium ist die
Aufgabe noch nicht hinreichend gelöst, die überlieferten
Bildungsinhalte mit der Lebenssituation, den persönlichen Problemen und den Berufsaussichten der Jugendlichen überzeugend in Beziehung zu setzen. Wenn die
Bildungsangebote die gesellschaftliche Lage und die
psychische Problematik von Jugendlichen nicht zu-
treffend und handlungswirksam berücksichtigen, kann
das Gymnasium die Fähigkeit verlieren, stabilisierende
kulturelle und soziale Orientierungen zu vermitteln, die
im Hinblick auf gesellschaftliche Veränderungen notwendig sind.

Dies gilt in einem anderen Sinn auch für die Bildungs-
und Ausbildungsprozesse in Betrieben und berufsbilden-

den Schulen. Obwohl beide von gesellschaftlichen und ökonomischen Veränderungen unmittelbar betroffen sind und sich ihnen anzupassen versuchen, besteht auch hier die Gefahr, daß die ihnen eigentümlichen Bildungs- und Ausbildungsgehalte den Bezug zu den Lebensproblemen arbeitender Jugendlicher zu verlieren drohen. Bei dem frühen Ende der allgemeinen Schulpflicht haben die betroffenen Gruppen grundlegende gesellschaftlich-politische Orientierungen und Befähigungen aus altersbedingten Gründen beim Eintritt in ein Ausbildungs- und Arbeitsverhältnis noch nicht erwerben können. Die betriebliche Ausbildung ist nur teilweise in der Lage, auf altersspezifische Lern- und Orientierungsprobleme einzugehen sowie intellektuelle Fähigkeiten zu vermitteln, die für die Aufarbeitung von Lern- und Lebensproblemen notwendig sind.

Das problematische Verhältnis der Jugendlichen zu Schule, Berufsschule und Betrieb wird dadurch noch verschärft, daß die Schule heute ihre Vorrangstellung bei der Vermittlung von individuellen und gemeinschaftlichen Wertvorstellungen verloren hat.

Der Einfluß der Massenmedien stellt einen erheblichen Bildungsfaktor dar. Indem Massenmedien vielfach unmittelbare und unbewußte Bedürfnisse der Jugendlichen ansprechen, ist ihr Einfluß oft mächtiger und nachhaltiger als der überkommener Erziehungsformen. Da die Massenmedien sehr wirkungsvolle, kulturelle, gesellschaftliche und politische Einstellungen und Werthaltungen vermitteln können, besteht die Gefahr, daß sie gesellschaftliche Normen und Verhaltensweisen stabilisieren, die bereits in der frühen Sozialisation erworben sind, und die nicht selten im Widerspruch zu den Erziehungs- und Bildungszielen der Schule stehen. Auch werden ökonomische Einflüsse wirksam, die auf die unmittelbare Verwertung der Bedürfnisse von Jugendlichen zielen und die ihre Persönlichkeitsentwicklung stark bestimmen.

1.3.4 Altersspezifische Lebensformen, Bedürfnisse, Probleme und Konflikte der Jugendlichen

Die Lebensphase zwischen Kind und Erwachsenem überfordert nicht selten die Anpassungsfähigkeit der Jugendlichen. Die Veränderungen des sozialen Umfeldes, mit denen der Jugendliche sich auseinandersetzen muß, rufen Unsicherheit hervor, weil die geltenden Normen und die maßgebenden Institutionen dieses sozialen Umfeldes keine zuverlässigen Orientierungen geben. Ohne eine Unterstützung durch die Institutionen der Gesellschaft aber ist es für den Jugendlichen schwer, ein richtiges Bild von sich selbst und seinen Aufgaben zu finden.

Labiles Selbstbewußtsein und schwankende soziale Beziehung und die von ihr begleitete Desorientierung rufen beim Jugendlichen abwehrende Verhaltensweisen hervor. Mit aggressiven Verhaltensweisen versucht der Jugendliche, sein psychisches Gleichgewicht wieder herzustellen. Für die Erwachsenen erscheint er als Person widersprüchlich und unberechenbar. Viele aggressive Verhaltensweisen gegenüber der gesellschaftlichen Umwelt sind Ausdruck gefühlsmäßiger Unsicherheit und Gespaltenheit.

Wenn der Jugendliche seine gesellschaftliche Umwelt als unverständlich und vieldeutig wahrnimmt, übernehmen die informellen altershomogenen Jugendgruppen wichtige Sozialisationsaufgaben. Diese Gruppen besitzen für die Persönlichkeitsentwicklung des einzelnen, bei der Bewältigung sozialer und psychischer Konflikte in der gesellschaftlichen Umwelt sowie bei der Lösung altersspezifischer Probleme eine hohe Bedeutung.

Informelle Gruppen stellen beim Übergang von der Familie in Beruf, Schule und Freizeit wichtige und integrierende Bezugsgruppen dar, die für die Persönlichkeitsentwicklung wichtige Funktionen übernehmen. Soziale und gefühlsmäßige Unsicherheit und mangelnde gesellschaftliche Anerkennung werden in altershomogenen Gruppen vermindert und ansatzweise gelöst. Hierdurch unterstützen diese Gruppen das jugendliche Selbstbewußtsein in einer Phase mangelnder sozialer Anerkennung durch die Erwachsenen und in einer dadurch verursachten Phase sozial bedingter Unsicherheit und Unselbständigkeit. Die informellen altershomogenen Gruppen geben dem Jugendlichen einen sozialen Status, tragen so zur Festigung seiner sozialen Selbstfindung bei und bieten dem Jugendlichen eine Möglichkeit, das Verhältnis zu Eltern, Lehrern und Ausbildern so zu verändern, daß sich eine neue Orientierung und Selbständigkeit entwickelt.

Die Leistungen, die die altershomogenen Gruppen für den einzelnen Jugendlichen vollbringen, haben jedoch auch ihren Preis. Mit Hilfe sozialer Kontrolle kann die

Gruppe den einzelnen Jugendlichen auf das ihr eigene
Normensystem festlegen und so die Verinnerlichung
bestimmter Wertorientierungen und Verhaltensweisen
bewirken oder erhöhen, die keine längerdauernde Gültigkeit haben. Nicht selten sind diese Gruppen aus Jugendlichen gleicher sozialer Herkunft zusammengesetzt,
wodurch die spezifischen Sozialisationseinflüsse der
jeweiligen sozialen Schicht verstärkt werden. Dies führt
auch zur Festigung der sozialen und kulturellen Wertorientierungen, Vorstellungen und Verhaltensweisen.
Sie bestimmen sein Freizeit- und Konsumverhalten sowie seine Einstellungen und Interessen gegenüber gesellschaftlichen und politischen Problemen. Sie bestimmen
ferner seine Beziehungen zum anderen Geschlecht sowie
die damit verbundenen Einstellungen und Verhaltensweisen. Sie prägen schließlich seine Einstellungen gegenüber dem Beruf. Da diese Orientierungen durch die
altershomogenen Gruppen vielfach einseitig sind und
nur relative Gültigkeit haben, lösen sie nicht die Probleme und führen nicht selten zu neuen Konflikten.

1.3.5 Konsequenzen für die Neuordnung der Sekundarstufe II

Aus den hier dargestellten Sachverhalten und Problemen
ergibt sich eine Reihe von Konsequenzen für die Neuordnung der Sekundarstufe II.

Es muß immer wieder der Versuch gemacht werden,
die Kluft zwischen den Bildungs- und Ausbildungseinrichtungen und der Lebenswelt der Jugendlichen durch
ein Konzept zu verringern, das die Probleme und Konflikte der Jugendlichen aufnimmt und bei der Lernorganisation in der Sekundarstufe II in Rechnung stellt.
Die allgemeinen Probleme, die durch das Aufwachsen in
einer industrialisierten, durch Wissenschaft und Technik
bestimmten demokratischen Gesellschaft gestellt sind,
müssen durch ein wissenschaftsorientiertes Lernen und
eine offen angelegte Lernorganisation berücksichtigt
werden. Solche Berücksichtigung bedeutet freilich nicht
eine Verplanung aller Lebens- und Lernprozesse im
Jugendalter. Wohl aber ist eine Bildungseinrichtung
notwendig, die durch die Vielfalt der Lernangebote, eine
Differenzierung der Lernorte sowie durch eine stärkere
Öffnung gegenüber der Gesellschaft charakterisiert ist.
Hierbei stellt sich nicht nur das Problem des Verhält-
nisses zwischen organisierten und informellen Lernprozessen neu. Auch die gegenwärtigen Lernprozesse in

verschiedenen Institutionen müssen kritisch überprüft werden. Die traditionelle Abgrenzung und Aufgabenteilung zwischen Schule und Betrieb müssen ebenso neu durchdacht werden wie die inhaltliche Bestimmung dessen, was in den organisierten Lernprozessen überhaupt gelernt werden soll. Was von allen Jugendlichen gelernt werden soll, muß curricular gesichert werden. Die Lernprozesse in der Sekundarstufe II und die verschiedenen Lernprogramme müssen für Inhalte offen sein, die sich aus der Situation der Lernenden dieser Altersstufe ergeben. Dabei müssen altersspezifische Lebensformen, Probleme, Konflikte und Bedürfnisse Berücksichtigung finden. Es ist zu beachten, daß jeder Lernort von seinen änderbaren oder auch nicht änderbaren Bedingungen her spezifische Lernmöglichkeiten, aber auch spezifische Lernbarrieren enthält. Verschiedene Formen des Arbeitens und Lernens für entsprechende Gruppen sollten möglich sein. Hierbei müssen auch die Beziehungen und die wechselseitigen Ergänzungen von informellen altershomogenen Gruppen und solchen, die durch geplante und organisierte Lernprozesse entstehen, bedacht werden. Die außerschulische Jugendarbeit gewinnt eine erhöhte Bedeutung, weil sie den Jugendlichen gegenüber den organisierten Lernprozessen insgesamt einen Ausgleich bietet.

Schließlich müssen die Bedingungen und sozialen Voraussetzungen für die Wahrnehmung von Lernchancen in die Planung und Konzeption aufgenommen werden. Das bildungspolitische Ziel der Verringerung von Chancenungleichheit ist nur dann zu erreichen, wenn ergänzende Programme zum Lernangebot der Sekundarstufe II gehören, die Lerndefizite aus vorausgegangenen Lernphasen ausgleichen können.

2.   **Grundlinien der Neuordnung der Sekundarstufe II**
2.1   **Differenzierte Einheit der Sekundarstufe II**
2.1.1   **Einheit und Offenheit der Sekundarstufe II**

Eine Reform im Bereich der Sekundarstufe II hat die
Lage, die sich durch gegenwärtige Struktur und Entwicklungstendenzen der Sekundarstufe I ergibt, ebenso
zu berücksichtigen wie die Ansprüche, die vom Erwachsenenleben an sie gerichtet sind. Unter dieser umfassenden Sicht muß die Sekundarstufe II als die organisatorische und curriculare Bezeichnung des Lernprogramms
für alle Jugendlichen bestimmt werden, die die Vollzeitschulpflicht erfüllt haben. Hierzu gehören Hauptschüler,
Realschüler und Gymnasiasten. Ein Konzept der Sekundarstufe II muß diese Zielgruppen einschließlich der
Sonderschüler umfassen und ihre unterschiedlichen Ein-
gangsqualifikationen berücksichtigen.

Die Bildungsgänge der Sekundarstufe II bauen grundsätzlich auf dem Sekundarabschluß I auf. Da die Sekundarstufe II jedoch Bildungsprogramme für alle Jugendlichen nach der Vollzeitschulpflicht umfaßt, kann der
Sekundarabschluß I nicht die formale Vorbedingung für
den Eintritt in die Sekundarstufe II sein. Insofern ist die
Sekundarstufe II ein „offenes System".

Bei einer Reihe von Bildungsgängen muß der Lernende
vorab inhaltliche Vorbedingungen erfüllen, die in der
Regel mit dem Sekundarabschluß I nachgewiesen sind.
Insofern kommt dem Sekundarabschluß I von seinem
Inhalt her für Übergänge in Bildungsgänge der Sekundarstufe II eine wichtige Bedeutung zu. Den Jugendlichen, die
diese inhaltlichen Vorbedingungen nicht erfüllen, müssen
in der Sekundarstufe II Lernveranstaltungen angeboten
werden, deren erfolgreiche Teilnahme nachträglich die
Eintrittsbedingungen für die angestrebten Bildungsgänge
schafft.

2.1.2   **Dauer der Bildungsgänge und individuelle Verweildauer**

Die Bildungsgänge werden in der Disposition ihres
Pflichtprogramms auf zwei oder drei Jahre angelegt sein.
Die individuelle Verweildauer soll jedoch von dieser
Disposition des Programms abweichen können. Die Bildungskommission geht von einer Mindestverweildauer
von zwei Jahren aus. Bei besonderer Lernsituation (Behinderung, Qualifikationserweiterung u. a.) sollte eine
längere Verweildauer möglich sein, als sie für den je-

weiligen Bildungsgang vorgesehen ist. Die Grenze der
Verweildauer der Sekundarstufe II sollte im Regelfalle
bei vier Jahren liegen.

2.1.3 Individualisierung und Differenzierung

Die Lernenden erwarten vom Bildungssystem, daß es ihnen
ermöglicht, entsprechend ihren Lernfähigkeiten, Interessen
und Lebensplänen Qualifikationen zu erwerben. Diese
Erwartungen sind individuell verschieden.

Die Gesellschaft erwartet vom Bildungssystem, daß es
den Lernenden alle die Qualifikationen vermittelt, die
für den Fortbestand und die Weiterentwicklung der
Gesellschaft von Bedeutung sind oder für bedeutsam gehalten werden.

In der Sekundarstufe II müssen daher die Lerninhalte
stärker differenziert werden als in den vorausgegangenen
Stufen. „Grundsätzlich gilt für alle Ausbildungsgänge in
der Sekundarstufe II, daß ohne Wahl- und Individualisie-
rungsmöglichkeiten die Lernziele dieser Stufe nicht erreichbar sind."[5]

Individualisierung und Differenzierung sind besonders
wichtig für die Jugendlichen, die Störungen oder Behinderungen aufweisen. Für sie sind behinderungsbezogene und
kompensatorische Bildungsangebote notwendig. Ebenso
bedürfen die Jugendlichen, die aufgrund sozialer Bedingungen in ihrer Lern- und Leistungsmotivation beeinträchtigt sind, ein besonderes Bildungsangebot innerhalb der
Sekundarstufe II, das ihre Bereitschaft zum Lernen fördert.

(1) Wahldifferenzierung

Zu Beginn der Sekundarstufe II sieht sich der Lernende
einem Angebot von Bildungsgängen gegenüber, die in
Kurse gegliedert sind. Jeder Jugendliche soll den Bildungsgang wählen können, der am besten auf sein künftiges
Leben, insbesondere auf seinen künftigen Beruf beziehungsweise seine weitere berufliche Bildung (z. B.
Studium) vorbereitet. Die Auswahl aus dem Angebot der
Bildungsgänge wird ihm durch die Entscheidung für einen
Schwerpunkt erleichtert. Die Wahl eines Schwerpunktes
ist die erste und zugleich wichtigste Möglichkeit der
Individualisierung der Lernprozesse in der Sekundar-
stufe II. Mit dieser Wahl ist der größere Teil des Lernprogramms festgelegt. Eine Zieländerung, die einen

---

[5] Deutscher Bildungsrat, Strukturplan, a. a. O., S. 77.

Schwerpunktwechsel zur Folge haben kann, muß jedoch möglich bleiben.

Weitere Möglichkeiten der Individualisierung liegen in der Wahl des Abschlusses auf einer von zwei Qualifikationsebenen (siehe 2.4.2), in der Wahl alternativer Angebote innerhalb eines Schwerpunktes, in der freien Zuwahl von Kursen aus dem Wahlbereich, bei bestimmten Kursen und Bildungsgängen auch in der Wahl des Lernorts.

Die Individualisierung des Lernprozesses soll nicht auf Wahlentscheidungen hinsichtlich der Lerninhalte und gegebenenfalls der Lernorte beschränkt sein. Bei einer Umsetzung des gesamten Lernangebots vom Klassenunterricht in ein Kurssystem kann jeder Lernende innerhalb bestimmter Grenzen auch das Lerntempo und die Verweildauer in der Sekundarstufe II selber festlegen. Die Verweildauer soll zwischen zwei und vier Jahren variieren können.

Auch bei bestmöglicher Weckung und Förderung von Begabungen im Elementar-, Primar- und Sekundarbereich I muß davon ausgegangen werden, daß die Jugendlichen mit unterschiedlichen Lerndispositionen in die Sekundarstufe II eintreten. Sie werden also auch in unterschiedlichem Maße befähigt sein, von den Wahlmöglichkeiten Gebrauch zu machen. In Verbindung mit einer Reform der vorausgehenden Bildungsstufen, die die Einübung von Wahlverhalten einbezieht, und unterstützt von der Bildungslaufbahn- und Berufsberatung werden die Lernenden mehr und mehr befähigt, von dem breiten Lernangebot in der Sekundarstufe II sinnvoll Gebrauch zu machen.

Die Individualisierung in den dargestellten Möglichkeiten ist geeignet, die Lern- und Leistungsmotivation der Lernenden zu verstärken und rationales Wahlverhalten zu fördern, weil der Lernende bei der Bestimmung und Strukturierung seiner Lernprozesse zu selbständigem Handeln aufgefordert ist und sich dadurch stärker mit den Lernaufgaben identifizieren kann.

(2) Effizienz

Bei der Gestaltung der Lernprogramme der Sekundarstufe II müssen Aufwand und Dauer von Bildungsgängen in einem angemessenen Verhältnis zu den erreichbaren Qualifikationen stehen. Dieser Anspruch ist aus der Sicht der Lernenden ebenso begründet wie aus der Sicht der Veranstalter von Bildungsgängen in der Sekundarstufe II.

Für den Lernenden ist die Effizienz der Sekundarstufe II unter anderem dadurch zu sichern, daß Bildungsgänge, die

nach Lernanforderungen und Dauer vergleichbar sind, zu
gleichwertigen Qualifikationen führen.

Ferner sind eine ausreichende Beratung sowie besondere
Förderungsmaßnahmen bei Lernschwächen und bei Änderungen des Ausbildungszieles erforderlich. Die bestmögliche Förderung jedes einzelnen und der Leistungsanspruch
sind nicht gegensätzliche sondern einander stützende
Grundsätze. Ein pädagogisch begründetes Leistungsprinzip
bereitet den Lernenden für die funktionalen Leistungsanforderungen in der Gesellschaft vor.
Effizienzüberlegungen haben keinen Ausschließlichkeits-
charakter. Sie sind jedoch bei der Erstellung der Curricula,
der Entwicklung von Lern- und Lehrmaterial, der Auswahl
von Prüfungsverfahren, der Zuordnung zu bestimmten
Lernorten und dem Einsatz von Lehrern und Ausbildern
zu berücksichtigen.

2.1.4   Durchlässigkeit und Integration
(1) Durchlässigkeit
Jede Maßnahme zur Erhöhung der Durchlässigkeit —
horizontal zwischen verschiedenen Bildungsgängen, verti-
kal zwischen den Stufen des Bildungswesens — ist ein Beitrag zur Verringerung von Chancenungleichheit.

Da die Lernprozesse in der Sekundarstufe II auf verschiedene Lernorte verteilt sind, ist die Durchlässigkeit
auch dadurch zu sichern, daß die Bildungsgänge nach
einem gemeinsamen organisatorischen und curricularen
Konzept gestaltet werden. Der Wechsel von einem Bildungsgang in einen anderen von unnötigen Erschwernissen
befreit werden.

Individualisierung der Lernprozesse und Durchlässigkeit
schließen einander nicht aus, jedoch kann durch die individuelle Entscheidung für einen bestimmten Schwerpunkt
der Wechsel in andere Bildungsgänge erschwert werden.

(2) Integration
Der Begriff „Integration" hat je nachdem, worauf er bezogen wird, verschiedene Bedeutung. In dieser Empfehlung
wird er einerseits auf die Zusammenfassung der beiden bestehenden Qualifikationssysteme zu einem alle Abschlüsse
erfassenden Qualifikationssystem in der Sekundarstufe II,
andererseits auf die Lernprozesse und deren curriculare
Gestaltung bezogen. Im zweiten Fall bedeutet der Grundsatz der Integration, daß in allen Bildungsgängen die fachliche Kompetenz inhaltlich und methodisch so zu ver-

mitteln ist, daß dadurch zugleich humane und gesellschaftlich-politische Kompetenzen erworben werden. Umgekehrt sollen allgemeine Kompetenzen so vermittelt werden, daß sie auch berufsrelevant sind.

Berufsrelevant bedeutet, daß in der Sekundarstufe II im
Gegensatz zu den vorhergehenden Stufen des Bildungswesens der Bezug auf eine zukünftige Berufstätigkeit —
gleich zu welchem Zeitpunkt sie aufgenommen wird —
zur Substanz der Lernprozesse gehört und entsprechend in
den Angeboten zu berücksichtigen ist.

Diese wechselseitige Relevanz im Bildungsangebot ist
auch die Voraussetzung dafür, daß die in den verschiedenen Kursen und an verschiedenen Lernorten der Sekundarstufe II erbrachten Leistungen in anderen Bildungsgängen anrechenbar sind. Ein dementsprechendes curriculares und organisatorisches Gesamtkonzept für die
Sekundarstufe II kann die im Bildungssystem überkommene Entgegensetzung von beruflicher und allgemeiner Bildung abbauen.

2.1.5   Zielkonflikte

Bei der Konkretisierung der Sekundarstufe II treten unterschiedliche Tendenzen und Anforderungen auf, die zu
Zielkonflikten führen können. Sie haben ihren Ursprung
entweder in verschiedenen Zielen von Bildungssystem und
Beschäftigungssystem aber auch in konkurrierenden Zielsetzungen innerhalb des Bildungssystems. So müssen beispielsweise die anzustrebenden Bildungsziele und Qualifikationen stets auch im Hinblick auf ihre spätere Verwend-
barkeit außerhalb des Bildungssystems gesehen werden.
Eine volle Übereinstimmung zwischen dem Anspruch des
einzelnen auf möglichst umfangreiche entspezialisierte
Bildung und den speziellen Anforderungen und Möglichkeiten des Beschäftigungssystems wird in der Regel nicht
herbeizuführen sein.

Auch innerhalb der Sekundarstufe II können Zielkonflikte auftreten. Die Forderung nach Einheitlichkeit
des Bildungsangebots kann dem Grundsatz der freien Wahl
und der Nutzung des dafür differenzierten Bildungsangebotes entgegenstehen. Die freie Wahl wiederum
schränkt möglicherweise die Durchlässigkeit ein, die ihrerseits die Voraussetzung zur Realisierung der Chancengleichheit ist.

Strittig ist auch die Prioritätensetzung bei der Errichtung und Unterhaltung bestimmter Bildungseinrichtungen:
Die Forderung nach Konzentration kann im Gegensatz zur

Sicherung eines ausreichenden regionalen, also dezentralisierten Bildungsangebotes stehen.

Für die Sekundarstufe II wird deshalb ein Konzept vorgeschlagen, das die öffentliche Verantwortung für die Verwirklichung der obersten Ziele von Gesellschafts- und Bildungspolitik sichert und gleichzeitig Organisationsformen anbietet, in denen ein Interessenausgleich, wie er in einer pluralistischen Gesellschaft notwendig ist, sinnvoll organisiert werden kann.

2.2   Kompetenzen der Lernenden als Ziel der Lernprozesse
2.2.1 Begründung für die verschiedenen Kompetenzen

Ein übergreifendes Ziel der Neuordnung der Sekundarstufe II besteht darin, Lernprozesse zu einer Einheit zusammenzufassen, die derzeit mit unterschiedlicher Gewichtung und Zielsetzung den getrennten Bereichen von „allgemeiner" und „beruflicher" Bildung zugeordnet sind: Jeder Bildungsgang muß die über das spezielle Ausbildungsinteresse hinausreichende menschliche Entwicklung des Jugendlichen sichern. Dafür sind integrierte Lernprozesse erforderlich, die mit der Fachkompetenz zugleich humane und gesellschaftlich-politische Kompetenzen vermitteln.

Humane Kompetenz heißt in diesem Zusammenhang, daß der Lernende sich seiner selbst als eines verantwortlich Handelnder bewußt wird, daß er seinen Lebensplan im mitmenschlichen Zusammenleben selbständig fassen und seinen Ort in Familie, Gesellschaft und Staat richtig zu finden und zu bestimmen vermag. Inhalt und Formen des Lernens müssen dazu beitragen, den jungen Menschen auf die Lebenssituationen im privaten, beruflichen und öffentlichen Bereich so vorzubereiten, daß er eine reflektierte Handlungsfähigkeit erreicht.

Handlungsfähigkeit ist in einem weiten Sinn zu verstehen und bezieht sich sowohl auf die Fähigkeit zur Kommunikation in verschiedenen Lebenssituationen wie auf zweckgerichtetes Handeln, aber auch auf Spielhandlungen (siehe 2.5.2.4), in denen jene menschlichen Möglichkeiten zur Entfaltung kommen können, für die in lernzielorientierten Lernprogrammen im allgemeinen wenig Raum ist. Die zwangsläufige Vorherrschaft des zweckgerichteten Handelns, die in einer Industriegesellschaft und in einer durch die Technik geprägten Welt besteht, soll durch die Pflege von Sprache und Spiel und die dazu-

gehörenden Kommunikations- und Handlungsmöglich-
keiten humanisiert werden.

Dies ist ein bildungspolitischer und pädagogischer
Grundsatz, der für die Vermittlung aller Lernziele und
Lerninhalte sowie für die Strukturierung der Lernprozesse
und Bildungsgänge zu gelten hat. Durch eine abgewogene
Abstimmung der Lernprozesse auf die Bereiche sprach-
lichen, instrumentalen und spielerischen Handelns soll die
Erlangung humaner Kompetenz gefördert werden.

Unter Beachtung der genannten Voraussetzungen hat
die Sekundarstufe II für jeden Lernenden sicherzustellen:
(1) Fachkompetenz
— für berufliche Erstqualifikation,
— für weiterführende berufliche Bildungsgänge,
— für Bildungsgänge im Hochschulbereich sowie
(2) Gesellschaftlich-politische Kompetenz
— durch Thematisierung der in allen wissenschaftlichen,
technischen, wirtschaftlichen, sozialen und kulturellen
Sachzusammenhängen enthaltenen politischen Strukturen,
— durch die Einrichtung eines entsprechenden obligatorischen Lernbereichs und
— durch die Förderung eines verantworteten Handelns.

2.2.2 Kompetenzen und ihre Verflechtung

Fachliche, gesellschaftlich-politische und humane Kompetenzen sind die Voraussetzung für jedes soziale Handeln.
Zur Vermittlung dieser Kompetenzen bedarf es einer
gegenseitigen Abstimmung von Lernzielen und Lerninhalten. Gesichtspunkte für diese Abstimmung können unter
anderem sein:
— Lernfortschritt in einem Lernbereich,
— die Kombination verschiedener Lernbereiche,
— die Schaffung von vergleichbaren Voraussetzungen
beim Eintritt in einen Kurs oder Lernbereich,
— die Individualisierung und Differenzierung,
— die Vergleichbarkeit der an verschiedenen Lernorten
erbrachten Leistungen,
— die Anrechenbarkeit von erbrachten Leistungen auf
weiterführende Kurse.

Für viele Kurse müssen neben der Vorgabe von Inhalten und Zielen auch methodische und didaktische Grundsätze festgelegt werden. Es ergibt sich eine beträchtliche
Bandbreite der Curricula zwischen Vorschlägen, die weitgehend von Interessen und Initiativen der Lehrenden und
Lernenden ausgehen, und festgelegten Anweisungen.

Die Bildungsgänge der Sekundarstufe II sind so anzulegen, daß hinsichtlich der Fachkompetenz grundsätzliche
Unterschiede zwischen berufs- und studienvorbereitenden
Kenntnissen, Fertigkeiten und Fähigkeiten vermieden
werden. Für die Förderung der gesellschaftlich-politischen
Kompetenz sind in viel höherem Maße als bisher berufsbezogene Inhalte heranzuziehen, um Zusammenhang,
Durchlässigkeit und Gleichwertigkeit der Bildungsgänge
tatsächlich herzustellen.

Diese aus gesellschafts- und bildungspolitischen Zielen
hergeleitete Forderung greift die unabhängig voneinander
in gymnasialer Oberstufe und Berufsbildung wirksam gewordenen Reformtendenzen auf und stellt ihren sachlichen
Zusammenhang her. Entwicklungen in der Praxis von
Schule und beruflicher Bildung im Betrieb bestätigen diese
Möglichkeit. Gutachten [6]), die die Bildungskommission
eingeholt hat, sprechen ebenfalls dafür. Curriculare Integration von „Berufsbildung" und „Allgemeinbildung" sind
in Ansätzen bereits verwirklicht.

2.3   Didaktische Grundsätze
2.3.1   Wissenschaftsorientierung

Die Didaktik aller Lernprozesse soll generell wissenschaftsorientiert sein. Nach dem Strukturplan bedeutet dies, daß
die Lerninhalte, „gleich, ob sie dem Bereich der Natur, der
Technik, der Sprache, der Politik, der Religion, der Kunst
oder Wissenschaft angehören, in ihrer Bedingtheit und
Bestimmtheit durch die Wissenschaften erkannt und entsprechend vermittelt werden. Der Lernende soll in abge-
stuften Graden in die Lage versetzt werden, sich eben diese
Wissenschaftsbestimmtheit bewußt zu machen und in den
eigenen Lebensvollzug aufzunehmen" [7]).

Sicherung eines spezifischen wissenschaftsorientierten
Niveaus führt die gymnasiale Oberstufe heute zu Schwerpunktbildungen mit der Tendenz, die technisch-ökono-
mische Nutzung der Wissenschaft im gesellschaftlichen
Verwertungsprozeß kritisch miteinzubeziehen. Darum ist
es naheliegend, hierbei Lehrer und Ausbilder mit wirtschaftswissenschaftlichen, ingenieurwissenschaftlichen
Qualifikationen zu beteiligen sowie die den Gymnasien

---

[6]) Vgl. Deutscher Bildungsrat, Materialien zur Bildungsplanung:
„Darstellung ausgewählter beruflicher Bildungsgänge und deren Analyse
hinsichtlich der Erreichung allgemeiner Lernziele", Braunschweig,
(in Vorbereitung).
[7]) Deutscher Bildungsrat, Strukturplan, a. a. O., S. 33.

bisher fremden Einrichtungen beruflicher Schulen und Bildungsstätten für studienqualifizierende Bildungsgänge zu nutzen.

Sicherung einer Fachkompetenz führt die Berufsbildung heute zu einer relativen Entspezialisierung vor allem im praktischen Bereich und zu gleichzeitigem Verstärken des Theorieanteils. Die Geschichte der Berufsschuldidaktik mit ihrem Weg von dem bloßen Benennen und Klassifizieren der „Werkregeln" bis zur Orientierung an wissenschaftlichen Methoden ist dafür ein Beleg; ebenso aber auch die Entwicklung der praktischen Berufsbildung, die von der Lehre „en passant", dem reflexionsarmen Einüben durch Nachahmung und Mithilfe, immer stärker zum systematischen, durch Theorie gestützten Lehrgang tendiert. Das Zusammentreffen mit Programm und Niveau des für die gymnasiale Oberstufe typischen wissenschaftsorientierten Unterrichts müßte hier bestärkend und beschleunigend wirken. Auch diese Erwartung wird bereits heute in manchen Berufsschulzentren bestätigt, in denen ein differenziertes, aber personell und sachlich eng verbundenes System von der Teilzeitberufsschule bis zur Fachoberschule und zu wirtschaftswissenschaftlichen beziehungsweise technischen Gymnasien reicht.

Die Sekundarstufe II nimmt die sich abzeichnenden Reformen auf, verstärkt sie und ordnet sie den übergeordneten bildungs- und gesellschaftspolitischen Zielsetzungen ein. Ein didaktischer Grundsatz der Sekundarstufe II ist demzufolge ein Unterricht der von Orientierung an Wissenschaften bis zur Einführung in den wissenschaftlichen Erkenntnisprozeß reicht. Die methodologischen Probleme der Wissenschaften, Charakteristika wissenschaftlichen Verhaltens und politische Funktion der Wissenschaft im gesellschaftlichen Zusammenhang gehören dann dazu. Ein so angelegter Unterricht hat sein Ziel nicht in der Verbreitung von Wissenschaftsgläubigkeit, sondern gerade umgekehrt darin, einer falschen Faszination durch Wissenschaft sachgerecht begegnen zu können.

Gilt die Wissenschaftsorientierung im gekennzeichneten Sinne für alle Bildungsgänge der Sekundarstufe II, so kann sie doch nicht für alle Bildungsgänge im gleichen Sinne ausgeprägt sein. Die Sachverhalte selber, die Absichten, mit denen sie gelehrt werden sowie die kognitive Fähigkeit des Lernenden legen eine durchaus unterschiedliche Bezugnahme auf die Wissenschaften nahe. Denn die Bildungsgänge haben unterschiedliche Lernziele, je nachdem, in welchem Bereich Fähigkeiten besonders nachdrücklich gefördert werden müssen. Im Umkreis der Fertigkeitsvermittlung etwa wird der Lernprozeß nicht sinnvoll auf die Fragen der Erkenntnisgewinnung, sondern auf die Übung selber gerichtet, so beispielsweise beim Erlernen des Feilens, des Maschinenschreibens oder der Pinselführung beim Anstreichen, bei der Internalisierung grundlegender Strukturen einer Fremdsprache (pattern-drill) sowie der Strukturen primär- und sekundärsprachlichen Kommunikation. In Lernprozessen hingegen, die die Fähigkeit im kognitiven oder affektiven Bereich stärker entwickeln sollen, muß der didaktische Grundsatz der Wissenschaftsorientiertheit bis zur Reflexion auf die Bedingungen der Aussagen, die die Wissenschaft jeweils als Ergebnis anbietet, geführt werden: Die Problematisierung der Güterverteilung, die sprachtheoretische Beschreibung sprachlicher und kommunikativer Strukturen, die Textauslegung, die Konstruktion von Maschinen oder die Einschätzung der Reichweite naturwissenschaftlicher Gesetze wären so zu behandeln, daß die mit ihren Ergebnissen zu Rate gezogenen Wissenschaften selber mit ihren Methoden und Voraussetzungen für den Unterricht thematisch werden.

Die illustrierenden Hinweise machen deutlich, daß der Grad des Wissenschaftsbezuges sich nicht umgekehrt proportional zum Berufsbezug verhält. Davon kann keine Rede sein. Gleichwohl bleibt festzuhalten, daß Bildungsgänge, die primär zu einer Studienqualifikation führen, sei es mit oder ohne direkter Verbindung zu einer spezifischen Berufsqualifikation, wissenschaftspropädeutisch sein müssen. Für die primär berufsqualifizierenden Bildungsgänge ergeben sich demgegenüber nach Maßgabe der jeweiligen Anforderungen unterschiedliche Grade der Wissenschaftsorientiertheit.

2.3.2 Handlungsbezug

Für alle Bildungsgänge der Sekundarstufe II soll ein Wechselbezug von reflexionsbezogenen und handlungsbezogenem Lernen gelten. Handlung und Reflexion sind jedoch nicht als voneinander abtrennbare Lernbereiche aufzufassen; vielmehr bezeichnen sie zwei Aspekte des Lernens, die einander wechselseitig bedingen und stützen.

Damit wird Abstand genommen von einem kognitiven Lernen ohne Handlungselemente. Die Formen des Lernens in allgemeinbildenden Schulen neigten zu dieser Einseitigkeit.

Desgleichen wird Abstand genommen von einem Lernen, das sich auf den Erwerb von berufspraktischen Fertigkeiten und Kenntnissen beschränkt. Formen der betrieblichen Lehre neigten zu dieser anderen Einseitigkeit.

Da die allgemeinen Ziele des fachlichen Lernens die Bewältigung von Lebenssituationen sowie Urteils- und Handlungsfähigkeit in den verschiedenen Bereichen des Lebens sind, müssen entsprechend auch die Methoden des Lernens durch den Wechselbezug von Reflexion und Handlung gekennzeichnet sein. Der Wechselbezug ist in den Angeboten eines jeden Lernorts didaktisch sicherzustellen. Es gibt also keine Verteilung des reflexionsbezogenen und des handlungsbezogenen Lernens auf verschiedene Lernorte.

2.3.3   Bildung und Ausbildung

Die curriculare Integration ist nicht allein eine Frage der didaktischen Möglichkeit, sondern auch der bildungstheoretischen Rechtfertigung. Die traditionelle Unterscheidung von „Allgemeinbildung" und „Berufsbildung" und „Berufsausbildung" nimmt insgesamt, besonders aber für die Sekundarstufe II, neue Bedeutung an. Lehren kann nicht länger von der Annahme ausgehen, die Vermittlung humaner Kompetenz und fachlicher Kompetenzen erfolge in getrennten Lernprozessen. Es gibt keinen abgrenzbaren Bereich von Disziplinen, Fächern oder Sachverhalten, deren Inhalte des Lernens die allgemeine menschliche Bildung fördert, während andere Inhalte und insbesondere jeder unmittelbare Berufsbezug den Lernprozeß zur bloßen Ausbildung werden lasse. Tatsächlich hat jeder Unterricht in der Sekundarstufe II eine fachliche und berufsvorbereitende Funktion. Denn auch Vorbereitung und Hinführung zu Ausbildungsgängen im Hochschulbereich sind hier einzuordnen. Daraus folgt, daß von den Inhalten her Allgemeinbildung und Berufsbildung nicht mehr gegeneinander abgrenzbar sind.

Die von der Sekundarstufe II zu organisierenden Lernprozesse sollen, obschon sie Funktionskenntnisse und Funktionsbeherrschung vermitteln und dies nicht zu verleugnen brauchen, zugleich der menschlichen Bildung im ganzen dienen. Das können sie nicht, wenn das an Funktionen orientierte Lernen isoliert bleibt; es muß vielmehr im Zusammenhang individueller und sozialer Handlungsbezüge stehen, das heißt isoliertes Einüben von Verhaltens-

weisen und Fertigkeiten darf nicht einseitig den Lernprozeß bestimmen. Bloße Anpassung und die das Bewußt-
sein des Lernenden umgehende Beeinflussung sollten auf
diese Weise ausgeschlossen bleiben. Von daher begründet
sich auch eine Beschränkung des Einübens manueller Fertigkeiten in der Sekundarstufe II auf den für den Bildungsgang unentbehrlichen Anteil.

2.3.4   Lernbereiche

Die geforderten Kompetenzen und deren Verflechtung
werden im Lernprogramm der Sekundarstufe II gesichert
durch
— die Beschränkung auf einen Schwerpunkt mit dem Ziel,
eine Fachkompetenz zu erwerben;
— die Rückbildung dieser Fachkompetenzen an eine
humane und politische Bildung
— und die Freigabe der auf Ausweitung, Vertiefung oder
Kompensation gerichteten Lernmotivation der Lernenden.
   Entsprechend diesen Maßgaben werden zur curricularen Strukturierung des Lernprogramms Lernbereiche vorgeschlagen, die sich für den Lernenden unterscheiden
lassen als
— Bereich des Schwerpunktes,
— obligatorischer Bereich,
— Wahlbereich.

2.3.4.1   Lernen in Schwerpunkten

Schwerpunkte sind inhaltliche Bereiche, die durch festgelegte Kurse in Bildungsgängen curricular strukturiert
sind und in denen die Lernenden ihre spezifische Fachkompetenz erwerben. Die curriculare Strukturierung wird
durch die von Schwerpunkt zu Schwerpunkt unterschiedlich wirksam werdenden Wissenschaftsdisziplinen, Techniken und beruflichen Erfordernisse bestimmt. Die fachlichen Anforderungen von Beruf und Studium bestimmen
die didaktische Umsetzung der Inhalte zu einem Lernprogramm, das die Wissenschaftsorientiertheit und den
Handlungsbezug allen Lernens berücksichtigen muß. Das
Lernprogramm für einen Schwerpunkt entsteht durch
Zuordnung und Zusammenstellung von Kursen (Pflichtkursen) zu einer aufsteigenden und sich durch Wahlmöglichkeiten (Wahlpflichtkurse) verzweigenden Linie des
Lernfortschrittes. Diese Linie des Lernfortschritts ist zielgerichtet durch die jeweils erstrebte Fachkompetenz. Der
durch das Lernprogramm strukturierte Schwerpunkt ein-

schließlich der angestrebten Fachkompetenz bildet einen Bildungsgang. Sofern die erworbene Fachkompetenz den Lernenden für einen Beruf oder für ein Studium qualifiziert, wird sie als Fachqualifikation bezeichnet. Eine Fachkompetenz kann mehrere Fachqualifikationen (z. B. für einen Beruf und für ein Studium) enthalten.

Der Lernende wählt entsprechend seinen Interessen und seinen Berufs- beziehungsweise Studienabsichten — unterstützt von der Berufs- und Bildungslaufbahnberatung — einen Schwerpunkt und innerhalb des Schwerpunktes einen durch Kurse festgelegten Bildungsgang. Die Schwerpunkte sind nicht identisch mit derzeitigen Berufsfeldern; sie sind in der Regel enger gefaßt als diese, jedoch weiter als derzeitige Ausbildungsberufe. Mit der Wahl des Bildungsganges in einem Schwerpunkt sind etwa 50 bis 70 Prozent des Lernprogramms des Lernenden festgelegt.

Damit das Lernen in Schwerpunkten nicht zu einer verengten Spezialisierung führt, sind die Schwerpunkte curricular so zu entwickeln, daß eine Konzentration des Lernens möglich ist und daß mit der Spezialisierung zugleich ihre Überwindung geleistet wird. Es ist daher nach allgemeinen und übergreifenden Strukturen zu fragen, die in den spezialisierten Disziplinen, Techniken und Berufen enthalten sind. Die Antwort verweist auf zwei Gesichtspunkte, auf
— den Zusammenhang von Disziplinarität und Interdisziplinarität
— und auf die gesellschaftlich-politischen Voraussetzungen und Konsequenzen des Spezialisierungsprozesses selber.

Bei dem ersten Gesichtspunkt handelt es sich darum, grundlegende Formen von interdisziplinären Arbeiten einzuüben und je nach Bildungsgang bis zu einem interdisziplinären Methodenvergleich vorzudringen. Die Lernenden müssen beispielsweise befähigt werden, Fragestellungen, Ergebnisse und Verfahrensweisen der von ihnen schwerpunktmäßig bearbeiteten Fachgebiete so zu formulieren, daß sie für fachfremde Gesprächspartner verständlich sind; sie müssen weiterhin lernen, an Fachleute anderer Gebiete Anfragen zu richten, die solche Antworten ermöglichen, wie sie zur Lösung der eigenen Probleme benötigt werden.

Noch weiter greift der zweite Gesichtspunkt: Er berücksichtigt sowohl die Voraussetzungen für den fortschreitenden Prozeß von Spezialisierung der Wissenschaften, Techniken und Berufe als auch die Konsequenzen der Spezialisierung. Die unterschiedlichen Fachkompetenzen lassen sich von da aus auf einen gemeinsamen und alle Spezialisierung übergreifenden Rahmen beziehen.

Die Antworten auf diese Frage dürfen von keiner Planung als vorentschieden angesetzt werden. Wohl aber kann und muß die Didaktik des wissenschaftsorientierten und handlungsbezogenen Lehrens und Lernens darauf drängen, die fachlichen Inhalte unter dem angedeuteten Gesichtspunkt zu vermitteln. Damit aber verweisen die der Fachkompetenz dienenden Schwerpunkte zugleich auch auf die gesellschaftlich-politische Kompetenz.

Die curriculare Entwicklung der Schwerpunkte ist unter anderem durch folgende Gesichtspunkte bestimmt:
— Jeder Schwerpunkt muß so angelegt sein, daß die in ihm erworbene Fachkompetenz zugleich allgemeine gesellschaftlich-politische und humane Kompetenz enthalten.
— Jeder Schwerpunkt muß so angelegt sein, daß die in ihm erworbenen Fachkompetenzen zugleich als eine in Beruf und/oder Studium verwertbare Fachqualifikation anerkannt sind.
— Die Curricula sollen so strukturiert sein, daß in einem Kurs oder Bildungsgang erbrachte Leistungen nach Möglichkeit in anderen Bildungsgängen angerechnet werden können.

2.3.4.2 Obligatorischer Bereich

(1) Notwendigkeit eines obligatorischen Bereiches
Die Vermittlung von humanen und gesellschaftlich-politischen Kompetenzen soll inhaltlich nicht auf den Umkreis der Fachkompetenz beschränkt bleiben. Diese Forderung und die Notwendigkeit, zugleich mit der fachlichen Kompetenz auch allgemeine Kompetenz zu vermitteln, lassen sich unter dem leitenden Gesichtspunkt der Chancengleichheit deutlich machen.
Von einem Abbau der Chancenungleichheit wird man nur sprechen können, wenn Grundvoraussetzungen für die Entfaltung einer individuellen Persönlichkeit und für die gesellchaftlich-politische Kompetenz vermittelt werden.
Die heutige Gesellschaft läßt sich kennzeichnen durch ein hohes Maß struktureller Kompliziertheit und Differenziertheit und durch eine zunehmende gegenseitige Abhängigkeit aller gesellschaftlichen Bereiche. Sie ist gleichzeitig geprägt durch Interessengegensätze und Konflikte sowie durch eine Pluralität von Weltanschauungen und politischen Programmen. Um als mündiger Bürger in

der Lage zu sein, die gesellschaftlichen Prozesse verstehen und kritisch würdigen zu können und verantwortlich handelnd seine eigenen Bedürfnisse und Interessen verfolgen zu können, bedarf es gesellschaftlich-politischer Kompetenz. Aber auch der berufliche Erfolg wird nicht allein durch Fachkompetenz begründet. In einer solchen Gesellschaft ist derjenige benachteiligt, der lediglich über Fachkompetenz und nicht über eine allgemeine gesellschaftlich-politische Kompetenz verfügt.

Ein Abbau der Chancenungleichheit ist nicht allein durch die Struktur und Organisation der Sekundarstufe II zu erreichen; er muß auch durch die Vermittlung notwendiger Inhalte gefördert werden. Der Lernende soll darauf vorbereitet werden, seine Aufgaben in familiären, gesellschaftlichen und politischen Situationen zu erfüllen. Die Sekundarstufe II soll in diesem Sinne allen Lernenden die Kenntnisse und die Urteilsfähigkeiten vermitteln, die ebenso die individuelle Entfaltung und Ausprägung der Person wie die volle Teilnahme am politischen und gesellschaftlichen Leben ermöglichen. Das Lernprogramm der Sekundarstufe II soll im Falle jedweder Fachkompetenz jene Lernbereiche ausdrücklich und inhaltlich berücksichtigen, die geeignet sind, mögliche Benachteiligungen zu mindern und die Grundvoraussetzungen gesellschaftlicher Kommunikation allen Lernenden in der ihren Lernmöglichkeiten entsprechenden Weise zu vermitteln.

(2) Inhalte

Die dafür notwendigen Lernbereiche ergeben sich nicht mehr aus einem Kanon der „Allgemeinbildung"; sie müssen vielmehr aus einer Bestimmung der Bedingungen menschlichen Lebens in einer demokratischen und pluralistischen Gesellschaft sowie in einer durch Wissenschaft und Technik bestimmten Umwelt gewonnen werden. Es handelt sich also, wenn im folgenden inhaltliche Bereiche genannt werden, um Rahmen- oder Zielvorstellungen, innerhalb derer ein obligatorischer Bereich für das Curriculum jedes Lernenden erarbeitet werden kann.

Eine Übereinstimmung wird darüber zu erzielen sein, daß das grundlegende Medium privater, beruflicher und gesellschaftlicher Kommunikation die Sprache ist. Sprache zu lernen, Sprachen unterscheiden und recht gebrauchen zu können, ist eine Grundlage jeder kulturellen Entwicklung, sei es des einzelnen oder einer Gesellschaft. Die Partizipation an dieser Entwicklung sollte niemandem deswegen verwehrt sein, weil die Schule ihm nicht in einem

Sprachunterricht, der den Lernmotivationen und den Lernfähigkeiten der jeweiligen Lerngruppe angemessen ist, die Voraussetzungen dafür vermittelt.

Unbestritten ist wohl auch, daß für die Teilnahme am politischen Leben in einer Demokratie die Kenntnis der Bedingungen, Möglichkeiten und Wirkungen von Politik notwendig ist. Politik wird dabei verstanden als die Gesamtheit der sozialen Interaktionen, die allgemein verbindliche Entscheidungen zum Thema haben. Die Teilnahme am politischen Handeln wird darum als allgemeines Lernziel gelten. Die Wege zur Teilnahme werden dem Lernenden sowohl im Zusammenhang des sozialen Lernens an den verschiedenen Lernorten wie im Unterricht über die politischen und geschichtlichen Zusammenhänge eröffnet.

Zu den Grundvoraussetzungen selbständigen Mitwirkens in der heutigen Welt gehört eine gewisse Vertrautheit mit dem weiten Bereich der Formalisierung. Viele Sachverhalte des privaten und gesellschaftlichen Lebens stehen im Zusammenhang von Organisation, Quantifizierung und formalen Sprachen. Die Rationalität, die jeden organisierten Prozeß in Technik, Wirtschaft, Wissenschaft, Verwaltung unter anderem kennzeichnet, stellt besondere formale Anforderungen. Die Mathematik, wenn sie nicht nur als Fach verstanden wird, repräsentiert diesen Bereich. Ohne eine gezielte Einübung wird der einzelne zu leicht Objekt von Organisation und rationalen Verfahren; dagegen muß er in die Lage versetzt werden, solche Systeme als Instrumente und als relative Zwangssysteme zu durchschauen, sie in Anspruch zu nehmen und zugleich Distanz von ihnen gewinnen zu können.

Zu den Grundvoraussetzungen gehört schließlich eine soziale Kommunikation, die weder durch Beruf noch durch Politik, sondern gewissermaßen durch sich selbst als soziales Erleben bestimmt ist: das Spiel. Im handwerklich-künstlerischen, im sportlichen und im unterhaltenden Spiel ist der Mensch in einer freien Weise tätig. Kreativität und Sozialisation haben hier ein eigentümliches Feld, das frei von Zwang ist und auf dem neue Erfahrungen gemacht werden können.

Die Bereiche Sprache, Politik, Mathematik und Spiel sollen nach dem Vorschlag der Bildungskommission den obligatorischen Bereich in der Sekundarstufe II bilden. Sie sind nicht mit Unterrichtsfächern gleichzusetzen; sie machen vielmehr einen Bestandteil des Lernprogramms aus, der verschiedenen Kursen zugewiesen werden kann.

(3) Verhältnis zu den Schwerpunkten
Der für alle Jugendliche obligatorische Bereich kann in
jedem Bildungsgang zu einem Teil durch die Kurse
abgedeckt sein, die zur Erlangung der Fachkompetenz notwendig sind. Es wäre denkbar, daß in einem Bildungsgang
der ganze obligatorische Bereich durch die Kurse abgedeckt werden könnte, welche die Fachkompetenz vermitteln. Dieser Fall kann jedoch nicht unterstellt werden.
Jene Teile des obligatorischen Bereichs jedoch, die schon
durch den gewählten Schwerpunkt abgedeckt sind, wie
zum Beispiel bei Schwepunkten im Bereich der Technik
oder der Naturwissenschaften die Mathematik oder bei
Schwerpunkten im Bereich von Sozialberufen die Politik,
werden durch die Fachkurse hinreichend berücksichtigt
sein. Die Kurse zum obligatorischen Bereich sind daher
grundsätzlich ergänzende Kurse.
    Ergänzende Kurse aus dem obligatorischen Bereich
werden also in allen Bildungsgängen erforderlich sein.
Nach diesem Konzept entfallen gemeinsame Unterrichtsstunden für alle Lernenden in obligatorischen Kursen.
Vielmehr wird es darauf ankommen, durch hinreichende
Wahlmöglichkeiten die Bildung von Lerngruppen zu fördern, die in den Lernvoraussetzungen und in ihren
Interessen im Hinblick auf den in Frage stehenden Lernbereich eine Übereinstimmung aufweisen.

(4) Unterrichtsgrundsätze
Einige Unterrichtsgrundsätze, die das Lernen in der
Sekundarstufe II bestimmen, gewinnen für die Kurse zum
obligatorischen Bereich besondere Bedeutung: Der Unterricht muß bei den Situationen, in denen die Lernenden
sich befinden, ansetzen; die Struktur der Lernabfolge wird
durch die Aktivitäten der Lernenden wie Sprechen
(Beschreiben, Erklären, Fragen, Argumentieren,
Kritik u.a.), Darstellen im Rollenspiel, Messen, Entwerfen
unter anderem jeweils modifiziert, und das Ziel dieser
Lernprozesse ist Vermittlung von Handlungsfähigkeit, das
heißt die Einübung eines Verhaltens und Handelns in der
Bewältigung von Lebenssituationen, das gegebenen Regeln
folgt oder sich selber eine Regel gibt. Der Ansatz bei bestimmten Situationen sowie der Übungscharakter des
Unterrichts sollen dazu beitragen, daß die entsprechende
Handlungsfähigkeit der Lernenden wirksam gefördert
wird. Dieser Ansatz befreit jedoch nicht von der Wissenschaftsorientiertheit auch dieses Unterrichts. Als Unter-

richtsgrundsätze in diesem Sinne können demnach
— Situationsansatz,
— Wissenschaftsorientierung und
— Vermittlung von Handlungsfähigkeit
genannt werden.

Im obligatorischen Bereich handelt es sich also nicht um Lehrfächer, die um einer weiteren Fachkompetenz willen (etwa in Sprachen oder in Mathematik) unterrichtet werden. Das Ziel des Unterrichts im obligatorischen Bereich liegt in der Kompetenz, die Lebenssituationen zu bewältigen.

Das bedeutet für den Bereich der Sprachen: Ansatz für Inhalte und Methoden des Unterrichts bei privaten, beruflichen, gesellschaftlichen und politischen Sprechsituationen mit dem Ziel der Sprachkompetenz und Sprechfähigkeit in der Muttersprache und in einer Fremdsprache [8]). Im Bereich der Politik wird der Ansatz für Inhalte und Methoden des Unterrichts bei politischen Situationen und deren geschichtlichen Bedingungen liegen mit dem Ziel, die Kompetenz zu politischem Urteil und Handeln zu vermitteln.

Im Bereich Mathematik wird der Ansatz für Inhalte und Methoden des Unterrichts bei konkreten Situationen der Quantifizierung und Formalisierung gesehen werden müssen mit dem Ziel, die Fähigkeit zur Quantifizierung und Formalisierung und zu deren Beurteilung zu vermitteln.

Spiel und Sport nehmen im Zusammenhang dieser Lernbereiche eine Sonderstellung ein. Die räumlichen und personellen Voraussetzungen für diesen Bereich werden lokal verschieden sein. Gleichwohl soll gelten, daß jeder Lernende sich wenigstens ein Jahr einer oder verschiedenen Lerngruppen in diesem Bereich anschließt.

Es ist nicht vorherzusehen, in welchem Ausmaß die Lernorte die notwendigen Kurse selber bereitstellen können oder wieweit sich durch die Zusammenarbeit mit außerschulischen Organisationen Lerngelegenheiten in diesem Bereich eröffnen. Es sollte darum offen bleiben, inwieweit beziehungsweise in welchen Formen dieser Bereich obligatorisch gemacht werden kann. Diese weniger verbindliche Handhabung ist um so mehr angebracht, als

---

[8]) Vgl. Deutscher Bildungsrat, Gutachten und Studien der Bildungskommission, Prinzipien und Elemente des Sprachunterrichts in der Sekundarstufe II (in Vorbereitung).

im Falle des Spiels der Sinn des Obligatorischen nicht
durch Zwang, sondern durch das attraktive Angebot getroffen wird.

2.3.4.3 Wahlbereich

Neben dem Lernen in Schwerpunkten und dem obligatorischen Bereich soll jedem Lernenden in der Sekundarstufe II ein bestimmter Anteil des Lernprogramms zur
freien Wahl überlassen bleiben. Dieser Wahlbereich soll
vor allem der Kompetenzerweiterung des einzelnen
Lernenden dienen. Indem der Lernende seinem Schwer-
punktprogramm ein bestimmtes Wahlprogramm hinzu-
fügt, erhält sein gesamtes Lernen ein bestimmtes Profil.
Das Profil ergibt sich aus der Kombination von Schwerpunkt und individueller Nutzung des Wahlbereichs.

Die Spannweite der Nutzung des Wahlbereichs ist
beispielsweise mit folgenden Möglichkeiten zu verdeut-
lichen:
— Intensivierung und/oder Beschleunigung der Arbeit im
Schwerpunkt,
— Aufbau eines zweiten Schwerpunktes,
— Ausgleich von Schwächen innerhalb des gewählten
Schwerpunktes,
— Aufstockung einer beruflichen Erstqualifikation zu
einer Studienqualifikation,
— Aufstockung eines studienvorbereitenden Schwerpunk-
tes zu einer Berufsqualifikation,
— Kompensation gegenüber der fachlich stark konzen-
trierten Arbeit im Schwerpunkt,
— Ausgleich gegenüber den intellektuell-kognitiven An-
forderungen im Schwerpunkt durch zusätzliche künst-
lerische, sportliche oder manuell-technische Aktivitäten.

Für das Lernangebot im Wahlbereich gelten folgende
Gesichtspunkte:
— Die Lernangebote müssen der Kompetenzerweiterung
im wissenschaftlichen, wirtschaftlichen, technischen,
sozialen, musischen Bereich dienen können.
— Die Unterschiede im Informationsstand der Lernenden
und die unterschiedlich vorhandene Fähigkeit, Möglichkeiten und Probleme, die mit Wahlen verbunden sind,
abzuschätzen, müssen berücksichtigt werden. Daher
müssen die Lerninhalte so angeboten werden, daß die in
unterschiedlicher Weise darauf vorbereiteten Lernenden
der Sekundarstufe II von diesen Wahlmöglichkeiten
rational Gebrauch machen können.

— Die Angebote müssen so strukturiert und organisiert sein, daß sie die Äußerung von Bedürfnissen und Interessen erlauben und herausfordern. Die Angebote müssen berücksichtigen, daß Interessen und Lernbedürfnisse sich im Lernprozeß selbst erst herausbilden, ebenso wie verborgene Probleme erst im Kommunikationsprozeß zum Vorschein kommen. Es geht also nicht nur darum, vorhandene Interessen zu befriedigen, sondern auch neue Interessen zu wecken und zu äußern.

— Schließlich gilt, daß sich hier spezifische Aufgaben des sozialen Lernens stellen.

2.3.5 Berufliche Grundbildung

Als berufliche Grundbildung werden im vorliegenden Konzept diejenigen Teile des Lernprogramms (Kurse) bestimmt, die die gemeinsame Grundlage für jede berufliche Qualifikation im Bereich eines Schwerpunktes bilden. Eine berufliche Grundbildung soll für alle beruflichen Bereiche des Beschäftigungssystems angeboten werden. Dies gilt ebenso für jene Berufe, die durch die vereinbarten Berufsfelder abgedeckt sind, wie auch für die über ein Studium erreichbaren Berufe. Eine berufliche Grundbildung ist darum für alle Lernenden in der Sekundarstufe II vorzusehen.

Verglichen mit der derzeitigen Auffassung von der beruflichen Grundbildung bedeutet diese Bestimmung eine Ausweitung sowohl in der Sache wie im Hinblick auf den Kreis der Lernenden.

Da das Verhältnis von Grundbildung zu Fachbildung in den verschiedenen Schwerpunkten unterschiedlich ist, kann die Dauer der Grundbildung nicht auf einen bestimmten Zeitraum (z. B. ein Jahr) festgelegt werden. Die Übergänge zwischen Grundbildung und Fachbildung sind fließend.

Für die Gruppe der Lernenden, die in der Sekundarstufe II eine Berufsqualifikation anstreben, werden in der beruflichen Grundbildung Fähigkeiten, Fertigkeiten und Kenntnisse in einer etwa den derzeitigen Berufsfeldern entsprechenden Breite vermittelt. Die berufliche Grundbildung als erste Phase des Lernens im Schwerpunkt sichert Mobilität und Flexibilität, da innerhalb dieser Phase die verschiedenen Spezialisierungsmöglichkeiten im Bereich des Schwerpunktes offenbleiben, ihre Wahl für die darauffolgende Fachbildung jedoch vorbereitet wird. Hinsichtlich der zeitlichen Einordnung der beruflichen Grund-

bildung hält die Bildungskommission an der im Strukturplan entwickelten Zielvorstellung fest.

Jugendliche mit besonderem Lernverhalten, zum Beispiel „Jungarbeiter" und Behinderte, bedürfen einer beruflichen Grundbildung, die ihren besonderen Möglichkeiten
und Fähigkeiten angepaßt sein muß. Sie wird sich von der
Regelform dadurch unterscheiden, daß sie erst nach einer
anfänglichen Spezialisierung zu einer Verbreiterung des
Lernprogramms führt.

Für Lernende, die eine berufliche Erstausbildung im
tertiären Bereich anstreben und mithin studienbezogene
Bildungsgänge wählen, kann eine berufliche Grundbildung neue Orientierungen und Lernimpulse bringen. Sie
soll diesen Lernenden einen Bezug zu späteren Tätigkeitsbereichen im öffentlichen Dienst, in der Wirtschaft und in
freien Berufen herstellen und durch eine frühzeitige Verbindung zur Praxis Berufswahlentscheidungen vorbereiten
und erleichtern.

2.4   Qualifikationen und Abschlüsse
2.4.1   Die beiden derzeitigen Qualifikationssysteme

Schule und Berufsausbildung waren bisher die Ausgangspunkte für zwei voneinander unabhängige Qualifikationssysteme. Das berufliche Qualifikationssystem ist
das ältere: Vom Handwerk der ständischen Gesellschaft
geprägt (Lehrling — Geselle — Meister), haben sich vergleichbare Qualifikations- und Funktionshierarchien besonders in der Industrie herausgebildet (Facharbeiter —
Vorarbeiter — Werkmeister — Ingenieur). Obschon
die Erlangung beruflicher Qualifikationen in vielfältiger
Weise von beruflichen Schulen unterstützt wird, gibt es
nur eine geringe Durchlässigkeit zu dem anderen, rein
schulisch organisierten Qualifikationssystem. Dieses
jüngere System, besonders wirksam in den Berechtigungen, die der mittlere Bildungsabschluß, das Abitur und
die Hochschulabschlußprüfungen gewähren, hat gegenüber dem ersten eine wichtige politische Funktion: Es
reguliert unter anderem den Zugang zu den Staats-
ämtern, zu gesellschaftlich einflußreichen und höher
dotierten Positionen einschließlich der höher bewerteten
technisch-ökonomischen Tätigkeiten im industriellen
Bereich. Diese vornehmlich schulisch erworbenen Qualifikationen wurden und werden in der Regel höher
bewertet als unmittelbar berufsbezogene, in der theore-

tischen wie praktischen Ausbildung und Tätigkeit erworbenen Qualifikationen. Der ursprünglich mögliche Aufstieg innerhalb der Berufsbildung wurde mit dem Ausbau des allgemeinbildenden Schulwesens stark zurückgedrängt, schließlich fast ganz versperrt. Durch die Einrichtung des Zweiten Bildungsweges wurde er nur unzulänglich wieder eröffnet, weil viele Lernleistungen beim Übergang vom einen in das andere Qualifikationssystem unberücksichtigt blieben. Von daher lassen sich eine Benachteiligung der Berufsbildung und im Einzelfall unnötige Umwege bei der Weiterqualifizierung feststellen.

Die Reform der Sekundarstufe II hat die im bestehenden Bildungssystem begründete Diskriminierung der Berufsbildung zu beseitigen. In dem Maße, in dem die Lernprozesse der Sekundarstufe II durchgängig einem übergreifenden Anspruch genügen, werden sich vergleichbare Merkmale für die Bewertung von Lernleistungen in unterschiedlichen Sachbereichen ergeben. Wenn alle Bildungsgänge, die mit einer spezifischen Berufsqualifikation abschließen, zugleich Teilstücke solcher Qualifikationen enthalten, die den Zugang zum tertiären Bereich ermöglichen, kann auch die organisierte Weiterbildung auf dem Lernen in der Sekundarstufe II aufbauen.

2.4.2 Qualifikationen

Zwischen Fachkompetenz, Fachqualifikation und Fachabschluß besteht ein enger Zusammenhang. Jeder Bildungsgang ist curricular so anzulegen, daß Fachkompetenz, gesellschaftlich-politische und humane Kompetenz erworben werden können. Diese Kompetenzen bezeichnen den Lernerfolg im Hinblick auf den Lernenden selbst und seine Befähigung zu selbstverantwortlichem Handeln im privaten, beruflichen und gesellschaftlich-politischen Bereich.

Im Hinblick auf die Verwertbarkeit im privaten Leben, im Beruf, in der Gesellschaft ist der Lernerfolg eine Qualifikation. Zwar sind aus im übrigen nicht vollständig vorwegnehmbaren Lebenssituationen keine bestimmten Qualifikationen ableitbar, wohl aber sind sie an feststellbaren Anforderungen oder doch absehbaren Situationen orientiert und wirken ihrerseits orientierend auf Bildungsgänge und Lernziele.

3

Jeder Bildungsgang in der Sekundarstufe II ist im besonderen auszurichten auf den Erwerb einer für Beruf oder Studium oder für beides verwertbaren Fachqualifikation. Die Fachqualifikationen werden durch staatliche Ordnungsmittel, also durch Ausbildungsordnungen, Lehrpläne, Rahmenrichtlinien, anerkannte Curricula, Prüfungsordnungen und so weiter definiert.

Damit es nicht zu einer Benachteiligung derjenigen Jugendlichen kommt, die einen Sekundarabschluß I nicht erreicht haben, müssen mehr als bisher Bildungsgänge angeboten werden, die auch diesen Jugendlichen ermöglichen, eine Fachqualifikation zu erwerben.

Wenn im folgenden die Fachkompetenz und Fachqualifikation betont wird, ist damit nicht gemeint, daß sich die Fachkompetenz von anderen Kompetenzen des einzelnen abtrennen ließe. Es ist gerade das Bestreben des vorgelegten Konzepts, die zwar definitorisch unterscheidbaren, im Leben aber nicht getrennt zur Geltung kommenden Kompetenzen und Qualifikationen in ihrer wechselseitigen Bedingtheit und Verflechtung zu vermitteln. Die Fachqualifikation erhält jedoch für das Lernen in Bildungsgängen insofern eine eigene Bedeutung, weil in ihr die Anforderungen von Beruf, weiterführendem Bildungsgang oder Studium beschrieben werden können, auf die der Jugendliche sich vorbereitet.

Um den unterschiedlichen Lernfähigkeiten und Lerninteressen, den verschiedenen Vorstellungen vom eigenen Lebensplan sowie den mannigfachen Anforderungen und Gegebenheiten im Beschäftigungssystem entsprechen zu können, werden zwei Ebenen der Fachqualifikation vorgeschlagen.

Die beiden Qualifikationsebenen bezeichnen Plattformen, von denen aus der Lernende Entscheidungen über seinen weiteren Werdegang treffen kann. Auf jeder der beiden Ebenen stehen ihm grundsätzlich zwei Möglichkeiten offen: Aufnahme einer beruflichen Tätigkeit, für die er sich qualifiziert hat, oder Aufnahme eines weiteren Bildungsganges. Jeder Fachabschluß sollte diese Möglichkeiten enthalten und ausweisen. Die beiden Ebenen können entweder nacheinander oder jede in einem direkt auf sie gerichteten Bildungsgang erreicht werden.

In jedem Bildungsgang wird eine Fachqualifikation erreicht. Diese muß gleichzeitig oder nachträglich ergänzt, erweitert oder aufgestockt werden können. Indivi-

duelle Niveaubandbreiten und Profilierungen müssen
möglich sein. Die im Beruf, im weiterführenden Bildungsgang oder im Studium verwertbare Fachqualifikation
muß in einer Zeit von zwei bis vier Jahren erreicht werden können.

Die derzeitigen Bildungsgänge im beruflichen und
gymnasialen Bildungswesen können nicht in jedem Fall
unverändert der einen oder anderen Qualifikationsebene zugeordnet werden. In vielen Bildungsgängen sind
die Inhalte anders als bisher zu vermitteln, anders aus-
zuwählen oder zu ordnen oder durch weitere Inhalte zu
ergänzen. Außerdem werden sehr spezialisierte Anteile
des Lernprogramms, die für eine Tätigkeit an einem
bestimmten Arbeitsplatz spezifisch sind, jedoch berufliche Mobilität und Durchlässigkeit in der Sekundarstufe II zu sehr behindern, im Beschäftigungssystem oder
auf Grund von Weiterbildungsangeboten erworben werden müssen.

2.4.3 Fachabschluß A und Fachabschluß B

Die Fachqualifikation wird durch ein staatlich anerkann-
tes Prüfungsverfahren festgestellt. Diese Feststellung
heißt Fachabschluß. Schwerpunkt und Profil des durchlaufenen Bildungsganges sind aus dem Fachabschluß
ersichtlich. Den beiden Qualifikationsebenen entsprechen Fachabschluß A und Fachabschluß B. Jeder Fachabschluß ist ein Sekundarabschluß II.

Beim Verlassen der Sekundarstufe II ohne Abschluß
erhält der Lernende ein Zeugnis, in dem ihm die bis zu
diesem Zeitpunkt erbrachten Leistungen bescheinigt
werden. Sie sind anrechenbar bei der Wiederaufnahme
veranstalteten Lernens zu einem späteren Zeitpunkt im
Berufsleben des Abgängers.

Die Sekundarstufe II bietet außerdem Möglichkeiten
zum Nachholen des Sekundarabschlusses I. Bei dem Erwerb eines Fachabschlusses sollte anerkannt sein, daß
damit auch der Sekundarabschluß I nachgeholt ist.

Unter Berücksichtigung dieser grundsätzlichen Überlegungen lassen sich die bisher an verschiedenen Institutionen (Gymnasien, beruflichen Schulen, Betrieben,
Kammern) und über verschiedene Programme (Vorbereitung auf ein Studium oder Vorbereitung auf einen Beruf)
erreichbaren Abschlüsse in ein gemeinsames Abschlußsystem der Sekundarstufe II einbringen.

(1) Sekundarabschluß II

Der Sekundarabschluß II ist ein staatlicher oder staatlich anerkannter Abschluß. Er wird festgestellt durch eine formelle Erfolgskontrolle. Die Zuerkennung des Abschlusses ist stärker abhängig von den während des Bildungsganges erbrachten Leistungen als von dem in einer Prüfung partiell feststellbaren momentanen Leistungsstand. Die bis zur Prüfung erbrachten Leistungen lassen sich in einem quantitativen Bewertungssystem (Noten, Punkte, Kredits o. ä.) und darüber hinaus in der Beschreibung des Profils festhalten, das der Lernende sowohl im Verlauf der Sekundarstufe II als auch zum Zeitpunkt des Abschlusses im Lernprogramm ausgelegt hat. Die Einbeziehung beschreibender Beurteilungen ist auch deshalb notwendig, weil sich das Erreichen allgemeiner Lernziele und besonders der Lernziele im kreativen, ästhetischen und sozialen Bereich weitgehend einer quantitativen Bewertung entzieht. Daher müssen andere beschreibende Beurteilungen verstärkt entwickelt und angewandt werden, die das Bemühen des Lernenden um gesellschaftlich-politische und humane Kompetenz in die Qualifikationsbeschreibung einbeziehen.

Aus jedem Sekundarabschluß II muß erkennbar sein, wie die erworbene Fachqualifikation genutzt, ergänzt, erweitert oder aufgestockt werden kann.

(2) Fachabschluß A

Der Fachabschluß A ist der staatlich anerkannte Sekundarabschluß II, der zur Aufnahme einer Berufstätigkeit entsprechend etwa dem derzeitigen Facharbeiter, Gesellen, Gehilfen qualifiziert. Er ermöglicht zugleich die Fortsetzung des Lernens in der Sekundarstufe II bis zum Fachabschluß B.

Der Fachabschluß A kann am Ende eines zwei- bis dreijährigen Bildungsganges erworben werden. Für Jugendliche, die das neunjährige Pflichtschulsystem beendet haben, ist ein solcher Bildungsgang in der Regel auf drei Jahre, für Jugendliche, die das 10. Schuljahr durchlaufen haben, in der Regel auf zwei Jahre ausgelegt.

Mit dem Fachabschluß A kann der Jugendliche die Sekundarstufe II verlassen und unmittelbar die berufliche Tätigkeit aufnehmen, für die er sich qualifiziert hat. Er kann aber auch in der Sekundarstufe II bleiben und einen weiterführenden Bildungsgang wählen, der ihm den Erwerb des Fachabschlusses B ermöglicht.

(3) Fachabschluß B
Der Fachabschluß B ist der staatlich anerkannte Sekundarabschluß II, der zur Aufnahme einer Berufstätigkeit, die höhere Anforderungen stellt — wie die Tätigkeiten beispielsweise von Technikern, Assistenten und Fachwirten —, zur Aufnahme eines Studienganges oder zu beiden im Bereich der erworbenen Fachkompetenz qualifiziert.

Der Fachabschluß B ist entweder erreichbar in einem Bildungsgang, der nach dem Fachabschluß A beginnt und innerhalb des Gesamtzeitraumes der Sekundarstufe II von zwei bis vier Jahren je nach Schwerpunkt und Profil unterschiedlich lange dauert. Oder er kann in einem Bildungsgang erreicht werden, der direkt auf diese Fachqualifikation hin angelegt ist. Dieser Bildungsgang ist in der Regel auf drei Jahre ausgelegt.

Wenn der Lernende mit dem Fachabschluß B sowohl eine höheren Anforderungen genügende Berufsqualifikation als auch eine Studienqualifikation erwerben will, können sich die angegebenen zeitlichen Richtwerte nach oben verschieben.

Die unmittelbar studienbezogenen Bildungsgänge sind nach Möglichkeit curricular so zu gestalten, daß in ihnen auch ein Fachabschluß A erreicht werden kann.

2.5 Pluralität der Lernorte
2.5.1 Begründung der Pluralität
Unter Lernort ist eine im Rahmen des öffentlichen Bildungswesens anerkannte Einrichtung zu verstehen, die Lernangebote organisiert. Der Ausdruck „Ort" besagt zunächst, daß das Lernen nicht nur zeitlich nach Stundentafeln, Blöcken, Trimestern oder Schuljahren, sondern auch lokal gegliedert ist. Es handelt sich aber nicht allein um räumlich verschiedene, sondern in ihrer pädagogischen Funktion unterscheidbare Orte.

Seine Eigenart gewinnt jeder Lernort aus den ihm eigenen Funktionen im Lernprozeß. Es ist daher auch denkbar, daß mehrere Lernorte lokal zusammengefaßt sind; sie sollen dabei jedoch nicht ihre pädagogisch-didaktische Eigenständigkeit verlieren. Die Pluralität von Lernorten ist einerseits bestimmt durch die spezifische Aufgabe der Sekundarstufe II, den Ansprüchen und Bedürfnissen des Jugendalters gerecht zu werden und den Übergang in das Erwachsenenleben zu erleichtern; andererseits kann gemäß den Erkenntnissen der Psychologie die Effizienz des Lernens durch Lernen an verschiedenen Lernorten erhöht werden.

Schule als einziger Lernort ist auch für die Bildungsgänge fragwürdig geworden, die bisher rein schulisch durchgeführt worden sind. Noch weniger kann eine vollständige Verschulung aller Bildungsgänge den Lernbedürfnissen der Jugendlichen und der Nachfrage nach verwendbaren Qualifikationen angemessen sein. Die Verschulung kann insbesondere nicht für eine Altersstufe empfohlen werden, in der der Übergang in das Erwachsenenleben und in das Beschäftigungssystem sowie die Einübung entsprechender neuer Einstellungen und Verhaltensweisen wesentliche Elemente der Lernprozesse sind. Darum ist eine Einbeziehung der Bedingungen des Beschäftigungssystems in die Lernprozesse erforderlich. Situationen im Betrieb und die Nähe zur Produktion sind dafür ebenso bedeutsam wie besondere Angebote für motorisches und emotionales Lernen. Darüber hinaus wird das soziale Lernen schon allein durch die verschiedenen sozialen Systeme des Lernens, durch die Variation des Zusammentreffens mit Lehrern, Ausbildern und Fachleuten unterschiedlicher Verantwortungsbereiche gefördert.

Vornehmlich aber ist die Art der Lernprozesse und Lernziele für die verschiedenen Qualifikationen zu bestimmen, die verschiedene, je geeignete Lernorte notwendig machen. Dabei sind alternative Zuordnungen von Lernprozessen zu verschiedenen Lernorten denkbar. In solchen Fällen sollten den Lernenden eine Option für den einen oder anderen Lernort eingeräumt werden. In der Regel ist für alle Bildungsgänge vorzusehen, verschiedene Lernorte in Anspruch zu nehmen; es ist aber nicht notwendig, in allen Bildungsgängen alle Lernorte anzusetzen.

Die Konzeption einer Pluralität von Lernorten stellt die schulische Lernsituation in die Konkurrenz anderer Lernsituationen; so kann Schule auch für den wieder sinnvoll werden, der ihrer bereits überdrüssig wurde. Die Pluralität führt andererseits das duale System der Berufsbildung in eine integrierte Sekundarstufe II und schafft dadurch Rahmenbedingungen, unter denen die pädagogisch wie politisch fragwürdig gewordenen Seiten des dualen Systems wegfallen.

Bei der Neuordnung der Sekundarstufe II sind vier Lernorte vorzusehen: Schule, Lehrwerkstatt, Betrieb und Studio. Die Begründung für die Notwendigkeit dieser vier Lernorte wird im folgenden einzeln vorgestellt.

2.5.2 Begründung der einzelnen Lernorte
2.5.2.1 Lernort Schule

Der Lernort Schule wird in allen Bildungsgängen eine zentrale Stellung einnehmen. Er ist vornehmlich durch drei Elemente begründet, die in keinem Bildungsgang der Sekundarstufe II fehlen dürfen:

— Alle Jugendlichen sollen die für ihren späteren Beruf und für die notwendige berufliche Mobilität erforderliche theoretische Ausbildung oder Vorbildung erhalten.

— Alle Jugendlichen sollen in einer ihren Lernvoraussetzungen und ihrer Lernmotivation angemessenen Weise in die durchgängig durch sprachliche Kommunikation geprägte Kultur unserer Gesellschaft eingeführt werden.

— Alle Jugendlichen sollen den Lernfortschritt und die Sozialerfahrungen an anderen Lernorten in einer methodisch angeleiteten Form kritisch distanzieren und aufarbeiten können.

Der Unterricht in der Schule, sei es, daß er sich auf Disziplinen und ihre Verfahrensweisen, auf kulturelle Bereiche oder Fertigkeiten oder auf die eigenen Lernerfahrungen bezieht, soll wissenschaftsorientiert sein. Damit die wissenschaftsorientierte Form des Lernens in jedem Bildungsgang wirksam werden kann, bedarf es einer systematischen Einführung in grundlegende Sachverhalte. Dafür ist der Lernort Schule unerläßlich.

Der Unterricht in der Schule soll einen Wechselbezug von reflexionsbezogenem und handlungsbezogenem Lernen aufweisen. Das heißt, daß die Schule nicht nur Kenntnisse, sondern auch Fertigkeiten und Einstellungen vermittelt. Dies gilt zunächst für den Schwerpunkt; es gilt jedoch ebenso für den obligatorischen Bereich.

2.5.2.2 Lernort Betrieb (Ausbildung am Arbeitsplatz)

Produktions-, Dienstleistungsbetriebe und Verwaltungen, die vorwiegend am Arbeitsplatz Lernangebote für Lernende in der Sekundarstufe II machen, werden als Lernort Betrieb bezeichnet.

Für den Übergang von der Ausbildung zur Berufstätigkeit ist in der Regel die Ausübung von Tätigkeiten
im Lernort Betrieb erforderlich, weil ein Teil der entsprechenden Befähigungen erst in der Ausübung selber
erworben und das Einstellen auf Arbeitssituationen dadurch erleichtert wird.

Für zahlreiche Bildungsgänge ist es wünschenswert,
für manche sogar unerläßlich, das Lernen am Arbeitsplatz, wie ihn der Lernende nach der Ausbildung antreffen wird, und im sozialen Bezug einer Institution, die als
solche nicht pädagogisch strukturiert ist, schon in die
Ausbildung einzubeziehen. Dies gilt überall dort, wo
praxisnahe Einübung und Erfahrungen einer lehrgangs-
mäßigen Unterweisung überlegen sind. Oft bewirkt erst
die Erfahrung praktischer Schwierigkeiten und sozialer
Konflikte das für ein qualifizierendes Lernen notwendige
Problembewußtsein und die Lösungsmotivation.

Die Inanspruchnahme der Ausbildung am Arbeitsplatz
durch das Lernprogramm der Sekundarstufe II muß für
die einzelnen Bildungsgänge allerdings unterschiedliche
sachliche und zeitlche Folgen haben. Denn der Anteil
dieser Ausbildungsart, bemessen nach Lernwirksamkeit
für spezifische Qualifikationen, wird Hospitationen,
Praktika und längere Sequenzen eines Bildungsganges
umfassen. Das bisherige duale System hat für betriebliche Anteile der Ausbildung wirkungsvolle Formen entwickelt, die bei einigen Bildungsgängen durch keinen
anderen Lernort ersetzbar sind. Bei anderen Bildungsgängen sind auch konkurrierende Lösungen denkbar;
dies festzulegen muß der curricularen Ausarbeitung der
einzelnen Bildungsgänge vorbehalten bleiben. Der Zeitanteil der betrieblichen Ausbildung wird von der jeweiligen curricularen Zuordnung und von dem notwendigen
Mindestanteil am Lernort Schule bestimmt.

2.5.2.3 Lernort Lehrwerkstatt

Unter dem Lernort Lehrwerkstatt sind schulische, betriebliche und überbetriebliche Ausbildungsstätten, aber
auch Laboratorien, Simulationseinrichtungen, Ausbil-
dungs- und Übungsbüros und vergleichbare Einrichtungen zu verstehen.

Dieser Lernort ist in Bildungsgängen erforderlich, in
denen das Lernen mit schulischen Arbeitsmitteln unzureichend bleibt, andererseits aber die Einfügung in entsprechende, ohne Rücksicht auf didaktische Notwendig-

keiten organisierte Produktionsprozesse nicht zu empfehlen ist.

Dazu gehören unter anderem:
— Die Handhabung komplizierter technischer Apparaturen, die systematisch und im Zusammenhang von Ab-
laufuntersuchungen eingeübt werden muß;
— die Beherrschung ineinandergreifender Fertigkeiten,
die im unmittelbaren Zugriff nicht oder nicht gut erlernbar sind;
— die experimentelle Erprobung gesetzmäßiger Ver-
läufe naturwissenschaftlicher und technischer Art;
— die lehrhafte Vorführung von Sachverhalten und
Arbeitsabläufen, die im Betrieb nicht in ihren für den
Lernprozeß bedeutsamen Bezügen beobachtbar sind.

In diesen und ähnlichen Fällen verlangt das Lernpro-
gramm ein lehrgangsmäßiges Vorgehen an einem Lern-
ort, der weder Schule noch Betrieb ist. Daher wird die
Lehrwerkstatt als ein eigener Lernort empfohlen. Eine
Lehrwerkstatt kann in Nähe zur Schule, in Nähe zum
Betrieb oder überbetrieblich geführt werden. In einer
Reihe von beruflichen Bildungsgängen wird der Anteil
von Betrieb und Lehrwerkstatt beziehungsweise von
Schule und Lehrwerkstatt zeitlich und organisatorisch
eng verbunden sein und einen erheblichen Anteil des
Lernprogramms ausmachen.

2.5.2.4 Lernort Studio

Um dem Ziel gerecht zu werden, humane Kompetenz zu
vermitteln und dabei auch die kreativen Fähigkeiten der
Lernenden zur Entfaltung zu bringen, wird neben den
herkömmlichen Lernorten Schule, Lehrwerkstatt und Betrieb das Studio als vierter Lernort vorgeschlagen. Spiel
und Gestalten sollen im Bildungsprozeß des Jugendlichen einen angemessenen Platz erhalten. Die Lernprozesse im Studio haben ihren Schwerpunkt im kreativen, ästhetischen und sozialen Lernen.

Die Lernmöglichkeiten des Studios liegen demgemäß
vorwiegend im Bereich des ästhetischen Wahrnehmens
und Gestaltens, des freien Umgangs mit Materialien und
der Kommunikation im Spiel. Es geht auch um die Auf-
nahmebereitschaft für die mannigfaltigen Möglichkeiten
und Formen von Ausdruck, um Einübung und Realisierung von Ausdrucksmöglichkeiten, um eigenes Gestalten und Tun, schließlich um die Heranbildung von
Urteilsbereitschaft und Urteilsfähigkeit über Ausdrucks-

formen und Angebote der verschiedenen Medien. Informationsvermittlung und -verarbeitung wie überhaupt theoretische Elemente dieser Lernprozesse haben keine selbständige Bedeutung wie im kognitiven Lernen (das auch für die Bereiche der Kunst durchaus in schulischen Formen betrieben werden kann und sollte), sondern dienen einem produktiven Prozeß.

Die Lernangebote im Studio können sich auf viele Medien erstrecken wie Dramatik, Tanz, Musik, Bild, Film, Video, auf den Umgang mit Materialien wie Textil, Holz, Kunststoffe, Metall und anderen sowie auf die Gestaltung der Umwelt (Design, Wohnung, Siedlung, Stadt, Region).

Die Lernprozesse im Studio sollen von äußerem Leistungsdruck frei bleiben. Die Ordnung der Produktion und die Leistung, die hier erwartet wird, ergeben sich aus den verschiedenen „Spielregeln" und aus der Solidarität im Team.

Diese Lernbedingungen ermöglichen auch neue Formen des solidarischen sozialen Lernens und der sozialen Erfahrung. Sie ermöglichen es dem Lernenden, zugleich ein neues Verhältnis zu sich selbst zu gewinnen.

Das Studio als eigener Lernort wird gegenüber den anderen Lernorten ferner wie folgt begründet:

In Schule, Lehrwerkstatt und Betrieb sind die Lernprozesse grundsätzlich durch ein Lernprogramm gekennzeichnet, bei dem es um die Erreichung bestimmter Lernziele und um den Erwerb von Qualifikationen geht, deren Nachweis an die Erreichung bestimmter Leistungen gebunden ist. Damit ist auch das soziale Umfeld, in dem gelernt wird, durchgängig durch die Notwendigkeit gekennzeichnet, eine bestimmte, nachprüfbare Leistung zu erbringen, die je nach der Struktur und Eigenart des Lernorts und dessen Lernangeboten verschieden ist. Das Studio, als Lernort für Spiel und Gestalten, läßt sich demgegenüber dadurch bestimmen, daß keine verbindlichen inhaltlichen Vorgaben bestehen. In einem für eigenes Handeln freigegebenen Raum kann die Lerngruppe sich mit sich selber und ihrer Umwelt auseinandersetzen und diesen Prozeß in verschiedenen Medien zum Ausdruck bringen. Die Struktur der Lernprozesse wird weitgehend von der Lerngruppe selbst hervorgebracht und die Lernziele werden durchgängig mit den Aktionen in Spiel und Gestalten zusammenfallen. Trotzdem handelt es sich auch hier um strukturiertes Lernen, das durch Lernprogramme, Lerngruppen und geeignete Erfolgsbewertungen zu steuern ist.

Die Lernprozesse im Studio knüpfen an die menschliche Fähigkeit an, sich auszudrücken. Inhaltlich geschieht dies an Gehalten und Problemen der persönlichen, sozialen und kulturellen Umwelt. Die Jugendlichen können ihre Erfahrungen und Probleme, die sie im Bereich ihres persönlichen Erlebens, in ihren Familien oder im öffentlichen Bereich von Gesellschaft und Politik haben, in den Gestaltungsprozeß einbringen, sie zum Ausdruck und zu einer kommunikationsfähigen Gestalt bringen.

Nicht zuletzt bietet das Studio Möglichkeiten, Inhalte und Materialien, mit denen die Lernenden an anderen Lernorten zu tun haben sowie die Erfahrungen, die sie dort machen, in einen anderen und freieren Gestaltungsbereich einzubeziehen. Mit der für den Lernort Studio kennzeichnenden selbstbestimmten und produktiven Auseinandersetzung sowie mit der Lust, sie in Aktionen und Handeln auszudrücken, kann jedoch nur dann gerechnet werden, wenn ebenfalls die Lernprozesse an den anderen Lernorten Momente der Selbstbestimmtheit und des aktiven Lernens enthalten. Umgekehrt kann das Lernen im Studio geeignet sein, eine Fachkompetenz in Richtung auf Phantasie, Einfallsreichtum und Erfindungsgabe zu erweitern; insofern kann das Studio auch einen Beitrag zur Entwicklung von Fachkompetenzen leisten.

2.6 Lernorganisation

Das Lernprogramm der Sekundarstufe II wird durch ein System von Kursen organisiert, die Bestandteile von Bildungsgängen sind. Die Gesamtheit derjenigen Kurse, die einen Bildungsgang ausmachen, ermöglicht es, einen Sekundarabschluß II zu erreichen. Bei entsprechenden Bedingungen ist ein Kurs in verschiedenen Bildungsgängen anrechenbar. Im folgenden sollen die Zusammenhänge von Bildungsgängen, Kurssystem und Anrechenbarkeit näher dargestellt werden.

2.6.1 Bildungsgänge

Eine geordnete Abfolge von Lehrveranstaltungen in einem Schwerpunkt, die zu einem Fachabschluß führt, heißt Bildungsgang. Die Bildungsgänge in der Sekundarstufe II sind durch sechs Merkmale bestimmt:

(1) Anschluß an die Sekundarstufe I

Die Bildungsgänge in der Sekundarstufe II bauen grundsätzlich auf dem Sekundarabschluß I auf. Da die Sekundarstufe II jedoch Bildungsprogramme für alle Jugendlichen nach der Vollzeitschulpflicht umfaßt, kann der
Sekundarabschluß I nicht die formale Vorbedingung für
den Eintritt in die Sekundarstufe II sein. Insofern ist die
Sekundarstufe II ein „offenes System". Eine formale
Hürde soll auch deswegen entfallen, damit Lernende, die
ihre Fähigkeiten außerhalb des öffentlichen Bildungswesens weiterentwickelt haben, in weiterführende Bildungsgänge eintreten können.

(2) Inhaltliche Vorbedingungen

Der Verzicht auf formale Eingangsvoraussetzungen für
den Eintritt in die Bildungsgänge der Sekundarstufe II
schließt nicht aus, daß für die erfolgreiche Teilnahme an
bestimmten Kursen entsprechende Leistungen notwendig
sein werden. So werden zum Beispiel bereits zu Beginn
bestimmter Bildungsgänge einzelne Kurse auf sprachlichen, mathematischen und naturwissenschaftlichen
Kenntnissen aufbauen, die in der Regel bereits in der
Sekundarstufe I erworben worden sind. Lernende, die
diese inhaltlichen Vorleistungen noch nicht erbracht
haben, sollen in der Sekundarstufe II Gelegenheit haben,
die fehlenden Voraussetzungen nachzuholen. Dies kann
sowohl vor Beginn — etwa durch „Eingangskurse" —
als auch im Verlauf des Bildungsganges geschehen.
Solche Kurse dienen dazu, den Anschluß an den Bildungsgang beziehungsweise an bestimmte Kurse herzustellen.

(3) Deutlich bestimmte Fachqualifikationen

Die Bildungsgänge der Sekundarstufe II sind vor allem
durch die deutlich bestimmten Fachqualifikationen voneinander unterschieden. In diesen Qualifikationen sollen die den Schwerpunkt bestimmenden Ziele und die
möglichen Profile des jeweiligen Bildungsganges zum
Ausdruck kommen (z. B. Bankkaufmann, Studienqualifikation für den Fachbereich Chemie, Facharbeiter
für Bautechnik).

(4) Verpflichtender Anteil an Kursen

In jedem Bildungsgang gibt es gemäß der Schwerpunkt-
wahl und mit zunehmender Spezialisierung einen verpflichtenden, nicht auswechselbaren Anteil an Kursen

(Pflichtkurse). Dazu können Wahlpflichtkurse treten, durch die ein Bereich verwandter Schwerpunkte (z. B. der des Bauwesens) untergliedert wird, oder durch die die Anforderungen im obligatorischen Bereich erfüllt werden. Der Anteil der Pflicht- und Wahlpflichtkurse kann etwa 50 bis 70 Prozent des gesamten Bildungsganges betragen. Er soll sicherstellen, daß die durch die Schwerpunktbildungen und Profilierungen angestrebten Qualifikationen auch curricular abgesichert sind.

(5) Dauer
Entsprechend den Qualifikationen und den dafür erforderlichen Anteilen an Pflichtkursen wird jeder Bildungsgang durch Ausbildungsordnungen beziehungsweise Rahmenlehrpläne auf einen bestimmten Zeitraum disponiert. Dieser beträgt zwei oder drei Jahre. Unabhängig von dieser Disposition des Programms kann der Bildungsgang von den einzelnen Lernenden mit unterschiedlicher Verweildauer durchlaufen werden.

(6) Frei wählbare Kurse
Neben dem verpflichtenden gibt es in jedem Bildungsgang einen Anteil an frei wählbaren Kursen (Wahlkurse). Die Wahlkurse dienen der Profilierung der Schwerpunkte oder der Erfüllung der Anforderungen im obligatorischen Bereich. Sie können außerdem für eine zusätzliche Schwerpunktbildung oder andere individuelle Interessen genutzt werden. Die Bildungsgänge stellen unterschiedliche Ansprüche, und dementsprechend werden die jeweiligen Kurse mit einem unterschiedlichen Niveau angeboten. Das Niveau der Kurse ist jeweils bezogen auf die entsprechenden Qualifikationen und Abschlüsse.

2.6.2 Kurssystem

Ein Bildungsangebot in der Sekundarstufe II, das die Bildung von Schwerpunkten bei gleichzeitiger Durchlässigkeit und Individualisierung ermöglichen soll, muß im Kurssystem organisiert werden. Kurse sind in sich abgeschlossene, systematisierte Lerneinheiten, die als Teile von Bildungsgängen aufeinander bezogen werden können. Die betrieblichen Anteile werden nur bei bestimmten Voraussetzungen (z. B. größere Ausbildungsabteilungen) in Kurse untergliedert werden können. Generell werden alle betrieblichen Anteile wie Kurse behandelt.

Das Kurssystem bedarf einer Organisation, die die allgemeinen Kriterien wie Wahlfreiheit, Motivation, Durchlässigkeit, volle Nutzung der Zeiten an den einzelnen Lernorten und Kombination von Bildungsgängen mit den speziellen Erfordernissen der Sekundarstufe II in Einklang bringt. Sie hat jedoch auch zu berücksichtigen, daß relativ stabile Lerngruppen nicht unmöglich werden. Eine zu weitgehende Auflösung der Lerngruppen im Kurssystem kann zu einer sozialen Isolierung der Jugendlichen führen. Darum sollten die Pflichtkurse eines Schwerpunktes eine gewisse Kontinuität aufweisen und eine Lerngruppe fortlaufend wieder zusammenführen.

Die Gesamtheit der Kurse im Lernprogramm der Sekundarstufe II kann unter verschiedenen Gesichtspunkten betrachtet werden:

(1) Zeitliche Gliederung der Kurse
Im Hinblick auf ihre zeitliche Gliederung können die Kurse in zwei Arten unterteilt werden:
— Blockkurse
— Intervallkurse.

Blockkurse sind Kurse, die ganztägig über einen bestimmten Zeitraum (z. B. zwei Wochen, sechs Wochen, ein Trimester) durchlaufen werden. Sie sind in der Regel in sich gegliedert und werden vor allem für die Lernorte Betrieb, Lehrwerkstatt und gegebenenfalls für das Studio in Betracht kommen. Sofern es sich um Kurse am Arbeitsplatz handelt, werden sie durch den Ablauf der Arbeitsprozesse bestimmt sein.

Intervallkurse werden während eines bestimmten Zeitraumes (z. B. Trimester) mit einer bestimmten Stundenzahl (z. B. doppelstündig) in einem bestimmten Abstand (z. B. wöchentlichem oder vierzehntäglichem Intervall) durchgeführt. Sie sind für den Lernort Schule die Regel, aber auch in den Lernorten Lehrwerkstatt und Studio möglich.

Bei der Vielzahl von Kursen innerhalb eines größeren Angebotssystems können auch Kurse gleichen Inhalts, aber unterschiedlicher Dauer, oder Kurse gleicher Dauer, aber unterschiedlichen Niveaus angeboten werden. Damit kann einerseits denjenigen, die schneller oder langsamer, leichter oder schwerer lernen, Rechnung getragen werden; andererseits können auch Niveauunterschiede, die im Hinblick auf das angestrebte beziehungsweise erreichbare Ziel wichtig sind, berücksichtigt werden. Die

wünschenswerte Individualisierung für Jugendliche mit
besonderem Lernverhalten hätte hier einen Ansatzpunkt.

(2) Didaktische Gliederung der Kurse
Unter primär didaktischen Gesichtspunkten können
Kurse unterschieden werden:
— hinsichtlich ihres Niveaus und
— hinsichtlich ihrer methodischen Struktur.

Das Niveau eines Kurses ist vorwiegend durch die
Inhalte, die Differenziertheit und den Theoretisierungs-
grad der Lernprozesse bestimmt. Es ist im wesentlichen
abhängig von den angestrebten Lernzielen und der
Struktur der Lerninhalte, die in den Pflichtkursen auf
die Qualifikationen der entsprechenden Bildungsgänge
bezogen sind. Die Anrechenbarkeit eines Kurses auf eine
Studienqualifikation hängt wesentlich von seinem
Niveau ab.

Die methodische Struktur eines Kurses richtet sich
durchweg nach den Lerndispositionen der Gruppe, insbesondere nach ihrer Lernfähigkeit, den inhaltlichen
Lernvoraussetzungen und den organisatorisch-tech-
nischen Möglichkeiten, die ihr zur Verfügung gestellt
werden können.

Niveau und methodische Struktur eines Kurses können nur in theoretischer Abstraktion getrennt werden.
Obwohl grundsätzlich jedes Niveau über verschiedene
methodische Ansätze erreicht werden kann, werden
beim Kursverlauf grundsätzlich die dem angestrebten
Niveau entsprechenden methodischen Strukturen den
Lernfortschritt der Lernenden lenken und bestimmen.
Dies schließt nicht aus, daß das individuelle Lerntempo
der Gruppe hinreichend berücksichtigt werden kann.

Der Wechselbezug von handlungs- und reflexionsbezogenem Lernen und Lehren findet in der methodischen Struktur eines Kurses ebenso eine spezifische
Berücksichtigung und Ausprägung wie im Niveau eines
Kurses.

(3) Kurse und Lernorte
Die Kursangebote werden von den verschiedenen Lernorten gemacht. Daher wird ein Kurs in der Regel nur an
einem Lernort durchgeführt. Da aber einzelne Lernortträger zugleich mehrere Lernorte führen können (z. B.
Lernort Schule und Lernort Lehrwerkstatt oder Lernort
Lehrwerkstatt und Betrieb) und auch Absprachen zwi-

schen verschiedenen Lernortträgern möglich sind, können Kurse auch auf mehrere Lernorte ausgelegt sein und somit einen Lernortwechsel einschließen.

Innerhalb der Lernprogramme wird es Kurse geben, die den gleichen Gegenstand haben, jedoch für verschiedene Lernorte ausgelegt sind. Dadurch wird den Lernenden ermöglicht, einen bestimmten Lernort je nach Wahl zu bevorzugen.

(4) Zeitliche Gliederung des Gesamtprogramms
Zur Durchführung des Gesamtprogramms und insbesondere zur Regelung des Wechsels zwischen den Lernorten ist es notwendig, innerhalb eines Jahres Zeitpunkte festzulegen, an denen alle Kurse gleichzeitig beendet sind und neue Kurse beginnen. Damit ist gewährleistet, daß die Lerneinheiten nicht zu lang und nicht zu kurz werden. Sind sie zu lang, so leidet darunter die Organisierbarkeit des Bildungsganges; sind sie zu kurz, so kommt kein ausreichender Lernerfolg zustande.

In der Regel sollen die Intervallkurse zwölf Wochen laufen. Die Blockkurse dauern entweder ebenfalls zwölf Wochen oder ergeben mit anderen zusammen zwölf Wochen.

(5) Kurse und Bildungsgänge
Innerhalb der Bildungsgänge können die Kurse eine unterschiedliche Stellung haben und verschiedenartige Aufgaben erfüllen.

So wird es Kurse geben, die auf der Breite von Berufsfeldern beziehungsweise Fachbereichen oder sogar diese übergreifend angelegt sind, um eine Grundlage für verschiedene Bildungsgänge mit unterschiedlichen Qualifikationen zu bilden.

Andere Kurse werden berufs- oder fachspezifisch angelegt sein und somit zu bestimmten Qualifikationen führen.

Wieder andere Kurse werden Spezialisierungen ermöglichen, die einem besonderen individuellen Interesse oder einer besonderen Nachfrage des Beschäftigungssystems entgegenkommen.

Daneben wird es Kurse geben, die es ermöglichen, Lücken aus vorhergehenden Lernabschnitten auszugleichen oder in andere Bildungsgänge, gegebenenfalls auch in solche mit anderen Schwerpunkten, umzusteigen.

Die einzelnen Kurse im Lernprogramm der Sekundarstufe II werden nicht immer eindeutig einer dieser Aufgaben zugeordnet werden können.

Innerhalb bestimmter Bildungsgänge wird es Kurse geben, die thematisch aufeinander folgen, sich in aufsteigender Linie voraussetzen und auch bei Beanspruchung im Wahlbereich diesen Zusammenhang zwingend verlangen. Andere Kurse folgen zwar nicht thematisch aufeinander, sind aber Bestandteil des verpflichtenden Anteils und insofern unerläßlich, wenn das Ziel des Bildungsganges erreicht werden soll.

Insgesamt sind die verschiedenen Gesichtspunkte, unter denen die Kurse hier betrachtet wurden, nicht trennbar. So kann es zum Beispiel im Bildungsgang einen Kurs geben, der als Blockkurs mit achtwöchiger Dauer auf sehr hohem Niveau im Lernort Betrieb durchgeführt wird, der einer besonderen Spezialisierung dient und verschiedene bestimmte Kurse voraussetzt. Ein anderer Kurs, der als Intervallkurs im Lernort Schule ausgelegt ist, kann für einige Lernende zur beruflichen Grundbildung gehören.

Ein in Kursen ausgelegtes Lernangebot darf nicht zu falschen Erwartungen hinsichtlich der Wahlmöglichkeiten des Lernenden führen. Daher sind frühzeitige schriftliche Informationen über Bildungsgänge, ihre Voraussetzungen und Verpflichtungen (Kursverzeichnis) sowie Beratung des Lernenden beim Eintritt in die Sekundarstufe II notwendig.

(6) Bewertung der Lernleistungen
Die in Kursen erzielten Lernleistungen sollen festgestellt und durch ein quantitatives Bewertungssystem bei den Abschlußprüfungen angerechnet werden. Inwieweit diese Feststellung und Anrechnung durch ein Werteziffernsystem erfolgen kann, ist erst zu prüfen.

Die im Kurs erbrachte Leistung sollte unter drei Gesichtspunkten bewertbar sein, erstens im Hinblick auf den individuellen Lernerfolg, zweitens im Hinblick auf den Wert, den der Kurs für den Bildungsgang hat, dessen Bestandteil er ist, drittens im Hinblick auf den Wert, den der Kurs für andere Fachqualifikationen haben kann (Anrechenbarkeit).

2.6.3 Anrechenbarkeit

Der bildungspolitischen Forderung nach Durchlässigkeit kann insbesondere durch das Prinzip der Anrechenbarkeit Rechnung getragen werden. Unter Anrechenbarkeit wird verstanden, daß ein Kurs eines bestimmtne Bildungsganges auf eine andere Fachqualifikation angerechnet werden kann.

Unabhängig davon, daß in der neuen Sekundarstufe II auch Lernleistungen, die außerhalb der Sekundarstufe II oder organisierter Bildung erbracht worden sind, anerkannt werden sollen, wird im folgenden nur die Anrechenbarkeit von Kursen in der Sekundarstufe II auf Bildungsgänge in der Sekundarstufe II erörtert.

Die Anrechenbarkeit von Kursen eines Bildungsganges auf eine andere Fachqualifikation darf nicht dahin mißverstanden werden, daß Kurse generell anrechenbare „Bausteine" beliebiger Bildungsgänge sein können. Eine solche Vorstellung wäre unrealistisch und könnte selbst bei umfassender Planung nicht verwirklicht werden.

Ein Kurs kann auf eine andere Fachqualifikation im allgemeinen nur dann angerechnet werden, wenn entweder sein Inhalt auch für den anderen Bildungsgang Bedeutung hat, oder aber die Struktur des Inhalts und die Art der Lernziele einem oder mehreren Kursen des anderen Bildungsganges entspricht. Der Kurs, der im anderen Bildungsgang angerechnet werden kann, muß entweder die Lerndisposition des einzelnen im Hinblick auf diesen Bildungsgang verbessern oder selbst Elemente der Lernprozesse des anderen Bildungsganges enthalten oder darstellen.

Es kann davon ausgegangen werden, daß auch heute schon in verschiedenen Bildungsgängen solche auf eine andere Fachqualifikation anrechenbare Elemente enthalten sind, die aber im gegenwärtigen Qualifikaitonssystem nicht angerechnet werden. Zunächst kann Anrechenbarkeit am leichtesten verwirklicht werden, wenn gleiche Inhalte in verschiedenen Kursen verschiedener Bildungsgänge angerechnet werden.

Die Anrechnung von Kursen spielt im Bereich der Pflichtkurse die größte Rolle. Einerseits ist zu prüfen, welche Kurse in verschiedenen Bildungsgängen generell als äquivalent zu gelten haben; andererseits ist zu prüfen, ob zu erbringende Leistungen für eine bestimmte Qualifikation durch andere bzw. durch welche anderen Leistungen ersetzt werden können.

Die Anrechnung eines Kurses ist dann relativ leicht zu lösen, wenn dieser Kurs im Hinblick auf mehrere Bildungsgänge angelegt ist. Ein solcher Kurs muß dann

hinsichtlich seines Stellenwerts für jeden der in Frage
kommenden Bildungsgänge eingeordnet und bestimmt
werden. Schwieriger ist es, die Merkmale festzulegen,
nach denen spezialisierte Kurse, die auf einen bestimmten Bildungsgang hin angelegt sind, für eine oder mehrere andere Fachqualifikationen angerechnet werden
können.

Im obligatorischen Bereich spielt die Anrechnung von
Kursen insofern eine Rolle, als für jeden Bildungsgang
festzustellen ist, welche Fachkurse auf den obligatorischen Bereich anzurechnen sind. Daraus ergibt sich dann
qualitativ und quantitativ der Bedarf an ergänzenden
Kursen im obligatorischen Bereich.

Im Wahlpflichtbereich wird die Anrechnung kaum
eine Rolle spielen, da hier ohnehin alternative Angebote
gewählt werden können.

Die Fragen der Anrechenbarkeit wie auch die Frage,
wie variabel Lerninhalte bei identischen Lernzielen sein
können und welche Lernleistungen im Hinblick auf bestimmte Qualifikationen als äquivalent zu gelten haben,
sind weithin offen und stellen ein vordringliches Deside-
rat für die Bildungsforschung dar.

2.6.4 Beratung

In der Sekundarstufe II werden vielfältige Beratungs-
und Informationsaufgaben auftreten, die sich vor allem
aus der Lernorganisation, der Sozialorganisation, dem
differenzierten Lernangebot und der Individualisierung
der Lernprozesse ergeben. Vor dem Übergang von der
Sekundarstufe I zur Sekundarstufe II bereitet die Mehr-
zahl der Lernenden die Wahl für ein Berufsfeld oder
einen Beruf vor. Hierbei wird die Berufsberatung mit Informationen über Bedarf, Anforderungen und Qualifikationen sowie mit Entscheidungshilfen (teils auf Grund
von Eignungsuntersuchungen) tätig. Insofern muß ein
Teil der Beratung für den weiteren Bildungsgang in der
Sekundarstufe II bereits in der Sekundarstufe I erfolgen.

In der Sekundarstufe II muß die Berufsberatung unmittelbar mit der Bildungslaufbahnberatung über die
entsprechenden Bildungsgänge und Kurse einhergehen,
weil mit den Abschlüssen oft mehrere Entscheidungs-
möglichkeiten offenstehen. Beide Beratungen müssen
dann besonders eng zusammenarbeiten, wenn dem Lernenden Entscheidungsgrundlagen über Möglichkeiten und
Folgen von Zieländerungen gegeben werden sollen.

Da beide Beratungen in engem Zusammenhang miteinander stehen und für den Lernenden als ein einheitlicher Beratungsvorgang erscheinen müssen, ist eine nahtlose und wirkungsvolle Zusammenarbeit zwischen der Berufsberatung, die der Arbeitsverwaltung zugehört, und der Bildungslaufbahnberatung zu gewährleisten.

In Anlehnung an die Rahmenvereinbarungen über die Zusammenarbeit von Schule und Berufsberatung und an die Ausführungen des Bildungsgesamtplanes zum Thema Beratung [9]), sind für die neue Sekundarstufe II entsprechende Kooperationsformen zu entwickeln.

2.7 Bildungspflicht und Mindestanforderungen
2.7.1 Bildungspflicht

In den Ländern der Bundesrepublik besteht zur Zeit eine neunjährige Vollzeitschulpflicht. Daran schließt sich die Berufsschulpflicht an, die in der Regel in Teilzeitform abgeleistet wird und dann drei Jahre oder bis zur Vollendung des 18. Lebensjahres dauert. Sie kann auch durch vollzeitschulische Bildungsgänge (gymnasiale Oberstufe, Berufsfachschule u. a.) ersetzt werden.

Auf Grund der bildungspolitischen Absichtserklärungen von Bund und Ländern kann davon ausgegangen werden, daß in Zukunft immer mehr Jugendliche mit dem Sekundarabschluß I in die Sekundarstufe II eintreten werden. [10])

Für eine lange Übergangszeit werden jedoch Jugendliche sowohl nach neun als auch nach zehn Bildungsjahren in die Sekundarstufe II eintreten. Mit dem Absolvieren eines Bildungsganges, der mindestens zwei Jahre dauert, erfüllt der Lernende die im folgenden begründete und für alle Jugendlichen geforderte Bildungspflicht.

Es gibt Jugendliche, die keinen Bildungsgang aufnehmen können oder wollen oder einen Bildungsgang aufnehmen, aber keinen Abschluß erreichen. Zu diesen gehören sehr unterschiedliche Gruppen wie die Behinderten und die Jugendlichen ohne Ausbildungsvertrag.

Diese Jugendlichen bedürfen aus unterschiedlichsten Gründen einer besonders intensiven Betreuung im Bil-

[9]) Vgl. Beschluß der Kultusministerkonferenz vom 5. 2. 1971 sowie Bund-Länder-Kommission für Bildungsplanung, Bildungsgesamtplan, Band I, Stuttgart 1973, S. 79—82.
[10]) Vgl. Bund-Länder-Kommission für Bildungsplanung, Bildungsgesamtplan, a. a. O., S. 26.

dungssystem. Ein großer Teil der Jugendlichen ohne Ausbildungsvertrag ist zunächst nicht bereit, drei Jahre lang
eine Teilzeitberufsschule zu besuchen. Wenn die Qualität
der Bildungsgänge steigt, die diese Jugendlichen nicht besuchen können oder wollen, ohne daß für sie gleichzeitig
das Lernangebot und die Lernsituation verbessert wird,
vergrößert sich der Abstand zwischen Jugendlichen mit
und ohne Sekundarabschluß II.

Deshalb wird vorgeschlagen, für alle Jugendlichen eine
Bildungspflicht bis zum Ende des elften Bildungsjahres
gesetzlich festzulegen. Das bedeutet für Absolventen der
neunjährigen Vollzeitschulpflicht eine Pflicht zu zwei
weiteren Bildungsjahren, für Absolventen des zehnten
Bildungsjahres eine Pflicht zu einem weiteren Bildungsjahr.

Alle Jugendlichen, die dieser Bildungspflicht nicht durch
den Eintritt in Bildungsgänge nachkommen, sollen zu
einem für sie einzurichtenden Bildungsprogramm verpflichtet sein. Dieses Bildungsprogramm muß in besonderer Weise den Lernvoraussetzungen und Lernmotivationen beziehungsweise einem Mangel an Lernmotivation bei
diesen Jugendlichen entsprechen. Es soll in zwei Phasen ab-
laufen. In der ersten Phase soll das Programm vollzeitlich
so angelegt sein, daß möglichst viele Jugendliche zur Aufnahme eines Bildungsganges motiviert und befähigt werden. Die in dieser Phase geeigneten Lernorte sind Schule
und Lehrwerkstatt; betriebliche Praktika können, soweit
erforderlich, eingefügt werden.

Die zweite Phase soll einer vollzeitlichen gelenkten Ein-
arbeitung an ausgesuchten Ausbildungsplätzen in geeigneten Betrieben dienen. Eine Ausbildung im zukünftigen Be-
schäftigungsbetrieb und an den zukünftigen Arbeitsplätzen
kann in diesem Fall sinnvoll sein. Kurse in Schulen oder
Lehrwerkstätten können, soweit erforderlich, eingefügt
werden.

Dieses Bildungsprogramm gehört zum regulären Angebot der Sekundarstufe II und unterliegt denselben curricularen und didaktischen Grundsätzen wie die anderen
Angebote in der Sekundarstufe II. Innerhalb dieses Bildungsprogramms besteht die Möglichkeit, den Sekundarabschluß I nachzuholen.

Das Bildungsprogramm, das durch die Bildungspflicht
erfüllt wird, wird in Kursen organisiert. Es umfaßt Praktika unterschiedlicher Länge. Der Anteil der einzelnen
Lernorte ist nach pädagogischen Gesichtspunkten (Motiva-

tion, Leistungs- und Erfolgserlebnis, Verbindung von
Theorie und Praxis) und unter Berücksichtigung der späteren Anwendungsmöglichkeiten der erworbenen Fertigkeiten zu bestimmen. Der manuelle Mindestanteil in den
Kursen richtet sich nach den erstrebten Fertigkeiten und
sollte nicht nur auf eine spezielle Fertigkeit ausgerichtet
sein.

Die im Rahmen der Bildungspflicht erbrachten Leistungen werden beim Übergang in einen Bildungsgang oder bei
der Wiederaufnahme veranstalteten Lernens zu einem späteren Zeitpunkt der Berufsbiographie angerechnet. Der
Lernende erhält nach Beendigung des Bildungsprogramms
ein Zeugnis, aus dem ersichtlich ist, welche beruflichen
Kenntnisse und Fertigkeiten er erworben hat.

2.7.2 Mindestanforderungen für Bildungsgänge

Aus der Öffnung der Sekundarstufe II für alle Jugendlichen nach Vollendung der Vollzeitschulpflicht, aus dem
Ziel, allen Lernenden humane, fachliche und gesellschaftlich-politische Kompetenz zu vermitteln, aus dem Auftrag
jedem Jugendlichen eine Fachqualifikation erreichbar zu
machen, aber auch für diejenigen, die keinen Fachabschluß
erreichen können oder wollen, ein Lernangebot zur Verfügung zu stellen, ergeben sich folgende Mindestanforderungen an die Bildungsgänge in der Sekundarstufe II:
— Solange die Sekundarstufe I noch nicht ausgebaut und
das zehnte Vollzeitschuljahr noch nicht als Pflicht eingeführt ist, muß jeder Bildungsgang in der Sekundarstufe II
auch nach dem neunten Schuljahr erreichbar sein. Der
Übergang ist durch curriculare und organisatorische Maßnahmen zu sichern.
— Jeder Bildungsgang muß am Ende eine Qualifikation
vermitteln, die eine direkte Fortsetzung veranstalteten
Lernens zum Erwerb weiterer Qualifikationen eröffnet.
Da jedem Jugendlichen zur Sicherung seiner Existenz der
Erwerb einer Fachqualifikation ermöglicht werden muß,
ist dieser auf einem nach Erreichbarkeit und Verwendbar-
keit unterscheidbaren Anspruchsniveau anzubieten.
— Die Bildungsgänge sind didaktisch so anzulegen und
methodisch so durchzuführen, daß einerseits bei der Vermittlung von fachlich-inhaltlichen Lernzielen gleichzeitig
fachlich-prozessuale und allgemeine Lernziele erreicht
werden und andererseits diese Lernziele mehr als bisher an
berufsbezogenen Inhalten erreichbar gemacht werden. Soweit spezifische berufsbezogene Inhalte dies ausschließen

oder nicht ausreichend leisten, sind sie nach Möglichkeit entsprechend zu ergänzen.

— Bildungsgänge, die primär auf den Erwerb einer Berufsqualifikation angelegt sind, müssen den Anteil der für eine Studienqualifikation bedeutsamen Inhalte und Lernziele ausweisen. Bildungsgänge, die primär auf Studiengänge im Hochschulbereich angelegt sind, müssen den Anteil der für eine Berufsqualifikation bedeutsamen Inhalte und Lernziele ausweisen. Durch die wechselseitige Anrechenbarkeit sollen die bisher getrennten Qualifikationssysteme durchlässig gemacht werden, damit nicht der Bildungsgang von vornherein eine Qualifikation als endgültig festlegt. Der Lernende soll während des Lernens selber darüber entscheiden, welche Qualifikationen er erreichen will.

3.   Entwurf des Modells

3.1   Das Kolleg

Im ersten Kapitel sind die Ausgangspunkte, im zweiten
Kapitel die Grundlinien der Neuordnung der Sekundarstufe II dargestellt worden. Ihnen soll die Organisationsstruktur der Sekundarstufe II entsprechen. Die Bildungskommission empfiehlt, die Sekundarstufe II nach Bildungsgängen (nicht nach Bildungsinstitutionen) zu strukturieren
und diese in einer für alle gemeinsamen Institution zu
organisieren.

Das Ziel einer curricularen und organisatorischen Einheit aller Bildungsgänge in der Sekundarstufe II kann auf
verschiedenen Wegen und in unterschiedlichen Zeit-
horizonten angestrebt werden. Die Bildungskommission
macht den Vorschlag, mittelfristig und schrittweise ein
Modell zu verwirklichen, das die Zusammenführung verschiedener Lernorte in einer umfassenden Bildungsinstitution der Sekundarstufe II vorsieht.

In Anlehnung an Entwicklungen und Bezeichnungen im
In- und Ausland nennt sie diese Institution Kolleg.

3.1.1   Definition des Kollegs

Das Kolleg ist eine in verschiedene Lernorte ausgelegte
Einheit des Bildungswesens. Die Einheit des Kollegs ist die
des Lernprogramms. Vom didaktischen Programm aus bestimmt sich die Funktion der Lernorte für die vom Kolleg
angebotenen Bildungsgänge.

Im Kolleg sind die verschiedenen Lernorte zu einer kooperativen Organisation zusammengefaßt. Das Kolleg ist
selbst kein eigener Lernort, sondern die Zusammenfassung
aller Lernorte und zugleich die Instanz, die nach staatlichen Vorgaben das Lernen an unterschiedlichen Orten
curricular und organisatorisch aufeinander abstimmt. Um
diese Aufgabe erfüllen zu können, übt das Kolleg eine die
Lernorte übergreifende Leitung aus; innerhalb des Gesamtprogramms haben die Lernortträger einen erheblichen
Entscheidungsspielraum.

Das Kolleg wird für dieses Zusammenwirken der übergreifenden Steuerung gemäß der curricularen Vorgaben
einerseits und der Eigenverantwortlichkeit der Lernorte
andererseits angemessene Modelle entwickeln und mit den
Lernortträgern abstimmen müssen.

Die Lernorte sind im Kolleg nicht hierarchisch gegliedert; die Kollegleitung steht keinem Lernort näher als

einem anderen. Da das Kolleg nicht gleich Schule ist, sind die nichtschulischen Lernorte keinesfalls dem Lernort Schule unterstellt. Das muß auch darin zum Ausdruck kommen, daß für die leitenden Aufgaben im Kolleg ebenso Lehrer in Frage kommen, die aus dem Gymnasium oder den beruflichen Schulen hervorgegangen sind, wie entsprechend qualifizierte betriebliche Ausbildungsleiter.

3.1.2 Lernorte

Aus den Grundlinien des curricularen Konzepts, der großen Anzahl von Schwerpunkten, Bildungsgängen und Qualifikationen ergibt sich, daß die Sekundarstufe II größere und differenziertere Einheiten entwickeln muß, als sie bisher üblich waren. Die organisatorischen Einheiten der Sekundarstufe II sollten gegenüber den vorausliegenden Bildungsstufen verselbständigt werden. Für die Einrichtungen der Berufsbildung ist dieser Zustand ohnehin gegeben; für die gymnasiale Oberstufe hingegen bedeutet er eine Umorientierung. Mit der Neuordnung der Sekundarstufe II wird sie aus der organisatorischen Einheit des jetzigen Gymnasiums gelöst werden.

In jedem Kolleg sollten alle vier Lernorte Lernangebote machen, obwohl nicht jeder Lernort in jedem Bildungsgang anzusetzen ist. Zu den einzelnen Lernorten werden folgende weitere Aussagen gemacht:

3.1.2.1 Lernort Schule

Der Lernort Schule des Kollegs bildet sich in der Regel aus dem Verbund gymnasialer Oberstufen und beruflicher Schulen. Alle Formen gymnasialer Oberstufen und beruflicher Schulen aus dem Bereich der Sekundarstufe II kommen dafür in Betracht. Zwar wird ein einzelnes Kolleg nicht alle denkbaren Schulformen und Fachrichtungen enthalten, und mithin wird auch kein einzelnes Kolleg alle Bildungsgänge anbieten können. Die einzelnen Kollegs werden eine unterschiedliche Struktur des Angebots an Bildungsgängen aufweisen (siehe 3.1.4.3). Kein Kolleg aber sollte in seinem Lernort Schule nur Studienqualifikationen oder nur den schulischen Teil beruflicher Erstqualifikationen vermitteln. Beide Qualifikationsmöglichkeiten müssen vielmehr im Angebot enthalten sein.

Der Lernort Schule in dem hier entwickelten Sinn kann dem gegenwärtigen Bildungssystem nicht ohne Maßnahmen verschiedener Art wie Koordinierung, Kooperation und Integration vorhandener Einrichtungen entnommen werden. Er ist vielmehr im Zuge der Errichtung eines Kollegs stufenweise zu bilden: Gymnasiale Oberstufen werden mit den ohnehin meist in Zentren vereinigten beruflichen Schulen zu einem Zentrum aller Schulformen und -typen der Sekundarstufe II zusammengefaßt. Private Schulen sollten an diesem Prozeß beteiligt werden und ihre Programme in die Lernangebote des Kollegs einbringen können. Ungeachtet der räumlichen Lage, der organisatorischen Form und des Grades dieser Zusammenfassung gelten die zu einem Kolleg gehörenden schulischen Einrichtungen als der Lernort Schule.

3.1.2.2 Lernort Lehrwerkstatt

Alle Lehrwerkstätten werden unter dem Gesichtspunkt ihrer Gesamtaufgabe innerhalb bestimmter Bildungsgänge als ein Lernort bezeichnet, obschon die Trägerschaften und die Einzelaufgaben unterschiedlich sein können. Es ist weder möglich noch ist es nötig, alle Lehrwerkstätten eines Kollegs organisatorisch zusammenzufassen oder aus einem eventuellen Verbund mit anderen Lernorten (Betrieb, Schule) zu lösen. Wohl aber muß gesichert sein, daß die didaktisch-curriculare Bedeutung der Lehrwerkstätten als Lernort bei der Programmentwicklung des Kollegs angemessen berücksichtigt wird.

Die Aufgaben, die von den Funktionen der Lernprozesse her am besten im Lernort Lehrwerkstatt erfüllt werden können, werden heute zu einem Teil nur unzulänglich oder überhaupt nicht, zu einem anderen Teil von Schulen und Betrieben wahrgenommen. Der Auf- und Ausbau von Lehrwerkstätten — wie im Bildungsgesamtplan [11]) vorgesehen —, ist deshalb erforderlich.

3.1.2.3 Lernort Betrieb

Der Lernort Betrieb des Kollegs bildet sich in der Regel aus mehreren, häufig sogar vielen Betrieben, die Lernangebote für die Sekundarstufe II machen. Kein Betrieb kann aber zur Teilnahme am Lernprogramm der Sekundarstufe II gezwungen werden. Für die Teilnahme am Lernprogramm spielt die Betriebsgröße keine entscheidende Rolle, sofern das angebotene Lernprogramm den Ausbildungsordnungen entspricht. Die betrieblichen Anteile am Lernprogramm müssen, damit sie in das Kolleg eingebracht werden können, besser systematisiert und

---

[11]) Vgl. Bund-Länder-Kommission für Bildungsplanung, Bildungsgesamtplan, a. a. O., S. 31.

wenn möglich in Kurse gegliedert werden. Dadurch können Leerlauf im Betrieb und unnötige Wiederholungen vermieden werden, Lücken in einem einzelnen Betriebsprogramm gegebenenfalls durch Programme in anderen Betrieben ausgeglichen werden. Außerdem werden dadurch Abstimmungen zwischen verschiedenen Betrieben und zwischen Betrieben und anderen Lernorten ermöglicht. Ferner müssen auch für die betrieblichen Programmteile die Lernziele ausgewiesen werden. Damit würde überdies eine Anrechenbarkeit auch betrieblicher Kurse für verschiedene Qualifikationen ermöglicht werden.

3.1.2.4 Lernort Studio

Die Lernprozesse im Studio werden in Lerngruppen organisiert, die im Rahmen des Lernangebotes des Studios durch die Wahl der Lernenden gebildet werden und deren Struktur je nach Medium und Individualität der Lernenden verschieden sein kann. Die Lerngruppe ist zugleich Produktionsgruppe. In eben dieser Tätigkeit der Gruppe eröffnen sich für die Lernenden neue Formen sozialer Kontakte und Verhaltensweisen. Neben die Sozialisationsformen in Schule, Lehrwerkstatt und Betrieb treten hier andere Formen der Begegnung und der Zusammenarbeit, die durch die gemeinsame Bemühung um den Ausdruck und die bestmögliche Darstellung in Spiel und Gestaltung zustandekommen.

Das Studio bietet für die verschiedenen Medien organisierte, über eine bestimmte Zeit sich erstreckende Lerngruppenveranstaltungen an. Die Lerngruppen sind also nicht beliebig offen, sondern als Produktionsteams mit freier Aufgabenstellung eine auf Zeit feste Gruppe. Gruppenstruktur und Gruppenzweck setzen eine regelmäßige Teilnahme derer voraus, die sich zu einer Gruppe gemeldet haben.

Für Lernende, die in der Sekundarstufe II einen künstlerischen Bereich als Schwerpunkt wählen, sind eigene Angebote zu machen. Das Curriculum für solche Schwerpunkte muß entsprechende Theoriekurse enthalten. Auch für Lernende mit anderen Schwerpunkten können im Studio Kurse durchgeführt werden, die Teile qualifizierender Bildungsgänge sind oder sie ergänzen.

Eine Begrenzung und Strukturierung des Angebotes wird sich danach richten, welche lokalen Möglichkeiten genutzt, welche Art von Ausbildern gewonnen werden können und welchen Medien der Vorrang gegeben wird. Nach

Maßgabe der personellen und finanziellen Möglichkeiten der Träger sollten hierbei die Wünsche der Lernenden bestimmend sein. Man wird auch mit wenig Raum und einfachster Ausstattung anfangen können; die Lernenden können am Aufbau des Lernortes beteiligt werden.

Das Studio sollte übereigene Räume verfügen; ebenso wichtig ist Ausstattung und Versorgung mit Arbeitsmaterial. Möglichst viele Teile der Ausstattung sollten von den Lernenden selbst hergestellt werden.

Das Studio hat einen hauptberuflichen Leiter. Die Kurse werden von Lehrenden betreut, die hauptberuflich oder nebenberuflich tätig sind.

Das Studio kann sowohl in staatlicher, kommunaler als auch in privater Trägerschaft geführt werden.

3.1.3   Lerngelegenheiten
3.1.3.1   Freie Sozialkontakte

Neben den Sozialisationsformen, die durch die Lernprogramme an den Lernorten bestimmt sind, sollen die Jugendlichen auch die Möglichkeit zu freien Sozialkontakten haben. Solche Möglichkeiten gelten grundsätzlich für alle Lernorte im Kolleg. Sie werden sich jedoch nicht in allen Lernorten gleichermaßen verwirklichen lassen. Die in den Lernangeboten sonst nicht zur Geltung kommenden Bedürfnisse können nur dann befriedigt werden, wenn die Struktur der informellen Gruppierungen die Voraussetzungen für entsprechende Kommunikationsformen schafft.

Darum sollen im Rahmen des Kollegs strukturelle, organisatorische und räumliche Voraussetzungen geschaffen werden, die Jugendlichen eine freie Betätigung in selbstgewählten Gruppierungen ermöglichen. Lockere Gruppierungen wie Diskussionsrunden oder Veranstaltungen zeitlich begrenzter Art sind ebenso denkbar wie stärker festgelegte Vorhaben. Hierbei können sich Clubs, Hobbygruppen oder Projektgruppen zum Beispiel für Vorhaben sozialer, politischer oder geselliger Art bilden. Solche Gruppen können Auslandsreisen und Exkursionen planen und durchführen. Sie können Kontakte mit Gruppen oder Personen außerhalb des Kollegs aufnehmen.

Soweit es möglich ist, sollten die Einrichtungen der Lernorte auch außerhalb des Unterrichts für selbstorganisierte Veranstaltungen geöffnet sein.

Die im Kolleg möglichen Betätigungen im Studio und insbesondere die freien Sozialkontakte schränken die außerschulische Jugendbildung nicht ein sondern eröffnen ihr vielmehr neue und zusätzliche Möglichkeiten. Sozialisationsprozesse in der Sekundarstufe II und im Bereich der außerschulischen Jugendbildung bedingen, ergänzen und fördern sich gegenseitig.

3.1.3.2 Öffnung zur Gesellschaft

Es gehört zum Kern des hier entwickelten Konzepts der Sekundarstufe II, daß das Kolleg gegenüber seinem gesellschaftlichen Umfeld offen ist und daß es mit dem öffentlichen Leben der Gemeinde, der Region, in das es eingebettet ist, sozial verflochten ist. Diese Offenheit gegenüber der Gesellschaft soll den Jugendlichen den Übergang in das Erwachsenenleben erleichtern.

Der Grundsatz der Offenheit ist durch die Pluralität von Lernorten zu einem wesentlichen Teil verwirklicht. Darüber hinaus ist es notwendig, auch andere Formen der Kommunikation und Zusammenarbeit mit Institutionen zu entwickeln. So könnte das Studio mit vorhandenen Einrichtungen zusammenarbeiten: Wo kommunale kulturelle Einrichtungen für die Heranwachsenden bestehen — Jugendtheater, Jugendorchester, Jugendzentren — liegt es nahe, daß das Kolleg mit diesen Einrichtungen zusammenarbeitet und sowohl die vorhandenen Einrichtungen wie auch die personellen Möglichkeiten zu nutzen sucht. Im Zusammenhang von einzelnen konkreten Lernprogrammen kann eine Zusammenarbeit mit Organisationen und Institutionen naheliegen. Für die Verwirklichung bestimmter Programme werden diese Organisationen und Institutionen jedoch in einen engeren Kontakt zu dem Kolleg kommen. Hierbei kann es sich um die Zusammenarbeit mit Jugendorganisationen und Fachverbänden handeln, die über Erfahrungen und entsprechende Voraussetzungen für die Verwirklichung bestimmter Teile von Lernprogrammen verfügen. Soziale Dienste, Praktika und Aktivitäten politisch-sozialer Art können zusammen mit anderen Organisationen durchgeführt werden. Mit solchen Berührungspunkten zwischen dem Kolleg und seinem gesellschaftlichen Umfeld soll ein Teil dessen, was sich auch für die Jugendlichen als das Leben darstellt und weiter reicht als der in der betrieblichen Ernstsituation enthaltene Teil, in das Kolleg einbezogen werden. Das Kolleg muß deshalb sowohl in seiner Gesamtanlage wie insbesondere den Lernorten Schule und Studio Möglichkeiten für entsprechende Kontakte und Lernmöglichkeiten schaffen. Auf diese Weise können zusätzliche soziale Erfahrungen und Motivationen in das Kolleg eingebracht und für Lernprozesse fruchtbar gemacht werden.

3.1.4   Angebotsstruktur

Zu den Aufgaben des Kollegs gehört es, die Zusammenarbeit der Lernorte unter curricularen und bildungsökonomischen Gesichtspunkten zu gewährleisten, ein möglichst umfassendes Lernangebot verfügbar zu halten, die Versorgung mit Lehrern und Ausbildern zu sichern sowie Möglichkeiten sozialen Lernens zu fördern. Es ist daher sinnvoll, die Angebotsstruktur des Kollegs so zu gestalten, daß möglichst viele Bildungsgänge im Kolleg angeboten werden können.

Aufgrund der regional unterschiedlichen Siedlungs- und Beschäftigungsstrukturen ist es jedoch nicht zu erwarten und bei Überschreitung einer bestimmten Zahl von Lernenden auch nicht wünschenswert, daß jedes Kolleg das gesamte Lernprogramm der Sekundarstufe II anbietet. In den meisten Kollegs wird es zu einer Angebotseinschränkung kommen. Solche Angebotseinschränkungen sind auf eine gewisse Dauer festgelegt, sollen aber grundsätzlich veränderbar bleiben.

Damit stellt sich die Frage, wie bei notwendiger Einschränkung des Angebots die strukturelle Einheitlichkeit und Vergleichbarkeit der Lernangebote an den einzelnen Kollegs gewährleistet werden kann. Bei der Lösung dieser Frage müssen die lokalen und regionalen Bedürfnisse aufgegriffen, die unterschiedlichen Ansatzpunkte für Planung und die jeweils vorhandenen Hilfsmittel genutzt werden.

3.1.4.1   Strukturelemente

Die Vorgaben aus dem Konzept für die Sekundarstufe II (Pluralität der Lernorte, Vermittlung einer Fachkompetenz, Schwerpunktbildung, polyvalentes und weiterführendes Qualifikations- und Abschlußsystem) verlangen von der Planung, mehrere Datengruppen zu berücksichtigen.

Es handelt sich dabei zum einen um Daten, die überregional einheitlich festgelegt sind (Ausbildungsordnungen, Anrechnungsverordnungen, Lehrpläne, Prüfungsordnungen), zum anderen um Daten, die sich aus der lokalen und regionalen Bedürfnislage ergeben, sowie um Daten, die aus Rücksicht auf die besonderen Lernbedürfnisse von Jugendlichen (z. B. der Behinderten) zu beachten sind.

Diese Datengruppen werden im folgenden kurz erläutert:

(1) Die Daten der ersten Gruppe sind im Zuge der Revi-
sion und Abstimmung vorhandener Ausbildungsordnungen, Anrechnungsverordnungen, Lehrpläne und Prüfungsordnungen und der Erarbeitung von Rahmenrichtlinien zu
vereinbaren oder zu ändern. Dazu gehören besonders Bestimmungen über Qualifikationen und Abschlüsse, über
Bildungsgänge und deren Gliederung sowie Vereinbarungen über die Ausstattung und Akkreditierung von Lernorten. Da eine Trennung der Kollegs, sei es nach bestimmten Abschlußebenen, sei es in berufsqualifizierende oder
studienqualifizierende Kollegs, sei es nach überwiegend
schulischen oder überwiegend betrieblichen Bildungsgängen, dem Konzept der Sekundarstufe II zuwiderlaufen
würde, muß die curriculare Struktur des Kollegs folgenden
Ansprüchen gleichermaßen genügen:
— Berücksichtigung der Berufsfelder beziehungsweise
Schwerpunkte, die die bestehenden Ausbildungsberufe für
eine breite berufliche Grundbildung zusammenfassen.
Dabei sollte das Kolleg berufliche Grundbildung in mehreren Berufsfeldern beziehungsweise Schwerpunkten anbieten, um nicht die Art und Zahl der Bildungsgänge zu eng
festzulegen.
— Berücksichtigung mehrerer Ausbildungsbereiche (Industrie, Handwerk, Landwirtschaft, öffentlicher Dienst u. a.),
damit nicht die Ansprüche eines einzelnen Ausbildungs-
bereichs dominieren.
— Berücksichtigung der großen Wissenschaftsbereiche
(wie z. B. Geisteswissenschaften, Sozialwissenschaften,
Naturwissenschaften, Ingenieurwissenschaften), um die
Wissenschaftsorientierung aller Lernprozesse zu sichern
sowie die berufs- und studienqualifizierenden Bildungsgänge gegenseitig durchlässig zu machen.
    Keiner der dargestellten Gesichtspunkte reicht für sich
genommen aus, das Angebot des Kollegs so zu strukturieren, daß das Konzept hinreichend wirksam wird. Es sollte
darum geprüft werden, wie ein Strukturierung des Angebots jeweils mehrere Berufsfelder und Fachbereiche, Aus-
bildungs- und Wissenschaftsbereiche im Kolleg umfassen
kann.
    Die gleichzeitige Berücksichtigung der genannten Be-
zugssysteme dient der Verknüpfung von Lernbereichen
innerhalb der Sekundarstufe II mit Tätigkeitsbereichen

nach der Sekundarstufe II (Beruf und Studium). Diese Verknüpfung könnte zu Qualifikationsfeldern wie zum Beispiel Fertigung und Technik führen. Solche Qualifikationsfelder umfassen in der Regel mehrere Schwerpunkte zum Beispiel Energietechnik, Nachrichtentechnik, Fernmeldetechnik und müssen jede der beiden Qualifikationsebenen, zum Beispiel Fachabschluß A Fernmeldeinstallateur und Fachabschluß B Fernmeldeelektroniker und Studienqualifikation für Elektronik oder Physik, anbieten.

(2) Die Daten der zweiten Gruppe, lokale und regionale Bedürfnisse und Bedingungen, werden von Region zu Region verschieden sein. Sie können im voraus nicht vollständig bekannt sein. Sie sind jedoch in jeder Stufe der Planung mit einzubeziehen, damit das Angebot auf eine veränderte Bedürfnislage reagieren kann. Die bildungsplanerischen Maßnahmen müssen daher daher mit der regionalen Wirtschafts- und Entwicklungsplanung abgestimmt werden.

Die lokalen und regionalen Bedürfnisse und Bedingungen lassen sich gliedern in: individuelle Nachfrage, gesellschaftliche und wirtschaftliche Bedürfnisse sowie Ziele der Regionalplanung. Obwohl diese von Standort zu Standort unterschiedlich sind, kann davon ausgegangen werden, daß in jeder Region bestimmte Tätigkeiten erstrebt werden (Einzelhandel, Metallberufe) und Bedarf an bestimmten Tätigkeit besteht (z. B. Verkäufer, Friseur, Kraftfahrzeugmechaniker, Lehrer, Arzt) sowie Ziele der Regionalplanung (im Bereich der Gesellschafts-, Wirtschafts- und Verkehrsstruktur) vorliegen.

(3) Die dritte Gruppe der Daten ergibt sich aus der Notwendigkeit, besonderen Lernbedürfnissen der Jugendlichen zu entsprechen. Das bedeutet zum Beispiel, für behinderte Jugendliche in ausgewählten Lernorten zusätzliche Hilfen durch behinderungsspezifische Apparate, bauliche Einrichrungen und sonderpädagogisch qualifizierte Lehrer und Ausbilder zur Verfügung zu stellen.

3.1.4.2 Verknüpfung der Elemente
In einem ersten Planungsschritt sind diese Gruppen von Daten so aufeinander zu beziehen, daß sich eine Struktur ergibt, die es erlaubt, zu planen und gleichzeitig Planung für Veränderungen beweglich zu halten. Dabei ist beson-

ders darauf zu achten, daß eine Auslese und Trennung der Lernenden nach Sozialschichten vermieden wird und regionale Chancenungleichheiten abgebaut werden.

Unter ökonomischen Gesichtspunkten sollen vorhandene Einrichtungen, wie zum Beispiel Sportstätten, kommunale Jugendzentren, Telekollegs genutzt und neu zu schaffende Lernorte, zum Beispiel ein Studio, auch für Lernende außerhalb des Kollegs zur Verfügung gestellt werden.

Das durch dieses Verfahren strukturierbare Angebot ist mit den Angeboten der anderen Kollegs in einer Region abzustimmen. Dadurch können sich Abweichungen ergeben (Ergänzungsangebote, Spezialangebote, Angebotserweiterung, Angebotseinschränkung).

Erst ein lokaler beziehungsweise regionaler Angebotsausgleich macht eine Angebotseinschränkung des einzelnen Kollegs (in Hinblick auf das denkbare Gesamtprogramm der Sekundarstufe II) vertretbar.

3.1.4.3 Strukturtypen

Je nach den Bedingungen, die Regional- und Standortplanung antreffen, sind unter dem Aspekt der Erreichbarkeit des Angebots folgende Kollegtypen denkbar:
— Kollegs mit einem Angebotsausschnitt, der mit den Angebotsausschnitten räumlich benachbarter Kollegs ein umfassendes Gesamtangebot bildet. Dieser Typ ist charakteristisch für Stadtstaaten, Großstädte und Ballungszentren.
— Kollegs mit einem umfassenden Lernangebot. Dieser Typ wird in Landkreisen mit zentral gelegener Kreisstadt oder in mehreren gleichgroßen Gemeinden, das heißt in einem überschaubaren Einzugsbereich mit einer breit gestreuten Qualifikationsnachfrage, vorherrschen.
— Kollegs mit einem Angebot der am häufigsten vorkommenden oder durch regionale Entwicklungsplanung notwendig werdenden Bildungsgänge. Dieser Typ ist je nach Siedlungsstruktur denkbar in Ballungsrandzonen, Streuungsgebieten sowie Gebieten mit entsprechenden Entwicklungsprogrammen. Bei der Planung ist in diesem Falle darauf zu achten, daß das Angebot der benachbarten Kollegs auch unter dem Aspekt der Angebotsergänzung, -erweiterung und -spezialisierung festgelegt wird.
— Kollegs mit einem Angebot, das auch seltene Spezialisierungen erlaubt (z. B. Splitterberufe). Diese Kollegs richten für den Teil der Lernenden, der nicht aus dem un-

4

mittelbaren Einzugsbereich des Kollegs kommt, Wohn-, und Aufenthaltsstätten ein.

— Kollegs mit einem zusätzlichen Angebot für behinderte Jugendliche. Diese Kollegs müssen apparativ, baulich und personell für die spezifische Förderung Jugendlicher mit bestimmten Behinderungen ausgestattet sein. In der Regel wird das Einzugsgebiet für diesen Kollegtyp so groß sein, daß Wohnmöglichkeiten zur Verfügung gestellt werden müssen.

Die genannten Strukturtypen legen es nahe, von Vollsystemen und Verbundsystemen zu sprechen. Es ist denkbar, daß bestimmte Spezialangebote sich nur in wenigen Kollegs oder an einem einzigen Kolleg finden werden. Es muß daher dem Lernenden möglich sein, das Kolleg zu wechseln oder auch einen bestimmten Teil seines Lernprogramms an einem Lernort des benachbarten Kollegs zu absolvieren.

3.2   Lehrende im Kolleg
3.2.1   Tätigkeitsmerkmale und Qualifikationen

Aus dem Konzept der Sekundarstufe II ergeben sich für die Lehrenden im Kolleg Tätigkeitsmerkmale und Qualifikationen, die sich von den derzeitigen abheben. Die Lehrenden benötigen zwar nicht grundsätzlich andere fachliche Qualifikationen als bisher, aber ihre Fachkompetenz kann nur fruchtbar werden, wenn sie sich der curricularen Struktur der neuen Sekundarstufe II und der Pluralität der Lernorte sinngemäß einfügt: Üben die verschiedenen Lehrenden ihre Tätigkeit in der Regel auch nur an einem Lernort aus, so müssen sie doch im Kolleg und in der curricularen Planung lernortübergreifend zusammenarbeiten. In Kursen unterschiedlicher Zielsetzung und in wechselnden Lerngruppen müssen sie auf unterschiedlichem Anspruchsniveau wissenschaftsorientiertes Lernen anbahnen, strukturieren und einüben und dabei die situations- und altersspezifischen Interessen und Bedürfnisse der Jugendlichen berücksichtigen können. Dies alles erfordert von ihnen ein geändertes Verständnis ihrer beruflichen Tätigkeit. Es geht insbesondere darum,

— überkommene didaktische Rangordnungen abzubauen,
— in unterschiedlichen Lehrtätigkeiten die Verantwortung für den gesamten Lernprozeß mit zu übernehmen,
— eine Bereitschaft zur Zusammenarbeit mit anderen

Gruppen von Lehrenden in der Sekundarstufe II zu erreichen,

— die besondere Situation unterschiedlicher Gruppen von Jugendlichen in der Sekundarstufe II zu erfassen und zu berücksichtigen.

Um den besonderen Anforderungen des Lehrens in der Sekundarstufe II gewachsen zu sein, bedürfen alle Lehrenden einer systematischen Weiterbildung. Ohne sie kann eine hinreichende Fachqualifikation nicht erhalten, geschweige denn erweitert werden. Die Lehrenden müssen offen bleiben für die Entwicklung in Wissenschaft, Technologie und Beschäftigungssystem. Sie sollten einen Anspruch darauf haben, in regelmäßigen Abständen für die Teilnahme an Weiterbildungsmaßnahmen hinreichend von Lehrverpflichtungen entlastet zu werden.

Für die Förderung von Jugendlichen mit besonderem Lernverhalten muß eine ausreichende Zahl von Lehrenden mit zusätzlicher sonderpädagogischer Qualifikation zur Verfügung stehen.

3.2.2 Die Lehrenden in den einzelnen Lernorten

Da in den verschiedenen Lernorten des Kollegs die Formen und Arten der Lernprozesse unterschiedlich sind, muß das Lehrpersonal im Zusammenhang des Gesamtprogramms insbesondere die lernortspezifischen Lernprozesse planen, organisieren, strukturieren, fördern, kontrollieren und bewerten sowie die Jugendlichen beraten können. Hieraus ergibt sich, daß die Lehrenden der verschiedenen Lernorte unterschiedliche Qualifikationen haben müssen. Das schließt nicht aus, daß sie teilweise für mehrere Lernorte qualifiziert sind oder an verschiedenen Lernorten tätig sein können.

— Lehrende am Lernort Schule

Der Lernort Schule nimmt sowohl in curricularer Hinsicht als auch im Hinblick auf die im Kolleg auftretenden Sozialisations- und Beratungsprobleme eine zentrale Stellung ein (vgl. 2.5.2.1 und 3.4). Den Lehrenden des Lernortes Schule kommt deshalb eine besondere Bedeutung für die Umsetzung des bildungs- und gesellschaftspolitischen Konzepts zu.

Zwar bleiben die teilweise unterschiedlichen fachlichen Qualifikationen, die Lehrende an beruflichen Schulen und Lehrende an gymnasialen Oberstufen derzeit aufweisen müssen, auch für die Lehrtätigkeit im Lernort Schule des Kollegs grundsätzlich erforderlich, doch muß gegenüber der derzeitigen Situation die eine Gruppe der Lehrer stärker wissenschaftsorientiertes Lernen einüben, während der anderen Gruppe die Aufgabe zuwächst, Theorievermittlung mehr anwendungsbezogen und mittels berufsrelevanter Lerninhalte zu gestalten. Alle Lehrenden des Lernortes Schule müssen darüber hinaus fähig sein, der jeweiligen didaktischen Situation entsprechend den Grundsatz des handlungs- und reflexionsbezogenen Lernens zu verwirklichen. Ihre Fachkompetenz beruht nicht mehr überwiegend auf einer bloß theoretischen fachrichtungsspezifischen und fachwissenschaftlichen Qualifikation, sondern in hohem Maße auch auf der Fähigkeit, die sich wandelnden Gegebenheiten, Bedingungen und Erfordernisse verschiedener Lebensbereiche in ihrer Bedeutung für die Lernenden zu ermessen sowie in vielfältigen Lehr- und Beratungstätigkeiten durch die Verwertung fachwissenschaftlicher, aber auch erziehungs- und sozialwissenschaftlicher Erkenntnisse Rechnung zu tragen. Dabei sind die besondere didaktische Aufgabe und Sozialisationsform des Lernorts Schule ebenso zu berücksichtigen wie die vielfältigen Situationen, Probleme und Interessen unterschiedlich strukturierter Lerngruppen.

Schließlich müssen die jetzt noch getrennten und teilweise in sich uneinheitlichen Gruppen der Lehrer verschiedener Schulformen und -typen miteinander sowie mit der ebenfalls in sich uneinheitlichen Gruppe der Ausbilder eng zusammenarbeiten, um das erfolgreiche Zusammenwirken aller Lernorte des Kollegs curricular und organisatorisch zu sichern.

— Lehrende am Lernort Lehrwerkstatt
Lernprozesse in der Lehrwerkstatt sind weitgehend vorgeprägt und systematisiert. Insofern sind sie denen des Lernorts Schule ähnlich; doch sie unterscheiden sich von diesen durch eine stärkere Orientierung an der Berufspraxis. Im Vergleich zu den Lernprozessen im Betrieb sind sie nur arbeitsplatzähnlich, mitunter auch arbeitsplatzatypisch.

Voraussetzung zur Übernahme einer Lehrtätigkeit in der Lehrwerkstatt ist deshalb nicht nur eine berufliche Qualifikation auf einem Niveau, das über dem in der Lehrwerkstatt zu vermittelnden liegt, sondern auch eine fachdidaktisch-pädagogische Befähigung, die in einer staatlich anerkannten Prüfung nachzuweisen ist. Das Lehrpersonal der Lehrwerkstatt kann haupt- oder nebenberuflich tätig sein.

— Lehrende am Lernort Betrieb

Lernprozesse im Betrieb sind arbeitsplatztypisch und produktionsbezogen. Über den Erwerb von vorwiegend berufspraktischen Kenntnissen und Fertigkeiten hinaus sollen sie die einzelnen Arbeitsprozesse in ihren vielfältigen Zusammenhängen durchsichtig machen und die Jugendlichen auf ihre Rolle als Mitarbeiter vorbereiten. Zum einen müssen sich im Betrieb die in anderen Lernorten erworbenen Kenntnisse, Fertigkeiten, Einstellungen und Verhaltensweisen bewähren, zum anderen sollen die im Betrieb erworbenen Fähigkeiten und gemachten Erfahrungen Anreiz zu neuem Lernen geben; außerdem müssen Konflikte, die sich mit der ersten Übernahme der Mitarbeiterrolle ergeben, in den eigenen Lebensvollzug hineingenommen und ausgetragen werden.

Die für die betrieblichen Anteile eines Bildungsgangs Verantwortlichen und Beauftragten haben zu gewährleisten, daß die Jugendlichen die nötigen berufsspezifischen, fachpraktischen und sozialen Erfahrungen machen können. Hierzu bedürfen sie außer ihrer beruflichen Qualifikation auch pädagogische Grundkenntnisse, die durch gezielte Unterweisung erworben und in einer Prüfung nachgewiesen werden sollen.

Erfahrene Mitarbeiter am Arbeitsplatz, die im Sinne von Betreuungsaufgaben keine vorgeplanten Lernprozesse anregen oder steuern, helfen mit, den Jugendlichen die Situation am Arbeitsplatz zu vermitteln. Sie bedürfen keiner zusätzlichen pädagogischen Unterweisung.

— Lehrende am Lernort Studio

Im Studio sollen vornehmlich Fähigkeiten zu Wahrnehmung, Ausdruck und Gestaltung geweckt und gefördert werden. Dabei sind Erfahrungen der verschiedenen Lebensbereiche zu berücksichtigen. Im Unterschied zu den Lernprozessen an den anderen Lernorten geht es weniger darum, vorgegebene Lernziele und Leistungsstandards zu erreichen. Vielmehr soll den Jugendlichen Raum für eigenes Handeln unter eigenen Zielsetzungen freigegeben werden. Das Studio muß aber auch Lernprozesse für bestimmte Fachkompetenzen planen und anbieten, die sich beispielsweise aus künstlerisch-gestaltenden Schwerpunkten ergeben. Hierfür sind curriculare Zuordnungen und Leistungsstandards zu entwickeln, die denen der anderen Lernorte ebenbürtig sind.

Lehrende im Studio haben die Aufgabe, die Lerngruppen mit den verschiedenen Materialien, Apparaturen,

Techniken und Verfahrensweisen vertraut zu machen und als „Moderatoren" bei der Planung und Durchführung von Gestaltungsprozessen mitzuwirken. Ihre Gruppe wird inhomogener sein als die der Lehrenden an anderen Lernorten. Im Studio können sowohl freie Mitarbeiter, insbesondere Künstler, Handwerker und Fachleute der verschiedenen technischen Kommunikationsmittel, als auch Lehrende anderer Lernorte mit den Jugendlichen zusammenarbeiten. Ihre spezifische Berufserfahrung und Fachkompetenz ist hierzu eine wichtigere Voraussetzung als der Nachweis einer pädagogischen Qualifikation. Der Lernortleiter soll jedoch über eine pädagogische Qualifikation verfügen.

3.3   Probleme der sozialen Organisation des Kollegs

Erfahrungen mit vergleichbaren Lernsystemen und sozialpsychologische Forschungsergebnisse lassen vermuten, daß im Kolleg sozio-psychische Probleme und Konflikte auftreten werden.

Das Kolleg muß organisatorisch in der Lage sein, sich selbstkritisch mit diesen Problemen und Konflikten auseinanderzusetzen, um Lösungen zu finden und zu entwickeln, die die Verwirklichung der grundsätzlichen Zielsetzungen der Sekundarstufe II sicherstellen.

Die sozio-psychischen Probleme und Konflikte, die im Kolleg auftreten können, haben verschiedene Ursachen. Jugendliche mit unterschiedlicher sozialer Herkunft unterscheiden sich hinsichtlich ihrer Motivation, ihrer Lernvoraussetzungen, ihrer Bedürfnisse und sozialen Verhaltensweisen. Hieraus können Konflikte zwischen Gruppen von Jugendlichen entstehen, die zum Teil offen aggressive Züge annehmen können. Jugendliche aus niedrigeren sozialen Schichten werden sich darüber hinaus möglicherweise sehr viel schwerer an die Anforderungen des Kollegs anpassen. Eine zu geringe Anpassung kann zum Verlust an Motivation, zu Frustration und Aggressivität gegenüber dem Kolleg führen. Der relativ häufige Wechsel zwischen Lernorten, die unterschiedliche Anforderungen an die Lernenden stellen, kann zur Herausbildung von negativen Einstellungen und dysfunktionalen Verhaltensweisen führen. Der Wechsel der Bezugsgruppen und die immer wieder anders zusammengesetzten Lerngruppen können zu psychischer Instabilität und sozialer Unsicherheit führen, die sich nachteilig auf die Lernleistungen und die Persönlichkeitsfindung auswirken können. Der Wechsel von Be-

zugsgruppen erfordert vom Lernenden offene und flexible
Orientierungen und einen relativ hohen Grad sozialer
Kompetenz. Wo diese nicht bereits vorhanden sind, kann
es zu sozialen Orientierungsschwiergkeiten kommen, die
die Beziehungen in der Lerngruppe erschweren und zur
Abwendung einzelner Lernender führen können.

Die erforderlichen sozialen Verhaltensweisen im Kolleg
sind vor allem bei jenen Jugendlichen nicht vorauszuset-
zen, die bisher die Hauptschule ohne Abschluß verlassen
haben. Der Anteil an sozial- und milieugeschädigten Jugendlichen und psychisch behinderten Jugendlichen ist in
dieser Gruppe besonders hoch; gerade sie sind im Kolleg
von Erfolglosigkeit bedroht. Diese kann die Entwicklung
der fachlichen, gesellschaftlich-politischen und humanen
Kompetenzen erschweren und zu Unsicherheit führen.
Um das gestörte psychische Gleichgewicht wieder herzustellen, neigen solche Jugendlichen zur Bildung von
Cliquen, die sich aggressiv abwehrend gegen die Anforderungen des Kollegs wenden und ein eigenes Wertsystem
ausbilden, durch das der Jugendliche seine als gefährdet
erlebte Persönlichkeit festigt.

Auch die Tatsache, daß das Kolleg Bildungsgänge anbietet, die einem Teil der Jugendlichen sozial höher bewertete
Berufskarrieren eröffnet, kann von einem anderen Teil als
soziale Diskriminierung erfahren werden. Die Erfahrung
kann Enttäuschung und Entmutigung bewirken.

Im Kolleg werden Lehrende mit unterschiedlicher Ausbildung und verschiedenen pädagogischen Orientierungen
zusammenarbeiten. Da die Lehrenden verschiedenen Lernorten und zugleich unterschiedlichen Bezugsgruppen verpflichtet sind, können hieraus auch Konflikte zwischen den
Lehrenden entstehen. Besonders bei neueingerichteten
Kollegs werden Lehrer und Ausbilder mit für sie neuen
Problemen konfrontiert, auf die sie durch ihre Ausbildung
und bisherige Tätigkeit in der Regel nicht vorbereitet
wurden. Die Überforderung durch die im Kolleg auftretenden Probleme kann sich negativ auf die Berufs- und
Arbeitsmotivation der Lehrenden auswirken. Gleichzeitig
kann es dabei zu distanzierenden und aggressiven Einstellungen und Verhaltensweisen gegenüber Kollegen und Lernenden kommen.

Es lassen sich drei Maßnahmen empfehlen, die das Kolleg
in die Lage versetzen werden, mit diesen Problemen erfolgreich umzugehen:
— Die Lernenden des gleichen Schwerpunktes, die einen
großen Teil ihres Lernprogramms gemeinsam absolvieren,

werden einen bestimmten sozialen Zusammenhang entwickeln. Daran muß das Kolleg anknüpfen. In jedem
Schwerpunkt können voraussichtlich Orientierungsgruppen gebildet werden. Die Zusammenarbeit mit einem Lehrenden über eine längere Zeit hin kann zur Stabilisierung
der Orientierungsgruppe beitragen.

— Lehrer und Ausbilder müssen durch Fort- und Weiterbildung Kenntnisse über die Probleme der sozialen Organisation des Kollegs und über sozio-dynamische Probleme
des Lernens im Jugendalter erwerben. Gleichzeitig muß
ihre soziale Kompetenz und Sensibilität gegenüber sozio-
psychischen Problemen der Jugendlichen weiterentwickelt
werden. Die Ausbildung der Fähigkeit zu einer differenzierten Konflikterkenntnis und das Lernen angemessener
Verhaltensweisen bei Konflikten ist dringend erforderlich.

— Ein System sozial-pädagogischer Beratung und Betreuung des einzelnen Lernenden wie einzelner Lerngruppen
muß entwickelt werden. Die aus der differenzierten und
komplexen Organisationsstruktur erwachsenden Anpas-
sungs- und Orientierungsschwierigkeiten können nur auf-
gefangen werden, wenn in die Struktur der Lernorganisation relativ stabile Orientierungsgruppen eingebaut
werden.

3.4   Beratung im Kolleg
3.4.1   Grundsätze

Aufgabe des Kollegs ist es, eine der Organisation der Lernprozesse entsprechende Beratung einzurichten. Sie ist in
erster Linie für Problemsituationen erforderlich, die nur
mit Hilfe spezieller Fachkompetenzen aufzuhellen und zu
bewältigen sind. Diese Beratung darf nicht zu einem selbständigen System neben dem Kolleg werden, sondern ist
eine seiner Funktionen, sie ist ein Teil der alle Schulstufen
umfassenden Bildungsberatung. Die Beratung im Kolleg ist
grundsätzlich als Angebot zu verstehen. Die Beratungseinrichtungen können vom Kolleg, von seinen Lernorten,
von den Lernenden, deren Erziehungsberechtigten und
von den Lehrenden in Anspruch genommen werden.

In den Fällen, in denen die Lösung der Problemsituationen nur mit Hilfe spezieller Fachkenntnisse oder Verfahren möglich ist, führt die Beratungseinrichtung die notwendigen Maßnahmen selbst durch oder sorgt für eine angemessene fachliche Betreuung (z. B. durch Mithilfe von
Fachleuten oder Institutionen außerhalb des Kollegs).

Die Grenzen der Beratung liegen dort, wo sich durch Steuerung, Beeinflussung oder Kontrolle für den einzelnen Nachteile ergeben.

3.4.2 Aufgaben

Die Aufgaben der Beratung sind unter zwei Gesichtspunkten zu betrachten. Einmal soll sie dem einzelnen (Lernenden, Erziehungsberechtigten, Lehrenden) helfen, mit seinen Problemen fertig zu werden (individueller Gesichtspunkt). Zum anderen soll auch das Kolleg (mit seinen Lernorten) mit dem Ziel beraten werden, sich so zu organisieren, daß bestimmte typische Probleme nicht mehr auftreten müssen (Prophylaxe) oder die Lösung aktueller Probleme durch Maßnahmen des Kollegs unterstützt werden (institutioneller Gesichtspunkt).

Die Erfahrungen in der Beratung der einzelnen sind eine wesentliche Grundlage für die Beratung des Kollegs.

(1) Beratung unter individuellem Gesichtspunkt
Für den einzelnen kann Beratung notwendig werden bei Problemen im Rahmen
— der Lernorganisation: zum Beispiel bei Entscheidungen angesichts der vielfältigen Lernangebote, bei Lernschwierigkeiten, bei Schwierigkeiten mit Lehrenden oder der Institution;
— der Sozialorganisation: zum Beispiel bei Konflikten in und mit Gruppen, bei Zuordnungsschwierigkeiten;
— der Beziehung zum sozialen Umfeld: zum Beispiel bei Konflikten mit Erziehungsberechtigten, bei Konflikten mit Jugendgruppen oder mit einzelnen Partnern und
— der Berufs- und Studienorientierung: zum Beispiel bei Unsicherheit über die Berufs- und Studienwahl, in bezug auf eine Orientierung über Bedarf, fachliche Anforderungen und die mit dem Beruf gegebenen Berechtigungen.

(2) Beratung unter institutionellem Gesichtspunkt
Für das Kolleg kann Beratung notwendig werden bei Problemen im Rahmen
— der Lernorganisation: zum Beispiel in bezug auf Kursangebote, Kursniveau, angemessene Individualisierung, Feststellung von Lernerfolgen und so weiter;
— der Sozialorganisation: zum Beispiel in bezug auf die Struktur der Sozialorganisation, die Funktion von Fachleitern und Sozialpädagogen, die Gruppenangebote und ähnliches;

— der Zusammenarbeit mit Erziehungsberechtigten: zum Beispiel in bezug auf die Effektivität der Elternberatung, die Methoden der Beratung und Information;
— der Berufs- und Studienorientierung: zum Beispiel in bezug auf die Angemessenheit der Curricula, die Inhalte der Fachqualifikationen.

3.4.3   Funktionen

Die wesentlichsten Funktionen, die sich aus den Aufgaben der Beratungseinrichtungen ergeben, sind:

(1) Die Information
Sie kann notwendig werden gegenüber den einzelnen und dem Kolleg in bezug auf Merkmale
— des Lernenden: zum Beispiel Begabung, Lernverhalten,
— der Lernorganisation: zum Beispiel die Angebotsstruktur, die Qualifikationsmöglichkeiten,
— der Sozialorganisation: zum Beispiel das Angebot an Gruppenaktivität und
— des Beschäftigungssystems: zum Beispiel Information über Berufsbilder und Laufbahnen, Anforderungen und so weiter.

(2) Die Beratung
Sie kann notwendig werden in bezug auf die Lernorganisation, die Sozialorganisation, das soziale Umfeld und die Berufs- beziehungsweise Studienorientierung gegenüber
— den Lernenden als Lebens-, Orientierungs- und Entscheidungshilfe,
— den Erziehungsberechtigten als Erziehungs-, Orientierungs- und Entscheidungshilfe,
— den Lehrenden als Erziehungs-, didaktische, Sozialisations- und Beurteilungshilfe,
— der Institution Kolleg in bezug auf Lernorganisation, Curriculum, Beurteilungsverfahren.

(3) Die Diagnose
Je nach Problemsituation wird es erforderlich sein, ein oder mehrere diagnostische Verfahren wie Persönlichkeits-, Begabungs-, Leistungs-, Berufseignungs- und Sozialdiagnose sowie in bestimmten Fällen medizinische Diagnose anzuwenden.

(4) Die Behandlung
Eine Behandlung des Lernenden wird dann erforderlich,

wenn die Möglichkeiten des Kollegs und seines Personals nicht ausreichen, das heißt wenn eine spezielle Fachkompetenz notwendig wird. Je nach Problemsituation wird eine
— psychologisch orientierte Behandlung (z. B. bei neurotischem Fehlverhalten),
— medizinisch orientierte Behandlung (z. B. bei organischen Funktionsstörungen),
— sozialpädagogisch orientierte Behandlung (z. B. bei Verwahrlosungserscheinungen)
durchzuführen sein. Die Behandlung kann auch an Institutionen oder Personen außerhalb des Kollegs delegiert werden.

(5) Die Aus- und Fortbildung des Lehrpersonals
Durch die bei der Beratungstätigkeit im Kolleg gesammelten Erfahrungen sind die Berater für die Mitwirkung bei der Ausbildung und Fortbildung der Lehrenden besonders geeignet.

3.4.4 Beratungsfachleute

Für die Beratung im Kolleg sind verschiedene Fachleute vorzusehen, die hauptamtlich tätig sind. Da die sehr umfassenden und in mehrere Bereiche übergreifenden Beratungsaufgaben nicht zu einem einheitlichen Berufsbild zusammengefaßt werden können, wird deshalb vorgeschlagen, daß Psychologen, Sozialpädagogen und speziell ausgebildete Beratungslehrer die vielschichtigen Aufgaben im Kolleg übernehmen. Allerdings können die Beratungsaufgaben und -funktionen für die Psychologen, Sozialpädagogen, Beratungslehrer und die heutigen Ausbildungsberater nicht genau abgegrenzt werden; eine Zuordnung von Aufgaben ist nur annähernd möglich.

(1) Psychologen
Für die Beratung im Kolleg sind Psychologen vorzusehen, die Aufgabengebiete wie spezifische individualpsychologische Einzelberatung, Einzel- und Gruppenuntersuchungen für studien- und berufsbezogene Bildungsgänge in Zusammenarbeit mit der Berufsberatung, Persönlichkeitsdiagnostik, Beratung bei Erziehungsproblemen, Beratung von Lernorten und Lehrenden im Hinblick auf didaktische und methodische Probleme, Beratung bei Objektivierung von Beurteilungskriterien, Ausarbeitung von internen Leistungsprofilen zum Zweck der Diagnostik und so weiter wahrnehmen.

(2) Sozialpädagogen

Durch Differenzierung und Individualisierung der Bildungsgänge werden für den Lernenden verstärkt sehr unterschiedliche Situationen und Konflikte im sozialen Bereich auftreten. Deshalb werden Sozialpädagogen schwerpunktmäßig soziale Aufgaben im Kolleg und den Lernorten wahrnehmen: Betreuung und Beratung bei Konflikten, die durch die Heterogenität der im Kolleg miteinander lernenden Gruppen, den Wechsel von Lernorten (und den damit vorhandenen unterschiedlichen Erwartungen, Verhaltensweisen und Reaktionsformen) und den häufigen Wechsel von Bezugsgruppen entstehen; Beratung und Betreuung verhaltensgestörter Jugendlicher und Jugendlicher ohne Ausbildungsverhältnis, eventuell Elternarbeit in Verbindung mit Beratungseinrichtungen außerhalb des Kollegs, Förderung durch Einzel- und Gruppenarbeit, spezielle Probleme im Rahmen der Sozialorganisation und ähnliches.

(3) Beratungslehrer

Sie haben die Lernenden vor allem bei folgenden Situationen zu unterstützen: Wahl des Bildungsgangs und der entsprechenden Kurse, Auswahl von Kursen im Wahlbereich, Wechsel des Bildungsgangs oder Lernorts, Entscheidung über anzustrebende Abschlüsse, Auswahl von Leistungskursen und Förderkursen, Leistungsschwankungen, Leistungsabfall, Lernstörungen, Verhaltenskonflikte.

Aufgrund der unterschiedlichen regionalen Bedingungen und der komplexen Beratungsaufgaben werden Psychologen, Sozialpädagogen und Beratungslehrer sehr intensiv, teilweise im Team zusammenarbeiten müssen. Für spezielle Probleme sollten dem Kolleg nebenamtliche Mitarbeiter, zum Beispiel Therapeuten, Mediziner, Berufsberater, Psychagogen, zeitweise zur Verfügung stehen.

3.4.5 Organisation

Im Kolleg wird ein für alle Lernorte zentraler Beratungsdienst eingerichtet. Da jeder Bildungsgang einen schulischen Anteil aufweist, mithin alle Lernenden die Schule besuchen, ist es zweckmäßig, diesen Beratungsdienst am Lernort Schule zu lokalisieren.

Die personelle Mindestausstattung besteht aus einem Psychologen, einem Sozialpädagogen und einem Beratungslehrer mit koordinierenden Funktionen; weitere Fachleute wirken je nach Bedarf nebenamtlich mit.

Für je 500 Lernende [12]) ist im Lernort Schule ein Beratungslehrer einzusetzen, der Stundenermäßigung erhält und fachlich mit den hauptamtlichen Beratern zusammenarbeitet.

Die Beratungseinrichtung im Kolleg steht allen Lernorten, Lernenden und deren Erziehungsberechtigten sowie Lehrenden im Rahmen kollegspezifischer Beratungsaufgaben zur Verfügung. Für die Kollegs, die für besondere Behinderungsarten ausgestattet sind und damit die Ausbildung auch von Behinderten übernehmen können, ist die Beratungseinrichtung entsprechend auszuweiten. Die Beratung im Kolleg ist auf eine ständige und verstärkte Zusammenarbeit mit Beratungsinstitutionen angewiesen, die außerhalb des Kollegs organisiert sind wie Berufsberatung, Erziehungsberatung, Erziehungshilfe (Jugendämter), Einrichtungen der Heil- und Sonderpädagogik, Beratungsstellen für finanzielle Föderung und schulärztliche Beratung.

Die Zusammenarbeit mit der Berufsberatung, die in der Verantwortung der Arbeitsverwaltung steht, ist in der Weise zu fördern und sicherzustellen, daß die Beratung im Interesse der Lernenden innerhalb des Kollegs geschieht. Das gilt — so weit das möglich ist — auch für Beratungen, die zum Aufgabenbereich anderer Institutionen außerhalb des Kollegs gehören.

Die Beratung im Kolleg muß in einem engen Verbund mit jenen — zum Teil geplanten beziehungsweise bereits bestehenden — überregionalen Beratungszentren stehen, die die Bildungsinstitutionen in organisatorischen und curricularen Problemen beraten.

3.5 Probleme der Rechtsform des Kollegs

Das Kolleg ist die Organisationseinheit für das Bildungswesen in der Sekundarstufe II auf lokaler oder regionaler Ebene.

Es koordiniert die Lernprogramme und faßt sie zu einer Einheit zusammen. Die Lernorte und ihre Träger sind relativ selbständig; ihr Anteil am Lernprogramm sind Einheiten, für die das Kolleg die übergeordnete Organisationseinheit bildet.

Oberhalb der Kollegebene sind insbesondere die curricularen Vorgaben (Ausbildungsordnungen, Lehrpläne,

[12]) Vgl. Bund-Länder-Kommission für Bildungsplanung, Bildungsgesamtplan, a. a. O., S. 80.

Rahmenrichtlinien usw.), das regionale Bildungsangebot und die Aufsicht zu regeln.

Die Bildungskommission geht davon aus, daß die in den einzelnen Lernorten bestehenden Mitbestimmungs- beziehungsweise Mitwirkungsmöglichkeiten angewendet und im Hinblick auf das Kolleg weiter entwickelt werden.

Alle Lernortträger in den Organen des Kollegs sind unmittelbar oder durch gewählte Vertreter als Mitglieder zu beteiligen.

Eine Beteiligung der Lernenden erfolgt entweder über eine direkte Vertretung in den Organen des Kollegs oder über schon entwickelte oder noch zu entwickelnde Mitspracherechte bei den einzelnen Lernortträgern beziehungsweise innerhalb der Lernorte.

Im folgenden sollen die organisatorischen Aufgaben, die dem Kolleg zufallen, umrissen und ein Beispiel für die Rechtsform und die möglichen Organe des Kollegs gegeben werden.

Die Bildungskommission empfiehlt im gegenwärtigen Zeitpunkt keine bestimmte Rechtsform. Sie will jedoch an einem Beispiel die Aufgaben, die Grundstrukturen und die Probleme deutlich machen, die bei jeder Rechtsform zu berücksichtigen sind. Jede institutionelle Variante hat das mit der Struktur des Kollegs gegebene organisatorische Grundproblem zu lösen, nämlich die Kooperation der relativ selbständigen Lernorte beziehungsweise ihrer Träger mit einer Gesamtverantwortung des Staates für die Bildungsgänge in der Sekundarstufe II zu verbinden.

3.5.1   Aufgaben des Kollegs

Nach Maßgabe von Rahmenrichtlinien nimmt das Kolleg folgende Aufgaben wahr:
— Planung und Koordinierung des Gesamtangebots der Bildungsgänge unter Wahrung der curricularen Einheit;
— Beratung der Lernenden durch Lehrer, Ausbilder und andere, eigens für die Beratung angestellte Personen sowie Beratung der Lehrenden und Erziehungsberechtigten, gegebenenfalls in Zusammenarbeit mit anderen Stellen;
— Abnahme von Prüfungen unter Anrechnung der in den einzelnen Kursen in verschiedenen Lernorten erworbenen, formell bestätigten Lernleistungen und Ausstellung der Abschlußzeugnisse;
— Abschluß von Vereinbarungen beziehungsweise Mitwirkung bei Vereinbarungen zwischen den Lernenden, den Lernorten und dem Kolleg.

Die Zuständigkeiten des Kollegs betreffen sein Verhältnis
— zu den Lernenden,
— zu den Trägern anerkannter Lernorte,
— zu den Lernorten.

(1) Kolleg — Lernende
Zwischen dem Kolleg und den Lernenden besteht eine Rechtsbeziehung. Die Form der Rechtsbeziehung kann durch Gesetz oder Rechtsverordnung geregelt werden. Gegenstand ist insbesondere das Lernprogramm des einzelnen Lernenden und die daraus folgende Inanspruchnahme verschiedener Lernorte.

Für das Zustandekommen der Rechtsbeziehungen sind unterschiedliche Vertrags- und Vereinbarungsformen denkbar.
Alternativen sind:
— Eine Regelung analog derzeitiger Schulgesetze:
Der Lernende würde über den Lenort Schule in das Kolleg eintreten. Das Lernen an den anderen Lernorten wird durch Vereinbarungen zwischen dem Lernort Schule und den Trägern der anderen Lernorte geregelt.
— Eine Regelung analog derzeitiger Berufsausbildungsverträge:
Der Lernende würde über einen Vertrag mit dem Träger des Lernorts Betrieb (Lehrwerkstatt) in das Kolleg eintreten. Das Lernen am Lernort Schule wird durch die Schulgesetze geregelt. Das Lernen an weiteren Lernorten wird über das Kolleg vereinbart.
— Durch einen Vertrag mit dem Kolleg:
Das Kolleg würde das Lernprogramm mit den Trägern der verschiedenen Lernorte vereinbaren.
— Durch einen kombinierten Vertrag:
Hierbei würde das Lernprogramm mit dem Kolleg, das Lernen an den einzelnen Lernorten aber mit den Trägern dieser Lernorte vereinbart.
In den Fällen, in denen das Kolleg die Verträge nicht selbst abschließt, soll es die Geschäftsführung dafür haben.

Die beiden letztgenannten Möglichkeiten sind sicher dem Kolleg-Modell am meisten angemessen, jedoch läßt sich die Intention auch mit den anderen verwirklichen.

(2) Kolleg — Träger anerkannter Lernorte
Öffentliche und private Verwaltungen und Betriebe, Verbände, Vereine und andere können Lernortträger sein. Die

Akkreditierung der einzelnen Lernorte erfolgt durch ein förmliches Verfahren. Staatliche und staatlich anerkannte Schulen sind Lernorte im Kolleg und bedürfen keiner besonderen Akkreditierung.

Zwischen dem Kolleg und den Lernortträgern werden Verträge geschlossen. In solchen Verträgen werden zum Beispiel Art, Zeitraum, Anzahl und Besetzungszahl von Kursen sowie deren Inhalte gemäß den Ausbildungsordnungen und den Möglichkeiten des betreffenden Lernortes vereinbart. Mit diesen Verträgen verpflichten sich die Lernortträger, Ausbildungsplätze zur Verfügung zu stellen und entsprechend den Rahmenrichtlinien und den im Kolleg beschlossenen Lernprogrammen auszubilden.

(3) Kolleg — Lernorte
Entsprechend den oben genannten Aufgaben nimmt das Kolleg die Vorschläge der Lernorte für deren Kursangebot entgegen, stellt die Lernprogramme zusammen und verteilt die Kurse nach Abstimmung mit den Lernortträgern beziehungsweise Lernortleitern auf die Lernorte.

Schlichtungsstelle für Konflikte, die sich zwischen den Lernorten ergeben, ist das Kolleg.

3.5.2 Rechtsform und Organe des Kollegs

Um die rechtlichen Voraussetzungen zur Erfüllung der Aufgaben und damit zur Durchführung der Lernprogramme sicherzustellen, erhält das Kolleg durch Gesetz eine Rechtsform. Im folgenden wird dafür nur eine Möglichkeit vorgestellt; andere sind denkbar.

Zur Verdeutlichung der Aufgaben- und Organisationsstruktur des Kollegs kann die Rechtsform einer Körperschaft des öffentlichen Rechts dienen, die in ihrer Struktur Ähnlichkeiten mit einem kommunalen Zweckverband aufweist. Mitglieder einer solchen Körperschaft wären alle Lernortträger, sowohl die öffentlich-rechtlich als auch die privatrechtlich verfaßten.

Dieses Modell kann auch in der Weise abgewandelt werden, daß das Kolleg nur von einer Körperschaft getragen wird, selbst aber zum Beispiel als Anstalt organisiert ist.

Bei einer eigenen körperschaftlichen Verfassung des Kollegs sind folgende Organe des Kollegs denkbar:

(1) Kollegversammlung
— Zusammensetzung/Stimmenverteilung
Die Kollegversammlung besteht aus den Mitgliedern der Körperschaft. Die Stimmenverteilung soll so bemessen sein,

daß der Beitrag der einzelnen Lernorte zum Lernpro-
gramm angemessen berücksichtigt ist. Für Beschlüsse zum
Programm und zum Haushalt kann eine qualifizierte
Mehrheit vorgesehen werden.
— Satzung
Mustersatzungen werden durch Gesetz vorgegeben. Für
das Kolleg wählt die Kollegversammlung eine entspre-
chende Satzung aus und gibt sich eine Geschäftsordnung.
— Aufgaben
Zu den wichtigsten Aufgaben gehören die Wahl des Kol-
legleiters (bei einem Vetorecht des Kultusministers), die
Wahl der Mitglieder des Kollegausschusses und des Pro-
grammausschusses, der Erlaß der Haushaltssatzung und die
Entgegennahme des Jahresrrechenschaftsberichts. Die
Kollegversammlung nimmt alle Aufgaben wahr, die nicht
nach Gesetz oder Satzung anderen Organen zugewiesen
sind.

(2) Kollegausschuß
Von der Kollegversammlung wird, falls diese zu groß ist
(mehr als 20 Mitglieder), der Kollegausschuß gewählt.
— Zusammensetzung/Stimmenverteilung
Der Kollegausschuß hat eine begrenzte Mitgliederzahl. Die
Stimmenverteilung wird wie bei der Kollegversammlung
bemessen.
— Aufgaben
Der Kollegausschuß beschließt über das Lernprogramm im
ganzen, kontrolliert den Kollegleiter und nimmt weitere
Aufgaben je nach Satzung wahr.
   Abweichungen vom Lernprogramm, die der Kolleg-
ausschuß einbringt, werden erst wirksam, wenn sie erneut
mit dem Programmausschuß beraten worden sind. Das be-
schlossene Lernprogramm bindet den Kollegleiter. Der
Kollegausschuß nimmt die Zuständigkeiten wahr, die nach
der Satzung nicht vom Leiter wahrgenommen werden.

(3) Kollegleiter
Der Kollegleiter wird von der Kollegversammlung gewählt. Der Kultusminister hat gegen die Wahl ein Vetorecht. Er ernennt den Kollegleiter.
   Der Kollegleiter führt die laufenden Geschäfte und führt
die Beschlüsse der Organe der Körperschaft aus. Insbesondere ist er verpflichtet, aufgrund von Angeboten der Lernortträger eine Vorlage für das Lernprogramm des Kollegs
zu erstellen und für die Organisation zur Durchführung

des beschlossenen Programms zu sorgen. Er ist Dienstherr
der Mitarbeiter des Kollegs. Der Kollegleiter übernimmt
die Außenvertretung der Körperschaft. Er vertritt sie ge-
richtlich und außergerichtlich.

(4) Programmausschuß
Der Programmausschuß dient der internen Willensbildung
in bezug auf das Lernprogramm und berät hinsichtlich der
curricularen Ausgestaltung des Lernprogramms sachver-
ständig den Kollegleiter und den Kollegausschuß beziehungsweise die Kollegversammlung.
— Zusammensetzung
Der Programmausschuß (12—15 Mitglieder) setzt sich aus
Lehrenden und Lernenden zusammen. Die Lehrenden werden auf Vorschlag aus verschiedenen Lernorten von der
Kollegversammlung gewählt; bei den Vertretern der Lernenden müssen die Lernenden der verschiedenen Lernorte
angemessen berücksichtigt werden. Sie werden auf Vorschlag der Lernenden von der Kollegversammlung gewählt.
Der Kollegleiter führt den Vorsitz im Programmausschuß.
— Aufgaben
Der Programmausschuß erarbeitet auf der Grundlage einer
Vorlage des Leiters das Lernprogramm für das Kolleg und
leitet es dem Kollegausschuß zu.

3.5.3   Regelungen und Institutionen oberhalb des Kollegs
Genaue Vorschläge für die Regelungen und Institutionen
oberhalb des Kollegs können erst gemacht werden, wenn
die Neufassung des Berufsbildungsgesetzes vorliegt, das die
Zuständigkeiten der staatlichen Instanzen und der sonstigen Stellen neu regeln soll. Oberhalb des Kollegs sind insbesondere die Aufsicht, die Sicherung des regionalen Lernangebots, die Finanzierung und die curricularen Vorgaben
zu regeln. Dabei soll auf regionaler Ebene institutionell gesichert werden, daß regional ein ausgewogenes Angebot
vorliegt und ein überörtlicher Ausgleich stattfindet. Auf
dieser Ebene sind die vorhandenen Beteiligungs- und Mit-
bestimmungsmöglichkeiten (Berufsbildungsausschüsse) auf-
zugreifen und weiter zu entwickeln. In allen Institutionen
oberhalb des Kollegs sind die Mitwirkungs- und Beteili-
gungsrechte der Sozialpartner sicherzustellen. Weiterhin
sollte die regionale Institution als Konferenz der Kollegs
der Region dienen.
    Das Bildungssystem der Sekundarstufe II soll insgesamt
der Rechts- und Fachaufsicht des Kultusministers (Sena-

tors) unterstehen. Dabei ist jedoch zwischen der Aufsicht über die Lernorte und über das Kolleg in seinen spezifischen Aufgaben zu unterscheiden.

Der vorgeschlagenen körperschaftlichen Verfassung entsprechend ist der Selbstverwaltungsrahmen des Kollegs für die Erfüllung seiner Aufgaben zu bemessen. Bezüglich der Lernorte gilt folgendes:
Über das Verhältnis von Bildungsverwaltung und Schule einschließlich der Aufsicht hat sich die Bildungskommission in anderen Empfehlungen geäußert. Die dort vorgeschlagenen Regelungen gelten auch für den Lernort Schule im Kolleg.

Die Aufsicht über die nichtschulischen Lernorte sollte eigens in einer den Lernprozessen dieser Lernorte und deren Rechtsstatus angepaßten Weise geregelt werden. Sie kann in einem Zusammenwirken von Vertretern der Lernortträger, der Sozialpartner sowie der Aufsichtsbehörde erfolgen.

Da die Zuständigkeiten des Kultusministers hinsichtlich der Sekundarstufe II gegenüber der bisher gegebenen Schulaufsicht erweitert werden, sollten die Kultusministerien zu Bildungsministerien ausgebaut werden.

4.   Ansatzpunkte zur Entwicklung und Verwirklichung des Konzepts

Im folgenden soll nicht eine Operationalisierung des vorgeschlagenen Modellentwurfs vorgenommen werden, sondern es sollen — ausgehend von der derzeit bestehenden
Rechtslage und den geltenden Bestimmungen für die Bildungsgänge — Maßnahmen angeregt werden, die geeignet
sind, zur schrittweisen Verwirklichung des vorgeschlagenen Konzepts beizutragen.

Die Bund-Länder-Kommission für Bildungsplanung hat
im Bildungsgesamtplan (1973) Maßnahmen für den Bereich
der Sekundarstufe II vorgesehen, die geeignete Ansatzpunkte für die vorgeschlagene Entwicklung sind. Das
gleiche gilt für eine Reihe von Reformmaßnahmen, die im
Bund, in den Ländern, in einzelnen Schulen und Betrieben
bereits eingeleitet worden sind.

Je nach Planungssituation und Reformvorhaben in den
einzelnen Ländern läßt sich die Neuordnung der Sekundarstufe II von unterschiedlichen Ansätzen her auf verschiedenen Wegen und in unterschiedlichen Fristen verwirklichen. Dabei sind Zielkonflikte nicht immer zu vermeiden. Es muß jedoch verhindert werden, daß die Reformmaßnahmen sich in ihren Zielen widersprechen oder zu
neuen, voneinander getrennten Teilsystemen führen.

Maßnahmen, die ohnehin zur Verbesserung der Lernsituation der Jugendlichen notwendig sind, wie bessere
personelle, finanzielle, apparative Ausstattung der einzelnen Lernorte, Intensivierung der Lehrerfort- und Lehrerweiterbildung, Verbesserung der Ausbilderausbildung, Be-
reitstellung neuer Medien, werden im folgenden nicht
eigens ausgewiesen.

Die Vorschläge stützen sich zum Teil auf Gutachten der
Ausschüsse „Berufliche Bildung" und „Lernprozesse (Sekundarstufe II)", auf Erfahrungen von Experten und auf
laufende Reformversuche. Diese Maßnahmen können
durch weitere ergänzt werden und sollen ferner die jeweils Betroffenen zu entsprechenden Initiativen anregen.

Viele der vorgeschlagenen Maßnahmen werden zunächst
in Versuchen erprobt werden müssen. Für diese Versuche
ist eine Begleitforschung notwendig, deren Ergebnisse für
die weiteren Schritte von Bedeutung sein werden. Die Begleitforschung wird ihrerseits Forschungsdesiderate auf-
zeigen.

4.1   Lehrpläne und Ausbildungsordnungen

Bei der Überarbeitung der Lehrpläne und Ausbildungsordnungen entsprechend dem Stand der wissenschaftlichen Erkenntnisse und den veränderten Anforderungen
in Beruf und Studium, im privaten und gesellschaftlichen
Leben, ist es notwendig, von Inhaltsbeschreibungen beziehungsweise Auflistungen von Kenntnissen und Fertigkeiten zur Beschreibung von Lernzielen unter besonderer
Berücksichtigung prozessualer und allgemeiner Lernziele
überzugehen.

Die Abstimmung zwischen den Ausbildungsordnungen
auf der einen und den Rahmenlehrplänen für die beruflichen Schulen auf der anderen Seite ist auf Bundesebene
dem dafür eingerichteten Koordinierungsausschuß zwischen der Bundesregierung und der Ständigen Konferenz
der Kultusminister der Länder übertragen. Diese Abstimmung soll zum Ziel haben, die Getrenntheit der Vorschriften für die verschiedenen Lernorte (Schule und Betrieb),
die sich aus den unterschiedlichen Zuständigkeiten ergeben, zu überwinden.

Für die Auswahl und Beteiligung von Lehrern an dieser
Arbeit ist durch die Länder ein entsprechendes Verfahren
zu vereinbaren. Auf Landes- und Regionalebene können
Lehrerfort- und Lehrerweiterbildung sowie Studienseminare für diese Arbeit herangezogen werden. Wenn für eine
praxisnahe Curriculum-Entwicklung Regionale Pädagogische Zentren entwickelt werden [13]), sollten die schulischen
Lehrpläne mit den Ausbildungsordnungen abgestimmt
werden.

Zur Erarbeitung und weiteren Abstimmung von Lehrplänen und Ausbildungsordnungen sowie zur langfristigen
Vorbereitung von Rahmenrichtlinien neuer Art ist es notwendig, Kriterien für die Zuordnung von Lernprozessen
zu bestimmten Lernorten zu entwickeln. Solche Kriterien
könnten in Zusammenarbeit von Praktikern der beruflichen Bildung in Schule, Lehrwerkstatt und Betrieb und
von Wissenschaftlern erarbeitet werden. Die Entwicklung
der Kriterien sollte in Zusammenarbeit von Bund und
Ländern durchgeführt werden (Bundesministerium für
Bildung und Wissenschaft und Kultusministerien der
Länder unter Einbeziehung des Bundesinstituts für Berufsbildungsforschung). Auf der Landesebene sollte die notwendige Koordination zwischen Lehrplankommissionen

[13]) Vgl. Deutscher Bildungsrat, Empfehlungen der Bildungskommission,
Zur Förderung praxisnaher Curriculum-Entwicklung, Stuttgart 1973.

und Landesausschuß für Berufsbildung durch das Kultusministerium erfolgen.

Wo eine alternative Zuordnung ein und desselben Kurses zu verschiedenen Lernorten angezeigt erscheint, sollte entsprechend den regionalen Bedingungen die Zuordnung vorgenommen oder dem Lernenden die Wahl des Lernorts freigestellt werden. Lernprozesse, die obligatorisch an einem bestimmten Lernort durchgeführt werden sollen, sind entsprechend auszuweisen.

Bei der Überarbeitung von Lehrplänen und Ausbildungsordnungen sollte geprüft werden, inwieweit derzeitige Inhalte durch solche Inhalte ersetzt werden können, die eine höhere berufliche Mobilität ermöglichen.

Lehrpläne und Ausbildungsordnungen sollten ferner so angelegt werden, daß berufsfeldbezogene Kenntnisse und Fertigkeiten in die erste Phase der Bildungsgänge hineingenommen werden, so daß generell eine berufliche Grundbildung gesichert und größere Durchlässigkeit ermöglicht wird.

Nach der im Strukturplan entwickelten Zielvorstellung soll bei einer Vorverlegung der Einschulung um ein Jahr die berufliche Grundbildung im 11. Bildungsjahr stattfinden. Für eine lange Übergangszeit wird jedoch der Beginn der Sekundarstufe II und somit der Beginn der beruflichen Grundbildung sowohl nach neun als auch nach zehn Jahren erfolgen.

Damit die Lehrpläne und Ausbildungsordnungen den pädagogischen Erkenntnissen und Forderungen genügen und um die Durchführung dieser Pläne vorzubereiten und einzuleiten, sollten Lehrende aus allen Lernorten an der Überarbeitung und Konkretisierung der Lehrpläne und Ausbildungsordnungen beteiligt werden. Auf lokaler Ebene könnte dies bereits ohne gesetzliche und institutionelle Regelungen geschehen, in dem Lehrer und Ausbilder gemeinsam aufeinander abgestimmte Umsetzungen der Lehrpläne für Betrieb, Lehrwerkstatt und Schule entwickeln. Die Lehrenden sind auch bei allen Lehrplanarbeiten und der Abstimmung von Lehrplänen und Ausbildungsordnungen oberhalb der lokalen Ebene zu beteiligen.

Bei der Umsetzung der Lehrpläne in Unterrichtsprogramme sowie der Planung des Unterrichts können schon jetzt die Lernenden in geeigneter Weise beteiligt werden.

4.2 Kurssystem

Die Einführung des Kurssystems in der gymnasialen Oberstufe, in den beruflichen Schulen und den nichtschulischen

Lernorten der Sekundarstufe II ist eine notwendige Voraussetzung für die curriculare und organisatorische Verzahnung der Lernprozesse an den verschiedenen Lernorten,
für die Organisierbarkeit von Bildungsgängen und Anrechnung von Lernleistungen auf verschiedene Bildungsgänge.

4.2.1   Gymnasiale Oberstufe

Für die gymnasiale Oberstufe ist nach der KMK-Vereinbarung „zur Neugestaltung der gymnasialen Oberstufe in
der Sekundarstufe II vom 7. Juli 1972" das Kurssystem
bereits vorgesehen. Es soll mit Beginn des zwölften Schul-
jahrs voll einsetzen. Das elfte Jahr, in dem die Umstellung
auf das Kurssystem erfolgt (Lenkungsjahr), hat folgende
Funktionen: es soll bisherige Fächer zu einem gewissen Abschluß bringen, über Schwerpunkte, Qualifikationen und
Abschlüsse orientieren, die Wahl eines Schwerpunkts vorbereiten, das Jahrgangsklassensystem ablösen und die Einübung in das Kurssystem vorsehen.

Um diese Funktionen zu sichern, soll das erste Halbjahr
im elften Jahr je nach Ausgangssituation des Lernenden
noch schwerpunktunspezifisch sein können, das zweite
Halbjahr jedoch bereits schwerpunktspezifisch angelegt
und das Kurssystem entfaltet sein. Statt einer Nichtverset-
zung von Klasse elf in zwölf werden kursspezifische Wie-
derholungsregelungen geschaffen. Wo Übergänge zwischen
verschiedenen Schulformen möglich sind, sollten dann
auch die erforderlichen Anschluß- und Brückenkurse in
das Programm aufgenommen werden.

4.2.2   Berufliche Schulen

In den beruflichen Schulen sollten nach Erprobungen die
Bildungsgänge durch ein Kursangebot (Pflicht- und Wahlpflichtkurse) organisiert werden. Bei der Umstellung auf
Kurse soll geprüft werden, inwieweit sich Lernprozesse
und Lerninhalte in den verschiedenen Schulformen über-
schneiden. Solche Überschneidungen sollten vermieden
werden. Entsprechende Kurse sollten gemeinsam für Lernende verschiedener Schulformen und -typen angeboten
werden. Dies ist am ehesten möglich, wenn die Zusammenfassung von beruflichen Schulen zu Schulzentren weiter
intensiviert wird.

4.2.3   Betrieb

Im Bereich der betrieblichen Bildung sollten, sofern dies
noch nicht geschehen ist, die nach dem Berufsbildungsgesetz zuständigen Stellen auf die Ausbildungsbetriebe ein-

wirken, daß die betriebliche Bildung in einer für das Kurssystem notwendigen Form gegliedert und organisiert wird.
Die inhaltlich und zeitlich gegliederten Lerneinheiten sind
so einzuteilen, daß sie als Kurse in das Lernprogramm eingefügt werden können.

Die Lernprogramme in Betrieben und Lehrwerkstätten
sollten daraufhin überprüft werden, ob einzelne Kurse, die
zum Pflichtprogramm einer Ausbildung gehören, von Lernenden aus anderen Bildungsgängen als Zusatzkurse im
Wahlbereich oder als besondere Spezialisierungen mit genutzt werden können. In ähnlicher Weise könnten in Betrieben und in Lehrwerkstätten Kurse eingerichtet werden,
die auch innerhalb eines Berufs oder Berufsfeldes besondere Spezialisierungen und Differenzierungen erlauben, die
durch die Ausbildungsordnungen nicht vorgesehen sind.

Weiter ist in Erwägung zu ziehen, geeignete Kurse auch
für Lernende anzubieten oder zu öffnen, die keinen Ausbildungsvertrag mit einem Ausbildungsbetrieb haben, sondern sich in beruflichen Vollzeitschulen oder in der
gymnasialen Oberstufe befinden und ihre Qualifikation
(im Schwerpunkt oder im Wahlbereich) erweitern wollen.
Dadurch können Lerneinheiten in Betrieben und Lehrwerkstätten sowohl von Lernenden genutzt werden, die sich im
dualen System oder in beruflichen Vollzeitschulen auf
einen Beruf vorbereiten als auch von Lernenden, die sich
auf ein Studium vorbereiten.

4.3   Blockunterricht

Die Umstellung auf den Blockunterricht ist eine notwendige Voraussetzung für die Einführung des Kurssystems. In
den meisten Bundesländern sind bereits erste Erfahrungen
mit dem Blockunterricht gemacht worden. Es ist die allgemeine Tendenz erkennbar, den Berufsschulunterricht
auf den Blockunterricht umzustellen und dessen didaktische und organisatorische Möglichkeiten zu nutzen. Diese
Entwicklung ist zu fördern.

Ferner sollte bei der Umstellung auf Blockunterricht
mindestens zwölfstündige Berufsschulzeit erreicht werden
beziehungsweise erhalten bleiben.

Die Länge der Blöcke in Betrieb und Lehrwerkstatt, die
Dauer der Intervalle zwischen schulischem und nichtschulischem Lernen werden je nach Bildungsgang unterschiedlich sein. Die Organisation der Blöcke in den einzelnen Lernorten soll so erfolgen, daß das Lernen nicht zu
häufig unterbrochen wird und jeweils eine Sequenz zu

Ende gebracht werden kann. Bei der Organisation eines
Lernprogramms können Blöcke bis zur Dauer eines Tri-
mesters vorgesehen werden.

4.4 Die Lehrenden

Für die inhaltliche und pädagogische Abstimmung der
Lernangebote der verschiedenen Lernorte ist der Kontakt
und die Zusammenarbeit aller Lehrenden in der Sekundar-
stufe II notwendig. Dazu bedarf es vorab entsprechender
Informationen über das hier vorgeschlagene Konzept zur
Neuordnung der Sekundarstufe II.

Für die Lehrenden in der Schule und in schulischen
Lehrwerkstätten kann dies durch die Kultusbehörden oder
durch nachgeordnete Stellen, für die Ausbilder durch die
nach dem Berufsbildungsgesetz zuständigen Stellen sowie
die Berufsbildungsausschüsse auf Landesebene erfolgen. Bei
der Information über das Konzept und über Ansätze einer
curricularen Neuorientierung kommt es besonders darauf
an, die Möglichkeit und Notwendigkeit der Erreichung
prozessualer und allgemeiner Lernziele bei der Vermittlung
fachlicher Kenntnisse, Fertigkeiten und Fähigkeiten zu
verdeutlichen. Eine Reihe von Gutachten hat gezeigt, daß
dies auch schon vor einer Überarbeitung der Ausbildungsordnungen eingeleitet werden kann. [14])

Auf der Basis der vorgesehenen und bereits angelaufenen
Reform der gymnasialen Oberstufe sowie in Anlehnung an
die im Bildungsgesamtplan vorgesehene Abstimmung und
Verzahnung beruflicher und allgemeiner Bildung sollen die
Lehrenden aller Schulformen der Sekundarstufe II verstärkt zusammenarbeiten. Diese Zusammenarbeit sollte
durch die Schulen beziehungsweise auf regionaler Ebene
durch die Schulaufsichtsbehörden organisiert werden.
Auch zwischen den Lehrenden an beruflichen Schulen und
den Lehrenden in den Lernorten Lehrwerkstatt und Betrieb kann die Zusammenarbeit jetzt schon verstärkt werden. Besonders auf lokaler Ebene können durch Absprachen Lernziele, Inhalte und Methoden aufeinander abgestimmt werden.

Zu diesem Zweck könnten bei den nach dem Berufsbildungsgesetz zuständigen Stellen Ausschüsse gebildet
werden. Die Zusammenarbeit kann bereits in den Studien-

---

[14]) Vgl. dazu Deutscher Bildungsrat, Materialien zur Bildungsplanung, „Darstellung ausgewählter beruflicher Bildungsgänge und
deren Analyse hinsichtlich der Erreichung allgemeiner Lernziele",
Braunschweig (in Vorbereitung).

seminaren durch allgemeine pädagogische Veranstaltungen sowie spezielle Fachveranstaltungen, gemeinsam für Lehramtsanwärter an gymnasialen Oberstufen und beruflichen Schulen, vorbereitet werden.

Eine besonders wirksame Zusammenarbeit würde durch den verstärkten Lehreraustausch zwischen den einzelnen Schulformen und -typen und durch den Abbau derzeit noch bestehender Einschränkungen über den Einsatz von Lehrern an verschiedenen Schulformen und -typen ermöglicht.

4.5   Lernorte

Viele der vorgeschlagenen Maßnahmen beziehen sich auf mehrere oder alle Lernorte. Daneben werden Maßnahmen angeregt, die speziell einzelne Lernorte betreffen und im folgenden dargestellt werden:

4.5.1   Lernort Betrieb

Viele Betriebe haben durch fortschreitende Spezialisierung ihre Produktion beziehungsweise Dienstleistungen so ausgerichtet, daß die in diesen Betrieben durchgeführte Berufsbildung nur einen Teil des vorgesehenen betrieblichen Ausbildungsprogramms abdeckt. Schon heute werden Auszubildende in solchen Fällen für eine bestimmte Zeit in andere Betriebe vermittelt, die den fehlenden Teil des Ausbildungsprogramms übernehmen können. Solche Absprachen und verstärkte Zusammenarbeit sollten besonders bei fortschreitender Umstellung auf ein Kurssystem üblich werden.

Immer mehr Betriebe richten individuelle ausbildungsbezogene Arbeitsplätze oder produktionsbezogene Ausbildungsplätze ein. Um diese Bemühungen zu unterstützen, sollten die Betriebe über ihre Ausstattung als Lernorte beraten werden. Dazu gehört auch die Erweiterung der Nutzungsmöglichkeiten für Lernende aus studienqualifizierenden Bildungsgängen. Mindeststandards für personelle, apparative und räumliche Ausstattung sind nach Möglichkeit bundeseinheitlich zu vereinbaren.

4.5.2   Lernort Lehrwerkstatt

Der Bildungsgesamtplan sieht den Auf- und Ausbau von derzeit 20 000 auf 210 000 überbetriebliche Ausbildungsplätze im Jahre 1985 vor. [15]) Wegen des mangelnden Aus-

---

[15]) Vgl. Bund-Länder-Kommission für Bildungsplanung, Bildungsgesamtplan, a. a. O., Band II, S. 135.

baus dieses Lernorts wird heute ein Teil seiner Funktionen nur unzulänglich oder gar nicht, andere Teile werden von Schulen oder Betrieben wahrgenommen.

Ein Beispiel für eine typische Aufgabe der Lehrwerkstatt im technischen Bereich ist die Durchführung eines Kurses „Grundkurs Metall" für alle schlosserischen Berufe. Die Aufgaben eines solchen Kurses können ihrer pädagogischen und sachlichen Zielsetzung nach von einem anderen Lernort nicht hinreichend wahrgenommen werden. Die Lerneinheiten, die in Lehrwerkstätten durchgeführt werden sollen, sollten in den Ausbildungsordnungen besonders ausgewiesen und die Errichtung von entsprechenden Lehrwerkstätten sollte vordringlich gefördert werden.

Auch in Zukunft wird es Lernprozesse geben, die an verschiedenen Lernorten stattfinden können. Die Bandbreite für die Aufgaben am Lernort Lehrwerkstatt reicht von Aufgaben, die heute zum Teil in Schulen, bis hin zu Aufgaben, die heute zum Teil in Betrieben wahrgenommen werden.

Dies soll an zwei Beispielen verdeutlicht werden. Wenn in einer kaufmännischen Berufsschulklasse Buchführungsunterricht erteilt wird, so handelt es sich dabei zum Teil um „die lehrhafte Vorführung von Sachverhalten und Einübung von Arbeitsabläufen, die in der Realsituation nicht in ihren für den Lernprozeß bedeutsamen Bezügen beobachtet sind" (vgl. 2.5.2.3). Dieser schulische Unterricht erfüllt also hier eine Funktion, die für den Lernort Lehrwerkstatt typisch ist. Wenn auf der anderen Seite ein Handwerksmeister seinem Auszubildenden in der Werkstatt, losgelöst vom Produktionsprozeß, unter Anleitung Gelegenheit gibt, „ineinandergreifende Fertigkeiten zu erlernen, die in unmittelbaren Zugriffen nicht oder nicht gut erlernbar sind" (vgl. 2.5.2.3), so ist dies ein Vorgang, der im Betrieb nicht durchgeführt werden kann und deswegen der Lehrwerkstatt zugewiesen werden muß.

Die Lehrwerkstätten müssen ihre didaktische Eigenart deutlicher entwickeln und sich dadurch gegenüber den anderen Lernorten profilieren. Unter dieser Voraussetzung ist es zu befürworten, daß neue Lehrwerkstätten als selbständige Lernorte in räumlichem Zusammenhang mit Schulzentren oder mit Betrieben errichtet werden. Die Frage, welcher Lösung hierbei der Vorzug gegeben werden soll, läßt sich nicht generell beantworten sondern hängt von den jeweiligen regionalen Bedingungen ab. Auch überbetriebliche Lehrwerkstätten, die nicht von Betrieben oder

Schulen errichtet werden, sollten nach Möglichkeit in die räumliche Nähe von Schulzentren oder gegebenenfalls auch Betrieben gebracht werden.

In Regionen mit überwiegend wirtschaftlicher Monostruktur fehlt es oft an Ausbildungsplätzen. In solchen Regionen kann zur Verminderung regionaler Chancenungleichheiten und zur Vorbereitung eines Neuaufbaus beziehungsweise der Erweiterung der Wirtschaftsstruktur der Auf- und Ausbau von Lehrwerkstätten vorrangig betrieben werden.

4.5.3 Lernort Schule

Ansätze zu der vorgeschlagenen Neuordnung der Sekundarstufe II bieten sich im Schulbereich überall dort, wo bestehende Schulformen und -typen in Schulzentren zusammengefaßt werden und wo kooperative oder integrierte Schuleinheiten entwickelt werden. Räumliche Zusammenfassung und kooperative Einheit von mehreren Schulen sind geeignete Schritte zur Entwicklung eines Lernorts Schule, der dann seinerseits zu anderen Lernorten (Lehrwerkstatt, Betrieb, Studio) Beziehungen aufzunehmen in der Lage ist. Die kooperativen Zusammenfassungen können sowohl zwischen verschiedenen Schultypen (kaufmännisch und gewerblich) einer Schulform (z. B. Berufsfachschule) wie zwischen verschiedenen Schulformen (Berufsschulen, Berufsfachschulen, Fachoberschulen, Gymnasien) und Schularten (Privatschulen) eingeleitet werden. Das Ziel der Kooperation besteht vornehmlich darin, die Lernangebote dieser Schultypen und -formen gegeneinander zu öffnen. Diese Öffnung ermöglicht eine Nutzung der Lernprogramme für verschiedene Bildungsgänge und Abschlüsse. Die curriculare Organisation des Lernprogramms am Lernort Schule soll zunehmend weniger von den zusammengefaßten Schulen, als von den angebotenen Bildungsgängen bestimmt sein.

(1) Gymnasiale Oberstufe
Für die gymnasiale Oberstufe bedeutet dies, daß das derzeitige Lernprogramm in den verschiedenen Typen der gymnasialen Oberstufe (mathematisch-naturwissenschaftlich, sprachlich, sozialwissenschaftlich, musisch u. a.) sowie das neugegliederte und erweiterte Lernprogramm der entsprechend der KMK-Vereinbarung reformierten gymnasialen Oberstufe voll in das curriculare Gesamtprogramm der Sekundarstufe II aufgenommen wird. Damit ließe sich die

Öffnung der gymnasialen Oberstufe zu den beruflichen
Schulen und zu nichtschulischen Lernorten vorbereiten.
Durch Aufnahme neuer Lerninhalte und Kurse zu anwen-
dungsbezogenen Themen kann ihr Angebot erweitert werden. Solche Kurse (z. B. aus dem Bereich von Technik,
Handel und Verwaltung, Haus- und Landwirtschaft)
können je nach den regionalen Gegebenheiten entweder
von Lehrern beruflicher Schulen in den Gymnasien oder
auch in beruflichen Schulen angeboten werden. Sie sollen
künftig von den Lernenden mehr und mehr zum Aufbau
und zur Profilierung eines fachlichen Schwerpunkts genutzt werden können. Mit dieser Zielsetzung ist der Ansatz der KMK-Vereinbarung zur Neuordnung der gymnasialen Oberstufe in der Sekundarstufe II aufgegriffen und
weiterentwickelt.

Schwierigkeiten bei der Erweiterung des Angebots in
gymnasialen Oberstufen ergeben sich besonders dann,
wenn nur kleine gymnasiale Oberstufen mit wenigen Lehr-
stellen zur Verfügung stehen. Dann sollte die in der KMK-
Vereinbarung zur Neugestaltung der gymnasialen Oberstufe vorgeschlagene „Schwerpunktbildung und Zusammenarbeit in den bestehenden Gymnasien oder auch in
größeren organisatorischen Einheiten" gefördert werden.
Durch die Zusammenarbeit mit anderen gymnasialen
Oberstufen und mit beruflichen Schulen sowie durch eine
gegenseitige Öffnung der Angebote kann für die einzelnen
Lernenden eine Angebotserweiterung, wenn auch gegebenenfalls an verschiedenen schulischen Lernorten, erreicht
werden.

Durch Zusammenarbeit von Berufsschulzentren und
gymnasialen Oberstufen und die dadurch mögliche Nutzung schuleigener Werkstätten besteht eine Möglichkeit,
den Unterricht auch stärker praxisorientiert zu gestalten.
Je nach regionalen Gegebenheiten kann daran gedacht
werden, zum Beispiel ein naturwissenschaftliches Gymnasium mit einem gewerblich-technischen Berufsschulzentrum oder die Oberstufe eines sprachlichen Gymnasiums mit einem kaufmännischen Berufsschulzentrum zu-
sammenzuschließen.

Entsprechend der Konzeption vom Lernen in fachlichen
Schwerpunkten in der Sekundarstufe II sollte auch der Abschluß eines studienqualifizierenden Bildungsgangs (gymnasialen Oberstufe) den Schwerpunkt berücksichtigen. Die
Studienqualifikation behält damit generell die Bestätigung
der Studierfähigkeit, sie leistet jedoch eine intensivere

Vorbereitung auf den anschließenden Studiengang, beziehungsweise enthält deutlichere Kriterien über die Befähigung für bestimmte Studienrichtungen.

Da die im Abschluß festgestellte Studienqualifikation den Lernschwerpunkt in der Sekundarstufe II und den Studienschwerpunkt in der Hochschule verzahnen soll, bedarf es der Zusammenarbeit von Schule und Hochschule zur Bestimmung der Lerninhalte, Lernmethoden sowie der Qualifikationsmerkmale sowohl der Abschlußqualifikation in der Sekundarstufe II als auch der Eingangsvoraussetzungen für die einzelnen Studiengänge. Die hierfür eingeleitete Zusammenarbeit zwischen der Ständigen Konferenz der Kultusminister der Länder und der Westdeutschen Rektorenkonferenz sollte intensiviert werden.

Der Aufnahme von berufsbezogenen Inhalten und Methoden in das Kursangebot der studienqualifizierenden Bildungsgänge entspricht es, die Lernleistungen in berufsbezogenen Kursen in die Abschlußqualifikation einzubeziehen, sie dort auszuweisen und dadurch anrechenbar zu machen. Die Berufsbezogenheit kann schon jetzt in die Profilierung des gymnasialen Abschlusses einbezogen werden. Der berufsbezogene Anteil im gymnasialen Abschluß sollte als Kriterium für die Zulassung zur Hochschule studiengangspezifisch berücksichtigt werden.

(2) Berufliche Schulen

Die gegenseitige Öffnung der beruflichen Teilzeit- und Vollzeitschulen verschiedener Fachrichtungen sowie die Kooperation mit Fachoberschulen und Gymnasien schafft im Bereich der beruflichen Schulen Bedingungen für eine Angebotserweiterung wie auch für eine Rationalisierung des Angebots.

In den beruflichen Vollzeitschulen sind die Voraussetzungen dafür häufig schon sehr günstig, da verschiedene Schulformen zunehmend zu Berufsschulzentren zusammengefaßt werden. So sind zum Beispiel oft in einem kaufmännischen Berufsschulzentrum kaufmännische Berufsschule, kaufmännische Berufsfachschule, kaufmännische höhere Berufsfachschule, kaufmännisches Berufsgrundbildungsjahr sowie Fachoberschule kaufmännischer Fachrichtung beziehungsweise Wirtschaftsgymnasium unter einem Dach vereinigt. Diese verschiedenen Schulformen sind aber bisher durchweg gegeneinander undurchlässig.

Untersuchungen haben ergeben, daß in verschiedenen Bildungsgängen gleiche Inhalte nach gleichen Lehrbüchern und mit gleichen Methoden unterrichtet werden [16]). Solche Überschneidungen sollten festgestellt und durch Zusammenlegen der entsprechenden Unterrichtseinheiten vermieden werden. Dadurch werden Durchlässigkeit und Differenzierung erhöht und gegebenenfalls im Zusammenhang mit der Kurs- und Schulorganisation Rationalisierungsmöglichkeiten eröffnet.

Der Unterricht in den beruflichen Teilzeitschulen ist hinsichtlich seines Inhalts, seiner Methodik und seines Umfangs gemessen am Ziel einer reformierten Sekundarstufe II noch nicht zureichend. In den beruflichen Teilzeitschulen sollten die Angebote für die Erfüllung des obligatorischen Bereichs (Sprache, Politik, Mathematik sowie Spiel und Sport) ausgebaut werden. Für Berufsschüler sollte neben der Pflege der Muttersprache die Möglichkeit zum Erwerb beziehungsweise zur Festigung von Fremdsprachenkenntnissen gegeben werden, zumal angestrebt wird, eine Fremdsprache in der Sekundarstufe I fast zum festen Bestandteil des Lernprogramms zu machen. Für viele Tätigkeitsbereiche kann die Fremdsprache schwerpunktspezifisch gelehrt und in unterschiedlichem Maße mehr rezeptiv oder produktiv eingeübt werden. Der wöchentliche Stundenanteil sollte deshalb die vorgesehenen zwölf Wochenstunden auch erreichen.

Für die schwach besetzten Berufe ist der weitere Ausbau von Bezirks- und Landesfachklassen notwendig. Die Standorte und Zuordnung für Bezirksfachklassen sollten nach den regionalen Gegebenheiten unter Mitwirkung der Schulleiterkonferenzen und der nach dem Berufsbildungsgesetz zuständigen Stellen festgelegt werden.

4.5.4 Lernort Studio

Für den Lernort Studio Reformansätze aufzuzeigen, stößt auf die Schwierigkeit, nicht an einen schon bestehenden Lernort wie bei Schule, Lehrwerkstatt oder Betrieb anknüpfen zu können. Dieser neue Lernort wird zudem regional und lokal verschieden aussehen und sehr unterschiedlich organisiert sein, da bei seiner Bildung auf sehr unterschiedliche Planungs- und Entwicklungsvoraussetzungen zurückgegriffen werden muß.

[16]) Vgl. V. Krumm, Analyse von Lehrplänen und Lehrinhalten des Wirtschaftslehrunterrichts an kaufmännischen Berufs- und Berufsfachschulen in der Bundesrepublik Deutschland. In: Deutscher Bildungsrat, Gutachten und Studien der Bildungskommission, Bd. 26, Stuttgart 1973.

Bei der Bildung des Lernorts Studio sind alle Träger angesprochen, die bereits über kulturelle Einrichtungen wie Jugendzentren, Theater (Jugend-, Atelier-, Keller-, Workshoptheater), Jugendforen, Museen, Mediotheken, Bibliotheken, Galerien, Ateliers und so weiter verfügen. Zu den Trägern gehören öffentliche und private Träger. Den Kommunen kommt für den Aufbau des Lernorts Studio eine besondere Bedeutung zu. Sie sind vielfach zugleich sowohl Schulträger als auch Träger kultureller Einrichtungen und von Einrichtungen der Weiterbildung. Sie haben damit eine Gelegenheit, ihre Aktivitäten im schulischen und kulturellen Bereich miteinander zu verknüpfen. Die Bildungseinrichtungen kämen in einen direkten Kontakt zum kulturellen Leben der Kommunen; den kulturellen Einrichtungen würde ein junges und aktives Publikum zugeführt. Hier eröffnet sich allenfalls eine Perspektive nicht nur für den Ausbau des Bildungswesens, sondern auch zu einer Verbreiterung und Belebung des kulturellen Lebens in einer Gemeinde. Bei der Planung, Standortwahl und Errichtung von kulturellen Einrichtungen sollte beachtet werden, daß diese auch im Sinne des Studios genutzt werden können, sei es für das Kolleg, sei es für die Weiterbildung.

Die Lernprogramme an diesen Stätten sollen im Laufe der Zeit ihre didaktische Selbständigkeit im Gesamtprogramm der Sekundarstufe II bekommen. Dabei ist auf den Zusammenhang mit dem Lernen an den anderen Lernorten zu achten. Dieser Zusammenhang und die Programmabstimmung sind besonders dann wichtig, wenn Teile dieses Programms zum fachlichen Schwerpunkt und zum obligatorischen Bereich des Lernenden gehören. Initiativen zur Schaffung eines Studios, die von der Schule (Schüler, Lehrer, Unterricht) ausgehen, sind zu begrüßen, sollten aber nicht zu einer Verschulung dieses Lernbereichs führen. Vielmehr kommt es auf Ergänzungs- und Kontrastprogramme an.

Impulse für die Nutzung der angesprochenen Einrichtungen als eines Lernorts, der nicht Schule ist, sondern die Lernziele und Lernprozesse weitgehend der Lerngruppe freigibt, werden von den Lernenden (und ihren spezifischen Interessen) und den Lehrenden (und ihren spezifischen Qualifikationen) ausgehen. Sie können ihren konkreten Ursprung in schulischen oder in betrieblichen Lernprozessen haben und zu Projekten führen, die innerhalb der Lehrplanverpflichtungen nicht weiter verfolgt werden können oder nicht vorgesehen sind. Für solche Projekte seien einige Beispiele genannt: Gestaltungstechniken wie Drucktechnik, Buch- und Plakatdruck, Druckgrafik; Medien wie Film, Fernsehen oder Video; Arbeitsprojekte zum Thema Wohnen und Umwelt (Raumgestaltung, Städtebau); Gestaltung von Werbeprospekten, Plakaten, Schaufenstern u. ä.; Spielhandlungen (multi-media-Aktionen, Ausdrucks- und Bewegungsspiele, Rollenspiele). Gutachten, die die Bildungskommission zu dieser Frage eingeholt hat, enthalten eine Fülle von Anregungen für die Durchführung solcher Projekte [17]. Je nach Projekt werden Fachleute verschiedenster Fachqualifikation, Lehrer und außerschulische Fachkräfte, von den Lern-, Spiel- und Gestaltungsgruppen und Produktionsteams der Jugendlichen herangezogen werden: Kameraleute, Regisseure, Drehbuchautoren, Architekten, Städteplaner, Soziologen, Psychologen, Choreographen, Bühnenbildner, Designer, Schriftsetzer, Drucker, Layouter, Grafiker, bildende Künstler, Musiker, Sporttrainer, Tanzlehrer, Balletmeister und andere.

Der möglichen Vielfalt von Experten entspricht die Nutzungsmöglichkeit einer Vielfalt von Anlagen wie Bühnen, Atelier-, Keller- und Workshoptheater, Werkstätten, Film- und Fernsehstudios, Sportstätten.

Die hier nur angedeuteten Beispiele für eine Anknüpfung an vorhandene Stätten, für Projekte, für die fachkundige Begleitung und Betreuung der Projekte und für die Nutzung vorhandener Anlagen sind Anregungen. Bereits mit geringer räumlicher, materieller und personeller Ausstattung kann mit der Bildung des Lernorts Studio begonnen werden. Das Vorhandensein verschiedener Medien ist für eine vielfältige Ausdrucks-, Gestaltungs- und Kommunikationsübung wünschenswert, sie ist jedoch nicht Voraussetzung.

4.6 Instrumente zur Verwirklichung der Maßnahmen (Zuständigkeitsbereiche)

Die vorgeschlagenen Maßnahmen, durch die die Neuordnung der Sekundarstufe II vorbereitet oder eingeleitet werden kann, müssen nach den geltenden Zuständigkeiten vom Bund, durch ein Zusammenwirken von Bund und

---

[17]) Vgl. Deutscher Bildungsrat, Gutachten und Studien der Bildungskommission, Spiel und Kommunikation in der Sekundarstufe II, Stuttgart (in Vorbereitung).

Ländern und durch Abstimmung unter den Ländern, vom einzelnen Land sowie von regionalen und lokalen Instanzen durchgeführt werden. Sie erfordern außerdem eine Zusammenarbeit von Staat, Kommunen und Wirtschaft.

4.6.1   Bundeseinheitliche Regelungen

Bundeseinheitliche Regelungen erscheinen dazu vor allem in den folgenden Bereichen erforderlich:
— Entwicklung oder Reform der Ausbildungsordnungen;
— Abstimmung von Ausbildungsordnungen und Rahmenlehrplänen;
— Abstimmung der Abschlußqualifikationen in der Sekundarstufe II mit den formalen und materialen Eingangsbedingungen für berufliche Tätigkeiten sowie für die einzelnen Studienfelder und Studiengänge;
— Anrechnung von Lernleistungen in verschiedenen Schulformen und im schulischen und betrieblichen Bereich;
— Koordinierung der Forschungsfragen und Forschungsergebnisse in Berufsbildungsforschung, Arbeitsmarkt- und Berufsforschung sowie der allgemeinen Bildungsforschung mit dem Ziel, mögliche Polyvalenzen und Äquivalenzen in den Ausbildungsordnungen, den Lehrplänen, den Qualifikationen und Abschlüssen zu ermitteln.

Soweit der Bund für die Regelung dieser Fragen (z. B. Hochschulrahmengesetz, Berufsbildungsgesetz) zuständig ist, sollte er sie nach Absprache mit den Ländern treffen. Soweit der Bund nicht oder nicht allein zuständig ist, muß die Zusammenarbeit von Bund und Ländern und die Abstimmung unter den Ländern gewährleisten, daß Regelungen in diesen Bereichen die bereits vorhandene Bundeseinheitlichkeit beibehalten. Die Vereinbarungen sollten überdies eine Verringerung von Chancenungleichheiten und eine Erhöhung der Durchlässigkeit und Mobilität zum Ziel haben. Kooperationsinstrumente stehen dafür in der Bund-Länder-Kommission für Bildungsplanung und dem Koordinierungsausschuß zwischen der Bundesregierung und der Kultusministerkonferenz zur Abstimmung der Ausbildungsordnungen und Rahmenlehrpläne im beruflichen Bereich, in der Kultusministerkonferenz und im Bundesausschuß für Berufsbildung zur Verfügung. Um eine Koordinierung der notwendigen Forschungsaufgaben sollten einerseits das Bundesinstitut für Berufsbildungsforschung, das Institut für Arbeitsmarkt- und Berufsforschung der Bundesanstalt für Arbeit und andere Bildungs-

forschungsinstitute, andererseits die Institution der öffentlichen und privaten Forschungsförderung bemüht sein. Da
das Organisationssystem der Sekundarstufe II auch auf
Dauer eine Zusammenarbeit erfordert, muß die Arbeit der
vorhandenen Koordinierungsinstrumente intensiviert und
erweitert werden.

Soweit die Zuständigkeit für die Regelung der beruflichen Bildung beim Bund liegt, sollte diese im Bundesministerium für Bildung und Wissenschaft konzentriert
werden. Für die Beteiligung der Fachressorts sollten angemessene Regelungen gefunden werden.

4.6.2 Landesbereich

Auf der Ebene der einzelnen Bundesländer sollte nach
bundeseinheitlichen Vorgaben die Anrechnung von Lernleistungen auf verschiedene Bildungsgänge erfolgen. Das
betrifft die gegenseitige Anrechnung von Lernleistungen
sowohl in den verschiedenen Schulformen als auch im
schulischen und betrieblichen Bereich.

Wie die Bundesregierung das schulische Berufsgrundbildungsjahr sowie den Besuch einer einjährigen Berufsfachschule auf die Ausbildungszeit der Ausbildungsberufe
anrechenbar gemacht hat [18], ist auf Länderebene zu prüfen, wie Ausbildungszeiten in Ausbildungsberufen beziehungsweise berufsqualifizierende Abschlüsse auf schulische
Qualifikationen (z. B. in Berufsfachschulen, Höheren
Berufsfachschulen, Fachoberschulen, Beruflichen Gymnasien) angerechnet werden können. Dazu bedarf es einer
verstärkten Zusammenarbeit der Abteilungen innerhalb
der Kultusverwaltung sowie der Kultusverwaltung mit den
anderen zuständigen Ressorts.

Um Angebot und Nachfrage von Ausbildungsplätzen
aufeinander abzustimmen und die Lernprogramme entsprechend zu gestalten, sollten die obersten Schulbehörden
mit den anderen zuständigen Ressorts, den nach dem
Berufsbildungsgesetz zuständigen Stellen sowie den Landes-
ausschüssen für Berufsbildung Beratungen durchführen
und Rahmenvereinbarungen treffen. Zuständigkeiten für
die Bildungsinstitutionen und Bildungsgänge der Sekundar-

[18] Vgl. Verordnung über die Anrechnung auf die Ausbildungszeit
in Ausbildungsberufen der gewerblichen Wirtschaft und der
wirtschafts- und steuerberatenden Berufe — Anrechnung eines
schulischen Berufsgrundbildungsjahres und des Besuchs
einer einjährigen Berufsfachschule (Berufsgrundbildungsjahr-
Anrechnungs-Verordnung) vom 4. Juli 1972, BGBl I 1972, S. 1151—1154.

stufe II sollten auf Landesebene in Bildungsbehörden (Kultusministerien) zusammengefaßt werden.

Die dort anfallenden Aufgaben der Bildungsverwaltung in der Sekundarstufe II können in Flächenstaaten nicht alle unmittelbar von Landesbehörden wahrgenommen werden. Damit sind vielmehr vorhandene Mittelbehörden der Bildungsverwaltung zu betrauen. Zu den dort bereits bestehenden Aufgaben (z. B. Schulaufsicht) käme hinzu, einerseits Maßnahmen entsprechend den auf Landesebene getroffenen Rahmenvereinbarungen durchzuführen, andererseits lokal vorbereitete Vereinbarungen zu prüfen und gegebenenfalls für deren Durchführung entsprechende Rechtsgrundlagen zu schaffen (z. B. Absprachen über Lernprogramme und deren gemeinsame Durchführung zwischen benachbarten Schulen oder Schulen und Lehrwerkstätten bzw. Betrieben).

Diese Mittelbehörden der Kultusverwaltungen (Regierungspräsidenten oder Oberschulämter) sollen dabei besonders mit Schulleiterkonferenzen, Berufsbildungsausschüssen, Kammern, Sozialpartnern, Lehrern, Eltern- und Schülervertretern zusammenarbeiten. Zu ihren Koordinationsaufgaben würde es zum Beispiel gehören, die regionalen Einzugsbereiche für schulische Zentren und Lehrwerkstätten aufeinander abzustimmen. Ferner müßten Informationen gesammelt und mit entsprechenden Anregungen zur Festlegung und Organisation des regionalen Lernangebots an die oberste Landesverwaltungen weitergegeben werden, damit dort über das Gesamtprogramm aufgrund sachgemäßer Vorschläge entschieden werden kann (z. B. bei der Einrichtung von Bezirksfachklassen und der Zusammenarbeit der Studienseminare). Um den zuständigen Behörden solche Vorschläge machen zu können, ist die Zusammenarbeit benachbarter Regionen anzustreben.

4.6.3   Lokale Ebene

Soweit sich auf lokaler Ebene bereits Kooperationsformen gebildet haben, sollten sie unterstützt, entwickelt und erweitert werden. Folgende Aufgaben kommen dafür in Betracht: Die verschiedenen Schulen (z. B. Lehrer und Schüler verschiedener beruflicher Schulen und der gymnasialen Oberstufen) sollten die Organisation ihrer Lernprogramme so abstimmen, daß gemeinsame Lernveranstaltungen unter der Leitung von Lehrern der kooperierenden Schulen (z. B. in der Muttersprache, in Fremdsprachen, im

Sprachlabor einer der Schulen, im Sport) zustande kommen. Durch entsprechende Absprachen können auch bestehende Einrichtungen einer Schule durch Lernende und Lehrer anderer Schulen mitgenutzt werden (z. B. Labors, Werkstätten und Übungsräume, Videoanlagen, Kleincomputeranlagen).

Branchengleiche Betriebe können aufgrund von Absprachen ihre Ausbildungsprogramme aufgliedern. In den Absprachen müßten die Teile, die ein bestimmter Betrieb übernimmt, festgelegt werden.

Zwischen einzelnen Schulen und einzelnen Betrieben kann eine engere Zusammenarbeit organisiert werden. Diese Zusammenarbeit dient der Abstimmung der Lernangebote sowohl für Lernende, die einen Ausbildungsvertrag mit dem Betrieb abgeschlossen haben, als auch für Lernende, die eine zeitlich befristete Teilnahme am Lernprogramm des Betriebs wünschen, jedoch in keinem Vertragsverhältnis zum Betrieb stehen. Die Zusammenarbeit kann durch Absprachen und auch durch Patenschaftsverträge geregelt werden. Sofern Lehrwerkstätten vorhanden sind, können durch Absprachen zwischen verschiedenen Lernortträgern die vorhandenen Ausbildungsplätze in diesem Lernort besser genutzt werden.

Durch eine Zusammenarbeit aller Lernortträger beziehungsweise Lernorte auf lokaler Ebene können schließlich die geltenden Lehrpläne und Ausbildungsordnungen entsprechend den lokalen Bedingungen und Möglichkeiten konkretisiert und aufeinander abgestimmt werden. Möglicherweise können durch entsprechende Absprachen auch gemeinsame Programme in Schulen, Betrieben und Lehrwerkstätten unter Bewahrung lernortspezifischer Ausgestaltung für bestimmte Programmteile entwickelt werden. In einem solchen Gremium kann eine verstärkte und aufeinander abgestimmte Nutzung der jeweiligen kulturellen und sozialen Einrichtungen vorbereitet werden (z. B. Volkshochschulen, Bibliotheken, Museen, Jugendzentren, Sport- und Spielstätten).

Vertreter der verschiedenen Lernortträger und der Berufsbildungsausschüsse sollten die an einem Lernort Lernenden über die Lernprogramme an anderen Lernorten informieren. Ferner können auch die Betriebe sich gegenseitig über die Errichtung ausbildungsbezogener Arbeitsplätze informieren und sich gegebenenfalls abstimmen. Interessierte Lehrer, Ausbilder und mögliche Träger eines Lernorts Studio können Angebote für den Lernort Studio vorbereiten, den Aufbau eines solchen Lernorts anregen und planerisch begleiten. Sie sollten sich zu diesem Zweck mit der Kommunalverwaltung (Schul-, Jugend- und Kulturreferat) in Verbindung setzen mit dem Ziel, vorhandene kommunale Einrichtungen für die Entwicklung des Lernorts nutzen zu können.

Sofern Kooperations- und Koordinationsformen dieser Art nicht durch Initiativen der Lehrenden oder Träger zustande kommen, sollten die zuständigen Bildungsverwaltungen nach Absprache dazu Anregungen und Hilfestellung geben.

Anhang

Vorwort

Der Anhang ist nicht Teil der Empfehlung. Im Verlauf der
Diskussion, die in den Ausschüssen „Berufliche Bildung"
und „Lernprozesse (Sekundarstufe II)" im Zusammenhang
mit der Entstehung der Empfehlung geführt worden sind,
hat sich eine Reihe von Themen abgehoben, die einer aus-
führlicheren Erörterung bedürfen. Einige dieser Themen
sind in Gutachten behandelt worden, die die Bildungskommission in Auftrag gegeben hat. Für andere Themen
haben Mitglieder der Ausschüsse und beteiligte Experten
Diskussionspapiere vorgelegt. Die Ergebnisse dieser Diskussionen zu sieben Fragekreisen: Jugendliche mit besonderem Lernverhalten, Schwerpunkt, Berufliche Grundbildung, Lernort Studio, Qualifikationen, Beratung,
Regionale Faktoren sind von den Autoren der entsprechenden Diskussionspapiere in eine erweiterte Darstellung ein-
gearbeitet worden.

Die Texte des Anhangs erscheinen unter der Verantwortung der Autoren. Die Bildungskommission hat von den
Beiträgen Kenntnis genommen.

Walter Bärsch

Bildung und Ausbildung Jugendlicher mit besonderem Lernverhalten
(Behinderte und sozial Benachteiligte)

Gliederung:
Vorbemerkung
1. Der Personenkreis
2. Das Ziel der Bildung und Ausbildung Jugendlicher mit besonderem Lernverhalten
3. Gültigkeit der für die Sekundarstufe II konstitutiven Merkmale
4. Die spezielle Beratung
5. Systematische Erforschung des Lernverhaltens

Vorbemerkung
Der grundlegende Wandel, in dem sich Bildung und Aus-bildung für Jugendliche befinden, gestattet noch keine differenzierten Aussagen über die künftige Struktur der Bildung und Ausbildung Jugendlicher mit besonderem Lernverhalten. Es lassen sich lediglich globale Anmerkun-gen machen über die Bedeutsamkeit der ausstehenden Auf-gaben, die bisher weithin vernachlässigt worden sind, und über Grundtendenzen zur adäquaten Förderung Jugend-licher mit besonderem Lernverhalten im Bereich der künf-tigen Sekundarstufe II.

1. Der Personenkreis
Zu den Jugendlichen mit besonderem Lernverhalten ge-hören Jugendliche
— mit Störungen im Bereich der Lern- und Leistungs-motivation,
— mit Störungen im affektiven Bereich,
— mit Behinderungen beziehungsweise Störungen im Bereich der Intelligenz,
— mit Behinderungen beziehungsweise Störungen im Bereich der Sprache,
— mit Behinderungen im Stütz- und Bewegungssystem,
— mit Behinderungen im Bereich der Sinnesorgane,
— mit sonstigen Organschäden.
Die Störungen im Bereich der Lern- und Leistungsmoti-vation, im affektiven Bereich, im Bereich der Intelligenz und im Bereich des Sprechens sind in der Regel die Folge eines anregungsarmen sozialen Milieus beziehungsweise einer falschen Erziehung in der Familie beziehungsweise

in der Schule. Sie können prinzipiell durch pädagogisch-therapeutische Maßnahmen verbessert beziehungsweise behoben werden.

Die Behinderung im Bereich der Intelligenz, des Sprechens, des Stütz- und Bewegungssystems, der Sinnesorgane und die sonstigen Organschäden sind konstitutionell bedingt, also anlagebedingt oder die Folge von Unfällen oder Krankheiten. Diese Behinderungen können durch pädagogisch-therapeutische Maßnahmen nicht behoben werden.

Die Jugendlichen mit besonderem Lernverhalten haben jeweils ihre speziellen Schwächen
— im Bereich des Lern- und Leistungsverhaltens,
— im Bereich des Sprachverhaltens,
— im Bereich des Sozialverhaltens,
— im Bereich der Motorik und damit auch zum Teil im Bereich der Mobilität.

Außerdem ist bei einem großen Teil dieser Jugendlichen die Berufswahlreife nur mangelhaft entwickelt.

Von der pädagogischen Aufgabenstellung her wären zu unterscheiden
— Jugendliche, die im wesentlichen aufgrund sozialer Bedingungen in ihrem Lernverhalten beeinträchtigt sind und daher im besonderen eines Ausbildungssystems bedürfen, in dem ihre Sozialisationsdefizite ausgeglichen werden können,
— von solchen Jugendlichen, deren Lernverhalten durch relativ irreversibel gegebene Behinderungen bestimmt ist, die also im wesentlichen durch behinderungsbezogene und kompensatorische Ausbildungsmaßnahmen gefördert werden müssen.

Exkurs: Das Jungarbeiter-Problem

Ein Teil der Jugendlichen, die aufgrund sozialer Bedingungen in ihrem Lernverhalten beeinträchtigt sind, gehören derzeit zur Gruppe der „Jungarbeiter".

„Jungarbeiter" bilden eine Randgruppe sowohl im berufsbildenden Schulwesen als auch im Beschäftigungssystem. Sie stehen nicht in einem anerkannten Ausbildungsverhältnis, sind nicht auf einen bestimmten Beruf hin orientiert, wechseln oft den Arbeitsplatz, helfen im Familienbetrieb oder sind vollständig ohne Beschäftigung.

Die Gruppe der Jungarbeiter ist aber nur zu einem Teil identisch mit der Gruppe der Jugendlichen, die durch ein besonderes Lernverhalten gekennzeichnet sind. Das besondere Lernverhalten ergibt sich primär aus konstitutionell beziehungsweise sozial bedingten persönlichen Merkmalen des Lernenden. Zum Jungarbeiter werden Jugend-

liche aber primär durch ihre sozioökonomische Situation,
durch Merkmale des Beschäftigungssystems und der berufsbildenden Schule, also durch Merkmale ihrer sozialen Situation. In der berufsbildenden Schule macht die Gruppe der
Jungarbeiter rund 15 % aus. (Andere Autoren nennen
25 %.) Es gibt aber einen bedeutsamen Unterschied zwischen den männlichen und den weiblichen Berufsschülern.
Bei den männlichen Berufsschülern ist der Anteil der Jungarbeiter rund 8 % und bei den weiblichen rund 24 %. Nach
einer Untersuchung des Statistischen Bundesamtes in den
Jahren 1958 bis 1965 kamen rund 33 % der männlichen
und 13 % der weiblichen Jungarbeiter aus einer Sonderschule für Lernbehinderte. Lediglich diese Gruppe könnte
man als Lernbehinderte zu den Jugendlichen mit einem besonderen Lernverhalten rechnen. Wie groß die Gruppe genau ist, kann nicht gesagt werden, und zwar deshalb nicht,
weil die Gruppe der Lernbehinderten präzise nur schwer
zu definieren ist.

Für die Jungarbeiter, die nicht zur Gruppe der Lernbehinderten zu rechnen sind, spielen andere Faktoren eine
Rolle, so zum Beispiel
— die fehlende Berufs(wahl)reife,
— kein Hauptschulabschluß,
— keine Motivation für die Arbeit,
— ein zu wenig differenziertes Berufsangebot in wirt-
schaftlich nur gering erschlossenen Gebieten,
— ein Angebot an ökonomisch attraktiven ungelernten
Tätigkeiten,
— die Undurchschaubarkeit der Arbeitswelt und damit
eine mangelhafte Information über die Berufsmöglichkeiten,
— die Mitarbeit im Familienbetrieb, vor allem in länd-
lichen Gebieten,
— ein zu wenig differenziertes Berufsangebot für die weiblichen Jugendlichen.

Die Jugendlichen, die derzeit zur Gruppe der Jungarbeiter gehören, konnten im bisherigen Bildungs- und
Ausbildungssystem nicht in angemessener Weise pädagogisch gefördert werden, im wesentlichen aus folgenden
Gründen:
— Für die Jugendlichen, die die Hauptschule ohne regulären Abschluß verlassen mußten, gibt es kaum die Möglichkeit, diese Qualifikation nachzuholen.
— Die Berufsschule versteht sich als Teil der Ausbildung
zu einem bestimmten Beruf. Sie kann daher den Jungarbeitern (da ohne Ausbildungsvertrag) ein ihrer Arbeitssitua-

tion angemessenes Lernangebot nicht machen. Die Jungarbeiter wechseln sehr oft ihren Arbeitsplatz und damit
häufig auch das Berufsfeld.
— In der bisherigen Ausbildung zum Beruf gibt es nur die
Möglichkeit, sich im ganzen für einen Beruf zu qualifizieren. Entsprechend hoch und umfassend müssen die Anforderungen sein. Teilqualifikationen gibt es bisher kaum.
— Die Berufsschule kennt nicht das Prinzip der Individualisierung. Sie hat damit nicht die Möglichkeit, auf
Jugendliche mit geringer Lernmotivation besonders einzugehen und sie für das Lernen zu motivieren.
— Für den Betrieb sind die Jungarbeiter keine pädagogische Aufgabe. Dort werden sie als Arbeitskräfte benutzt.
Der Berufsschultag wird daher primär als eine Störung
empfunden.

Das Konzept für eine neue Sekundarstufe II wird eine
neue Situation schaffen. Nach diesem Konzept kann es den
Jungarbeiter im bisherigen Sinn als Folge der Verhältnisse
im Bildungswesen, in dem Beschäftigungssystem und als
Folge der sozioökonomischen Situation des Jugendlichen
nicht mehr geben, und zwar aus folgenden Gründen:
— In der neuen Sekundarstufe II, in der Ausbildung und
Bildung zusammengefaßt sind und für die eine Bildungspflicht bis zum Ende des 11. Bildungsjahres besteht, wird
jedem Lernenden die Möglichkeit gegeben, einen mindestens zweijährigen Bildungsgang zu durchlaufen, und zwar
unabhängig von den Verhältnissen im Beschäftigungssystem. Die Fachqualifikation für alle Lernenden ist das
wesentliche Element der Sekundarstufe II.
— Damit erhalten alle Jugendlichen — unabhängig von
ihrer sozioökonomischen Situation oder den wirtschafts-
strukturellen Verhältnissen — ihre Berufsbildungschance.
— Auch die weiblichen Jugendlichen haben dann die
gleichen Chancen wie die männlichen.
— Die Individualisierung der Lernprozesse und damit das
Eingehen auf das individuelle Lernverhalten und die Leistungsfähigkeit jedes einzelnen ist ein Grundprinzip der
neuen Sekundarstufe II. Das bedeutet: es wird möglich sein,
auch die Jugendlichen mit geringer Lernmotivation oder
einem anderen besonderen Lernverhalten wieder neu für
das Lernen zu motivieren und auch denen, die bisher in der
Schule gescheitert sind, eine Chance für den Lernerfolg zu
geben.
— In gleichem Sinne wird sich das Prinzip des Handlungs-
bezugs auswirken. Es besagt, daß jedes Lernen in der Sekundarstufe II nicht nur reflexionsbezogen sondern immer

auch handlungsbezogen sein wird. Ausschließlich kognitiv bestimmtes Lernen, für das die bisherigen Jungarbeiter kaum oder gar nicht motiviert waren, wird es nicht mehr geben. Jeder Lernprozeß wird Handlungselemente enthalten, durch die der bisherige Jungarbeiter stärker zu motivieren sein wird.

— Die Sekundarstufe II bietet die Möglichkeit, den Abschluß der Sekundarstufe I nachzuholen.

— Alle Jugendlichen erhalten eine berufliche Grundbildung, durch die jeder Jugendliche — auch dann, wenn er den Fachabschluß A oder B nicht erreichen sollte — bestimmte für den Einsatz im Beschäftigungssystem nützliche Fertigkeiten erlernen kann und dafür auch ein Zeugnis erhält.

— In der künftigen Sekundarstufe II kann also praktisch jeder eine berufliche Qualifikation erwerben.

Wir fassen zusammen: Ein Teil der Jugendlichen wurde bisher vor allem durch ihre sozioökonomische Situation, die Merkmale des Beschäftigungssystems und der berufsbildenden Schule zu Jungarbeitern. Nach der Konzeption der neuen Sekundarstufe II werden alle diese Gründe bedeutungslos. Jeder bekommt die Chance für eine berufliche Qualifikation. Damit wird es in Zukunft die Jungarbeiter im bisherigen Sinn nicht mehr geben, wohl aber immer noch die Jugendlichen mit einem besonderen Lernverhalten. Nur ein Teil dieses Personenkreises — vor allem aus der Gruppe der Lernbehinderten — gehört bisher zu den Jungarbeitern.

2. Das Ziel der Bildung und Ausbildung Jugendlicher mit besonderem Lernverhalten

Das Unbefriedigende des gegenwärtigen Zustandes ist unter anderem darin zu sehen, daß für einen großen Teil der Jugendlichen mit besonderem Lernverhalten keine oder nur unzulängliche Einrichtungen für eine adäquate Berufsausbildung bestehen. Sehr vielen Jugendlichen dieser Gruppe wurden bisher nicht die ihren Fähigkeiten entsprechenden Chancen geboten. Die Folge war, daß sie sich wesentlich ungünstiger entwickelten, als es nach Art und Schwere der Störung beziehungsweise Behinderung zu erwarten gewesen wäre, und daß für sie die Gefahr größer wurde, sozial diskriminiert und randständig zu werden.

Die Berufsberatung Behinderter konnte bisher aufgrund der bestehenden Ausbildungsunzulänglichkeiten einerseits und des Angebots an ökonomisch attraktiven „ungelernten" Tätigkeiten andererseits nicht voll wirksam werden.

Die zum Teil traditionsreichen speziellen Einrichtungen der Berufsbildung für bestimmte Behindertengruppen, zum Beispiel für Blinde, Gehörlose und Körperbehinderte, befinden sich insofern in einer Umstrukturierung, als im Zuge der sich abzeichnenden Integration berufsbezogener und studienbezogener Ausbildung neue Berufsfelder und curriculare Verflechtungen mit den Einrichtungen der allgemeinen Sekundarstufe II erschlossen werden müssen.

Es muß das Ziel einer künftigen Sekundarstufe II sein, auch den Jugendlichen mit besonderem Lernverhalten so viele Lernmöglichkeiten und zusätzliche Hilfen zu bieten, daß auch sie eine ihren Möglichkeiten entsprechende Qualifikation erreichen können. Es ist zu erwarten, daß in Zukunft dieser Personenkreis durch intensivere Fördermaßnahmen im Elementarbereich, im Primarbereich und im Sekundarbereich I besser vorbereitet als bisher in die Sekundarstufe II eintreten kann.

Auch die behinderten Jugendlichen haben einen Anspruch auf
— eine Fachkompetenz,
— eine politisch-gesellschaftliche Kompetenz und
— eine humane Kometenz.

In allen diesen Kompetenzbereichen ergibt sich die Profilierung der einzelnen Kompetenzen dadurch, daß neben den mit der Kompetenz gegebenen allgemeinen Zielvorstellungen zugleich die individuellen Möglichkeiten der Jugendlichen mit besonderem Lernverhalten beachtet werden. Die curricularen Vorgaben und das Wahlangebot müssen diesem Sachverhalt Rechnung tragen.

3. Gültigkeit der für die Sekundarstufe II konstitutiven Merkmale

Es wird zu prüfen sein, inwieweit die Merkmale einer künftigen Sekundarstufe II für die Jugendlichen mit besonderem Lernverhalten geeignet sind, das heißt, es ist zu prüfen, wie weit und unter welchen besonderen Umständen diese Jugendlichen in die Lernprozesse der Sekundarstufe II integriert werden können beziehungsweise gesondert gefördert werden müssen.

Im Sinne einer allgemeinen Orientierung soll folgendes festgestellt werden:
a) Das für die künftige Sekundarstufe II konstitutive Merkmal der Integration von Ausbildung und Bildung und damit die Integration von handlungsbezogenem und reflexions-

bezogenem Lernen gilt im Prinzip auch für die Jugendlichen mit besonderem Lernverhalten. Welchen Stellenwert jeweils das handlungsbezogene beziehungsweise reflexionsbezogene Lernen hat, hängt von dem kognitiven Potential des Jugendlichen ab, das heißt, der Stellenwert des reflexionsbezogenen Lernens wird um so geringer sein, je kleiner das kognitive Potential des Jugendlichen ist. In dieser Beziehung wäre die extremste Situation für den Geistigbehinderten festzustellen.

b) Im Prinzip gilt für diesen Jugendlichen auch die Forderung nach einer Didaktik der Wissenschaftsorientiertheit. Aber auch hier wird der Stellenwert der Wissenschaftsorientiertheit durch das kognitive Potential des Jugendlichen bestimmt.

c) Von besonderer Bedeutung für die Jugendlichen mit besonderem Lernverhalten ist das Prinzip der Individualisierung. Diese Jugendlichen lernen in jedem Falle unter erschwerten Bedingungen. Aus diesem Grunde müssen sowohl die curricularen Vorgaben und die didaktischen Prinzipien als auch die Methoden des Lehrens in höchstem Maße den beim Jugendlichen vorhandenen Lernbedingungen angepaßt werden.

Dafür ist in hohem Maße das für die Sekundarstufe II geforderte Kurssystem geeignet. Es muß so organisiert werden, daß es neben den sich aus der Erreichung bestimmter Kompetenzen sachlogisch ergebenden curricularen Elementen auch solche enthält, die auf die Lernmotivationslage des Jugendlichen und seine speziellen Möglichkeiten beziehungsweise Unmöglichkeiten Rücksicht nimmt. Das heißt: Die curricularen Elemente des Kursangebotes ergeben sich einmal aus der angestrebten Kompetenz und zum anderen aus den Störungen beziehungsweise Behinderungen und damit dem Lernverhalten beim einzelnen Jugendlichen.

Neben den störungs- beziehungsweise behinderungsspezifischen Inhalten muß das Kurssystem die Angebote auch auf einem Niveau anbieten, das der individuellen Lernfähigkeit entspricht. Außerdem sind die Lehr- und Lernmethoden dem Lernverhalten der Jugendlichen anzupassen. Das bedeutet
— Einsatz von Sonderschullehrern,
— Einsatz von Lehrern und Ausbildern mit einer zusätzlichen sonderpädagogischen Qualifikation,
— Einrichtung von Förderkursen für Jugendliche mit temporären Lernstörungen innerhalb bestimmter Kurse,
— Einrichtung von Kursen zur störungs- beziehungsweise

behinderungsspezifischen Förderung für diejenigen Jugendlichen, die im Bereich ihrer Störung beziehungsweise Behinderung noch zusätzlich gefördert werden müssen. Das
kann zum Beispiel ein Artikulationstraining für schwerhörige Jugendliche, eine spezifische Bewegungstherapie für
körperbehinderte Jugendliche oder Gruppentherapie für
verhaltensgestörte Jugendliche sein.
— Einsatz von spezifischen Lehrmitteln, so zum Beispiel
von Büchern in Blindenschrift für Blinde und so weiter,
— Einsatz von Medien zur Verbesserung der Möglichkeit,
im Unterricht differenzieren zu können,
— Einsatz spezieller Apparaturen, soweit sie als Ausgleich
für bestimmte mit einer Behinderung gegebenen Schwächen
notwendig sind, zum Beispiel die Ausstattung von Lehrräu-
men mit elektro-akustischen Geräten für Schwerhörige,
elektronische Arbeitshilfen für Blinde, Spezialvorrichtun-
gen für Körperbehinderte und so weiter,
— behinderungsspezifische Einrichtung der Gebäude, besonders wichtig für körperbehinderte Jugendliche.
　　Es ist sinnvoll, die Zusatzmaßnahmen nicht in allen
Lernorten, sondern nur schwerpunktmäßig in einzelnen
Lernorten zur Verfügung zu stellen. Das bedeutet: Für die
zusätzliche Förderung einzelner Behindertengruppen werden nur jeweils bestimmte Lernorte entsprechend personell,
apparativ und baulich ausgestattet. Durch die Größe der
Behindertengruppe wird bestimmt, wieviele Lernorte
innerhalb einer Region behinderungsspezifisch ausgestattet
werden müssen.
　　Die in der Sekundarstufe II angebotenen fachlichen
Schwerpunkte müssen ebenfalls an den Möglichkeiten des
behinderten beziehungsweise gestörten Jugendlichen orientiert sein. Für die einzelnen Gruppen kommen jeweils bestimmte Schwerpunkte mehr in Frage als andere. Das hängt
neben den individuellen Möglichkeiten außerdem von den
Verhältnissen in der Arbeitswelt ab. Vor allem der Anteil
an Technologie innerhalb der einzelnen Berufsfelder macht
es heute vielfach möglich, daß Schwächen der Behinderten
durch technologische Elemente weitgehend ausgeglichen
werden können. Auf der anderen Seite kann man aber zum
Beispiel einen Körperbehinderten nicht für eine Tätigkeit
ausbilden, in der er körperlich mobil sein muß. Hier ist es
notwendig, ein angemessenes Angebot innerhalb des
Schwerpunktes zu machen. Gleichzeitig ist es notwendig,
die Arbeitswelt daraufhin zu überprüfen, wieweit es möglich ist, neue für Behinderte geeignete Tätigkeitsbereiche
einzurichten.

Für den behinderten beziehungsweise gestörten Jugendlichen ist ein Wahlbereich von besonderer Bedeutung. Zunächst einmal ist für ihn — wie für jeden Jugendlichen — der Wahlbereich eine Möglichkeit für
— die Unterstützung der Arbeit im Schwerpunkt,
— den Aufbau eines zweiten Schwerpunktes,
— den Ausgleich von Schwächen innerhalb des gewählten Schwerpunktes,
— die Aufstockung einer beruflichen Erstqualifikation zu einer daraus zu entwickelnden Studienqualifikation,
— die Aufstockung eines studienvorbereitenden Schwerpunktes zu einer Berufsqualifikation,
— die Kompensation gegenüber der fachlich stark konzentrierten Arbeit im Schwerpunkt,
— den Ausgleich gegenüber den intellektuell-kognitiven Anforderungen im Schwerpunkt durch zusätzliche künstlerische, sportliche oder manuell-technische Aktivitäten.

Von besonderer Bedeutung wird der Wahlbereich für die gestörten und behinderten Jugendlichen aber als sogenannte kompensatorische Entlastung. Im Wahlbereich können die Jugendlichen die Möglichkeiten aktivieren, die ihnen noch verblieben sind, in denen sie Erfolgserlebnisse haben und durch welche sie sich selbst bestätigen können. Der Wahlbereich hilft vor allem dem Behinderten, einen Ausgleich gegenüber dem ihm Unmöglichen zu erhalten. Er hat für ihn sowohl motivierende als auch therapeutische Bedeutung und wird somit eine entscheidende Voraussetzung für die Entwicklung seiner humanen Kompetenz, die zusätzlich zum Ziel haben muß, den Behinderten zu befähigen, mit seiner Behinderung in einer Welt der Nichtbehinderten leben zu können.

Die Möglichkeit, das Lerntempo individuell dem besonderen Lernverhalten dieser Jugendlichen anzupassen, ist ebenfalls bedeutsam. Vor allem für manche Gruppen der Behinderten wird es notwendig sein, die Verweildauer in der Sekundarstufe II gegenüber der Norm von drei Jahren um ein oder zwei Jahre zu verlängern. Für die nur sehr gering lernmotivierten Jugendlichen ist eine Mindestverweildauer von zwei Jahren vorzusehen.

d) Wichtig für die Jugendlichen mit besonderem Lernverhalten ist die Möglichkeit innerhalb der Sekundarstufe II, auch die Qualifikationen zu „individualisieren". Das Ziel sollte es sein, jedem Jugendlichen aus dieser Gruppe entweder eine vollständige Fachkompetenz oder mindestens eine Qualifikation für bestimmte beruflich relevante Fer-

tigkeiten (Fertigkeitszeugnis) zum Beispiel für die Tätigkeit des Schweißers, des Kraftfahrers und so weiter zu ermöglichen. Das wird aber nur zu erreichen sein, insofern man
— die bisher üblichen Globalqualifikationen aufhebt und in Teile von Qualifikationen mit speziellen Zeugnissen zerlegt und
— das Prinzip einer beruflichen Grundbildung, wie es im Strukturplan durch den Deutschen Bildungsrat 1970 vorgeschlagen wurde, für alle Lernenden der Sekundarstufe II verbindlich macht.

Das würde bedeuten, daß jeder Jugendliche die Chance bekäme, eine berufliche Grundbildung zu erhalten, zu der als Mindestmöglichkeit die Ausbildung für eine bestimmte Fertigkeit mit anerkanntem Zeugnis gehören sollte. Diese Grundbildung könnte der Jugendliche aber auch durch weitere Qualifikationen bis zur Erreichung einer Fachqualifikation ausbauen. Damit gäbe es dann praktisch den Jugendlichen ohne Ausbildung und ohne jede Qualifikationen nicht mehr.

e) Grundsätzlich ist für die Jugendlichen mit besonderem Lernverhalten auch zu bejahen, daß die Sekundarstufe II in verschiedene Lernorte ausgelegt ist. Das bedeutet:
Für einen Teil der Behinderten (z. B. für Lernbehinderte, Verhaltensgestörte und Sprachgestörte) wird eine Vollintegration in die in verschiedene Lernorte ausgelegte Sekundarstufe II möglich sein.

Für einzelne behinderte Gruppen muß aber das Prinzip „Pluralität der Lernorte" modifiziert werden, wenn
— die Mobilität durch Behinderungen stark eingeschränkt ist (z. B. bei Körperbehinderten und Mehrfachbehinderten),
— spezielle Lehrverfahren angewendet werden müssen und deshalb Lehrer und Ausbilder mit einer sonderpädagogischen Zusatzausbildung zur Verfügung stehen müssen (z. B. für Gehörlose),
— eine zusätzliche apparative Ausstattung notwendig ist (z. B. für Schwerhörige und Blinde),
— bauliche Sondermaßnahmen erforderlich sind (z. B. für Körperbehinderte) und
— das geistige Potential eine Adaptation an verschiedene Lernorte unmöglich macht (z. B. bei Geistigbehinderten).

Folgende Modifikationen des Prinzips „Pluralität der Lernorte" sind notwendig:
Für behinderte Jugendliche, die ausreichend mobil sind und die die notwendige Adaptationsfähigkeit haben, aber für die eine zusätzliche apparative Ausstattung beziehungsweise

spezielle Lehrverfahren mit den dazu befähigten Lehrern und Ausbildern erforderlich sind, müssen innerhalb der organisierten Sekundarstufe II schwerpunktartig bestimmte Lernorte apparativ und personell für eine Behindertengruppe zusätzlich ausgestattet werden. Das gilt vor allem für die Gruppe der Sinnesbehinderten. Außerdem müssen in diesen Lernorten auch das Kursangebot, die Schwerpunkte und der Wahlbereich für die jeweilige Behindertengruppe spezifisch organisiert werden (additive Angliederung mit Teilintegration).

Für Jugendliche, deren Mobilität eingeschränkt ist, die aber eine ausreichende Adaptationsfähigkeit haben, sind Bildung und Ausbildung und damit die Funktionen der verschiedenen Lernorte auf nur eine Stelle innerhalb der Sekundarstufe II zu beschränken. Dieser Lernort sollte räumlich die notwendigen baulichen Sondermaßnahmen enthalten und — wenn notwendig — apparativ und personell zusätzlich ausgestattet sein. Das kommt vor allem für die Körperbehinderten in Frage.

Auch in diesem Modell müssen das Kursangebot, die Schwerpunkte, der Wahlbereich und das Beratungssystem behinderungsspezifisch organisiert sein (additive Angliederung ohne Teilintegration).

Jugendliche mit nur sehr geringer Adaptationsfähigkeit, zum Beispiel die geistig Behinderten und/oder Jugendliche mit extrem eingeschränkter Mobilität erhalten ihre Ausbildung in Werkstätten für Behinderte außerhalb der organisierten Sekundarstufe II. Die Ausbildung im Rahmen dieser Werkstätten steht unter der Leitung eines sonderpädagogisch qualifizierten Ausbilders. Die Werkstätten müssen außerdem baulich, apparativ und personell für diesen Personenkreis entsprechend ausgestattet sein (Separierung).

4.   **Die spezielle Beratung**
Eine besonders wichtige Bedeutung hat für die Jugendlichen mit besonderem Lernverhalten neben der sonderpädagogischen Betreuung und der apparativen Hilfen die Beratung. Sie ist notwendig als
— ärztliche Beratung einschließlich einer medizinischen Therapie,
— psychologische Beratung einschließlich einer Psychotherapie,
— Berufsberatung,
— Rehabilitations-Beratung.

Aufgabe der ärztlichen Beratung ist die Feststellung des organischen Zustandes mit den sich daraus ergebenden Defiziten im Verhaltensrepertoire und den noch verbliebenen Möglichkeiten; laufende Überprüfung der Auswirkung der Lernprozesse auf den Behinderten beziehungsweise Gestörten; Beratung des Behinderten in bezug auf die Lern- und Berufsmöglichkeiten; Beratung der Kollegleitung in bezug auf die Angemessenheit der pädagogischen Maßnahmen; medizinisch-therapeutische Betreuung dort, wo es notwendig ist.

Aufgabe der psychologischen Beratung ist die Feststellung der Begabungsstruktur, der sonstigen Persönlichkeitsmerkmale und der psycho-sozialen Situation; kontinuierliche Überprüfung der Lernerfolge; Beratung des Gestörten beziehungsweise Behinderten und seiner Eltern in bezug auf die Nutzung der Lernangebote und in bezug auf die Berufsmöglichkeiten; Beratung der Kollegleitung bei der Planung und Durchführung spezieller pädagogischer Maßnahmen für einzelne Jugendliche. Außerdem ist es Aufgabe der psychologischen Beratung, dort psychotherapeutische Hilfe zu leisten, wo der einzelne Jugendliche durch die Situation psychisch überfordert wird.

Aufgabe der Berufsberatung ist es, dem Jugendlichen einen Überblick über die Berufsmöglichkeiten zu geben und ihm zu helfen, sich für einen Beruf zu entscheiden, der für ihn aufgrund seiner Möglichkeiten geeignet ist.

Der Rehabilitationsberater steht dem Gestörten beziehungsweise Behinderten für die Dauer der Sekundarstufe II als persönlicher Berater zur Verfügung. Unter Verwendung der ärztlichen und psychologischen Befunde und mit Hilfe des Wissens um die Situation in der Arbeitswelt stellt der Rehabilitationsberater zusammen mit dem Jugendlichen den Bildungs- und Ausbildungsplan zusammen; er vertritt — wenn nötig — den Jugendlichen gegenüber den Eltern und den Lernorten, hält Kontakt mit den Lehrkräften und Ausbildern, übernimmt fürsorgerische Funktionen, hilft dem Jugendlichen nach Beendigung der Sekundarstufe II beim Übergang in die Arbeitswelt oder in den tertiären Bereich und unterstützt den Jugendlichen bei der Freizeitgestaltung und der gesellschaftlichen Eingliederung.

Ärztliche Beratung, psychologische Beratung, Berufsberatung und Rehabilitationsberatung für Jugendliche mit besonderem Lernverhalten sollten prinzipiell an jedem Beratungsdienst der Sekundarstufe II vertreten sein. Für spezielle Beratungen der Behinderten, die nur bestimmte Lernorte besuchen, müßten entsprechende Beratungsfachleute — zum Beispiel für Schwerhörige, Körperbehinderte und so weiter — auch nur in diesen Lernorten zur Verfügung stehen.

Grundsätzlich ist die Beratung für behinderte Jugendliche Teil des Gesamt-Beratungsdienstes in der Sekundarstufe II.

5. **Systematische Erforschung des Lernverhaltens**
Dieser Überblick macht deutlich, daß noch viele Fragen ungeklärt sind. Es ist daher zu fordern, daß die Grundprobleme der Bildung und Ausbildung Jugendlicher mit besonderem Lernverhalten in der Sekundarstufe II unter verschiedenen Aspekten systematisch erforscht werden.

Herwig Blankertz

Zur curricularen Entwicklung von Schwerpunkten

Gliederung:
1. Definition des didaktischen Begriffs „Schwerpunkt"
2. Verfahrensstrategie zur Festlegung von Schwerpunkten
3. Konstruktionsorientierungen für die Entwicklung eines Schwerpunktes

1.   **Definition des didaktischen Begriffs „Schwerpunkt" — Wahlfreiheit und curriculare Vorgaben.**
Die von der Bildungskommission vorgelegte Empfehlung zur Neuordnung der Sekundarstufe II sieht hinsichtlich der curricularen Struktur drei Lernbereiche vor:
— die Schwerpunkte, die in jedem Bildungsgang die hier zu erwerbende spezifische Fachkompetenz präsentieren,
— den obligatorischen Bereich, der die Chancengleichheit von den Lerninhalten her fördern soll und
— den Wahlbereich, der die Möglichkeit von Kompetenzerweiterung nach individuellen Interessen ermöglicht.

Dem Lernen in Schwerpunkten mißt die Empfehlung eine besondere Bedeutung bei. Verbindungen zu den beiden anderen Lernbereichen sind anzunehmen. Offensichtlich teilen die Schwerpunkte mit dem Wahlbereich das Interesse an einer Freigabe von Wahlentscheidungen der Lernenden auch über Lerninhalte. Mit dem obligatorischen Lernbereich aber sind die Schwerpunkte verknüpft durch das gemeinsame Interesse an fachübergreifenden Strukturen, aber auch dadurch, daß sich die beiden Lernbereiche komplementär zueinander verhalten, das heißt, daß — im freilich nur hypothetisch anzunehmenden Idealfall — die Obligatorik vollständig in einem Schwerpunkt enthalten sein könnte (vgl. 2.3.4.2). Die leitenden Motive der Konzeption zur Verbindung von beruflicher und allgemeiner Bildung, soweit sie curriculare Konsequenzen haben, müssen sich also in den Schwerpunkten konkret darstellen.

Zunächst soll noch einmal ohne Inanspruchnahme vorgängiger Informationen gefragt werden, was Schwerpunkte im Sinne einer Konzeption eigentlich sind. Der Empfehlungstext antwortet darauf:
„Das Lernprogramm für einen Schwerpunkt entsteht durch Zuordnungen und Zusammenstellungen von Kursen (Pflichtkursen) zu einer aufsteigenden und sich durch Wahlmöglichkeiten (Wahlpflichtkurse) verzweigenden Linie des Lernfortschrittes. Diese Linie des Lernfortschrittes ist ziel-

gerichtet durch die jeweils erstrebte Fachkompetenz"
(Seite 55). Demgemäß muß das Lernangebot in der Sekundarstufe II nach Fachkompetenzen gegliedert sein. Jede
Fachkompetenz ist dann curricular in einem Schwerpunkt
ausgelegt; der Schwerpunkt nennt also die Lerngebiete, die
vom Lernenden durchschritten werden müssen, um eine
spezifische fachliche Kompetenz zu erwerben. Daraus ergeben sich sofort zwei Folgerungen, nämlich
— erstens, daß die Wahl des Schwerpunktes dem Lernenden überlassen bleibt und
— zweitens, daß der Schwerpunkt selbst durch curriculare
Vorgaben definiert ist.

Beide Punkte bedürfen der Erläuterung, um Mißverständnisse auszuschließen, die durch den bisherigen,
wenig definierten schulpädagogischen Gebrauch der
Ausdrücke „Wahlfach", „Wahlpflichtfach", „Fachschwerpunkt", „Schwerpunktprofil" und andere mehr naheliegen. Die Tatsache, daß der Schüler seinen Schwerpunkt wählt, bedeutet nicht, daß es sich hier um Wahl-
oder Wahlpflichtfächer handelt, die um einen für alle
Lernende des gleichen Bildungsganges verbindlichen
Fächerkern gelagert wären. Dieses Verständnis von Wahl-
fächern ist auf das dritte Lernfeld, den der Kompetenzerweiterung dienenden Wahlbereich anwendbar. Bei den
Schwerpunkten handelt es sich demgegenüber gerade um
den „Kern", der aber nun seinerseits wählbar ist und die
Grundstruktur eines Bildungsganges ausmacht. Die gymnasiale Oberstufe kannte bisher Typisierungen, die dann
die ganze Schule oder Teile von ihr betrafen, etwa als altsprachlichen, neusprachlichen oder mathematisch-naturwissenschaftlichen Bereich, wobei aber ein identischer
gymnasialer Grundkanon vorausgesetzt blieb. Selbst die
KMK-Vereinbarung zur Neugestaltung der gymnasialen
Oberstufe in der Sekundarstufe II vom 7. Juli 1972, die
weitgehende Differenzierungen in einer enttypisierten
Oberstufe eröffnet, hält noch an für alle Schüler verbindlichen „Aufgabenfeldern" fest. Nun muß ein Konzept, das
den Kern durch vom Lernenden wählbare Schwerpunkte
bestimmen läßt, nicht unbedingt zu völlig abweichenden
Konsequenzen führen. Es ist möglich, ja wahrscheinlich, daß
auch der Ansatz bei Schwerpunkten bestimmte inhaltliche
Strukturen in vielen Schwerpunkten wiederkehren und so
einen „Kern" oder ein Ensemble von Aufgabenfeldern
sichtbar werden läßt. Das vom Empfehlungstext ausdrücklich thematisierte Verhältnis zwischen Schwerpunkten und
Obligatorik rechnet mit solchen Übereinstimmungen. Aber

das ordnende Prinzip für das Lernangebot und der leitende Gesichtspunkt, unter dem die curricularen Entscheidungen getroffen werden, sind anderer Art und eröffnen weiterreichende Entwicklungsspielräume. Es ist der Ansatz, der in der Berufsausbildung üblich und bewährt ist, nämlich nach der jeweils erforderlich erscheinenden fachlichen Kompetenz zu fragen und von daher das Lernprogramm aufzubauen.

Als einen ersten, nur vorläufigen Definitionsversuch läßt sich demnach festhalten, Schwerpunkte seien in Analogie zu den Lernprogrammen für die Ausbildung zu bestimmten Berufen aufzufassen. Tatsächlich müssen die Schwerpunkte strukturell so angelegt sein, daß sich die Berufsausbildung, soweit sie in die Sekundarstufe II fällt, subsumieren läßt. Schwerpunkte werden also hinsichtlich ihrer Orientierung an eine durchgängig als Maßstab dienende Fachkompetenz den gegenwärtigen beruflichen Bildungsgängen näher stehen als den Lernprogrammen der gegenwärtigen Typen gymnasialer Oberstufe. Aber wenn es, wie zu erwarten, einen Schwerpunkt „Mathematik" geben wird, so bedeutet das nicht, in diesem Schwerpunkt werde nur Mathematik gelehrt — die Gesichtspunkte der curricularen Entwicklung werden weiter unten noch erörtert werden. Wohl aber ist festzuhalten, daß für jeden Schwerpunkt eine „Leitdisziplin" angesetzt werden muß. Leitdisziplinen können, nach Maßgabe der jeweiligen Fachstruktur des Kollegs natürlich immer nur in bestimmten Grenzen, im Prinzip alle Wissenschaften, nicht nur die bisher den Gymnasialfächern korrespondierenden, und alle der Berufsqualifizierung dienenden Technologien sein.

Bevor wir diese Überlegungen weiterführen, muß zunächst noch eine andere Konsequenz aus der ersten vorläufigen Begriffsbestimmung des „Schwerpunktes" bedacht werden. Denn der Hinweis auf die Berufsausbildung macht auf eine Einschränkung der dem Lernenden zugesprochenen Wahlfreiheit hinsichtlich seines Schwerpunktes aufmerksam: Durch die Entscheidung für eine berufliche Erstqualifikation ist der Schwerpunkt im Kolleg selbstverständlich mitgewählt. Allerdings führt diese Einschränkung unter Berücksichtigung der durchgängigen Zielsetzungen auf eine Anforderung, die die Schwerpunkte im Unterschied zu den gegenwärtigen Lehrprogrammen der Berufsausbildung erfüllen sollen: Schwerpunkte sind curricular so zu entwickeln, daß Überlappungen mit anderen Schwerpunkten, Parallelen in verwandten Fachrichtungen, vor allem aber weiterführenden gleicher oder ähnlicher Fachrichtung, eintreten. Zahlreiche polyvalente Kurse in jedem Schwerpunkt, das heißt Curriculumelemente, die auch für andere Schwerpunkte anrechenbar sind, müssen Weiterführung, Ergänzung oder Schwerpunktwechsel ohne großen Zeitverlust ermöglichen.

Der Grundsatz der Wahlfreiheit für den Schwerpunkt ist aber nicht nur durch die Berufswahlentscheidung, sondern auch noch durch einen anderen Faktor eingeschränkt. Die Sekundarstufe II ist ein „offenes" System und der Eintritt setzt den erfolgreichen Sekundarabschluß I nicht zwingend voraus. Ein Teil der Lernenden der Sekundarstufe II wird den Sekundarabschluß I nicht mitbringen und darüber hinaus wird dieser Abschluß in Zukunft unterschiedliche inhaltliche Ausprägungen haben. Daraus folgt, daß das Lernangebot der Sekundarstufe II an sehr unterschiedliche Voraussetzungen anknüpfen muß, oder umgekehrt gesprochen: Die Lernenden können nur an solchen Lehrveranstaltungen teilnehmen, deren Eingangsvoraussetzungen sie erfüllen. Bestimmte Schwerpunkte können unter dieser Bedingung praktisch nur von einem Teil der Lernenden gewählt werden. Diese Einschränkung führt allerdings auch sofort auf eine Anforderung an die Schwerpunkt-Entwicklung, die die Beschränkung so zu ermäßigen hat, daß von ihr keine den Zielen der Konzeption abträgliche Wirkungen ausgehen. Die Festlegung darf dann nicht bedeuten, polyvalente Kurse zwischen Schwerpunkten, die mit ihrer Leitdisziplin an einen erfolgreichen Sekundarabschluß I anknüpfen und solchen, die das nicht tun, seien unzulässig. Das Gegenteil sollte im Rahmen des Möglichen angestrebt werden. Die Festlegung bedeutet also auch nicht, daß einem Lernenden, der die Qualifikation des Sekundarabschlusses I erst in der Sekundarstufe II erwirbt, erst von diesem Zeitpunkt an Leistungen auf die Erlangung eines Abschlusses, der, wenn nicht formell, so doch faktisch den Sekundarabschluß I voraussetzt, angerechnet werden könnten. Wird der Lernende genötigt, seine Befähigung für den Besuch eines Kurses inhaltlich nachzuweisen, so handelt es sich lediglich um eine Sicherung gegen Fehlentscheidungen solcher Wählenden, die dazu neigen, ihre Möglichkeiten zu überschätzen und Ziele anzustreben, die sie unter den gegebenen Voraussetzungen nicht beziehungsweise nicht unmittelbar erreichen können.

Nun war oben der Schwerpunkt nicht nur durch die Wahlentscheidungen der Lernenden gekennzeichnet, son-

dern auch durch „curriculare Vorgaben". Es ist zu fragen, was unter solchen „Vorgaben" zu verstehen ist. In der Empfehlung heißt es, daß Schwerpunkte durch eine auf die Fachkompetenz bezogene Linie des Lernfortschrittes zielgerichtet sind. Die Beschreibung der jeweiligen Fachkompetenz und ihre Auslegung in Lernziele und Lerninhalte ist von Faktoren abhängig, die in mindestens zwei Komplexen umschreibbar sind: Einerseits handelt es sich um für alle Schwerpunkte gleichermaßen geltende didaktische Grundsätze, andererseits um spezielle Erfordernisse des einzelnen Schwerpunktes selber. Zu den allgemeinen Grundsätzen gehören vorab die wissenschaftsorientierten Kriterien, weil ein Lernen außerhalb dieses Rahmens in keinem Fall tolerierbar ist. Der Empfehlungstext hat den von der Bildungskommission im Strukturplan bereits für die Lernprozesse aller Bildungseinrichtungen und Bildungsstufen maßgeblich gemachten Grundsatz der Wissenschaftsorientiertheit für die Sekundarstufe II genauer bestimmt. Hier muß die Bindung des Lernens an die Wissenschaft bis zur Einführung in die Reflexion auf den Erkenntnisprozeß führen: „Die methodologischen Probleme der Wissenschaften, die Charakteristika wissenschaftlichen Verhaltens und die politische Funktion der Wissenschaften im gesellschaftlichen Zusammenhang gehören dann dazu" (Seite 52). Daraus folgt, daß in jedem Schwerpunkt
— Notwendigkeit und Möglichkeit von interdisziplinärem Arbeiten von der besonderen Problematik der jeweiligen Leitdisziplin aus aufgewiesen und dafür im Lernprogramm eigene Veranstaltungen vorgesehen werden müssen, und weiter
— die Umsetzung und Verwertung von spezialisierten Wissenschaften in gesellschaftlich folgenreiche Technologien ausdrücklich einbezogen wird, das heißt, daß Schwerpunkte, deren Leitdisziplin eine „reine", dem traditionellen Verständnis zufolge nur auf zweckfreie Erkenntnis gerichtete Wissenschaft ist, bis auf berufsqualifizierende Technologien auszulegen sind, während umgekehrt Schwerpunkte, die berufsqualifizierende Technologien als Leitdisziplin ausweisen, auf Grundwissenschaften zurückzuführen sind.

Neben den allgemeinen, aus dem Prinzip der Wissenschaftsorientiertheit des Lernens abgeleiteten Grundsätzen werden für die Schwerpunktauslegung aber auch, wie bereits erwähnt, spezielle Erfordernisse berücksichtigt werden müssen. Zu diesen speziellen Erfordernissen gehören als erstes das primäre Abschlußinteresse, das die Lernenden des jeweiligen Schwerpunktes verfolgen. Denn die für den Schwerpunkt maßgebliche Fachkompetenz muß ja noch, um konkretisiert werden zu können, auf eine bestimmte Qualifikationsebene bezogen werden. Dem widerstreitet nicht, daß innerhalb der Auslegung einer Leitdisziplin mehrere Qualifikationsebenen ansetzbar sind, etwa berufliche Erstqualifikationen auf der Ebene von Fachabschlüssen A und B sowie Zulassungsqualifikationen zum Hochschulbereich. Im Bereich von „Wirtschaftswissenschaften" beispielsweise wird es eine größere Zahl von Schwerpunkten geben, die sich aufgrund der besonderen Erfordernisse des primären Abschlußinteresses im Bereich kaufmännisch-verwaltender Berufe oder Studieninteressen unterscheiden, während sie gleichzeitig über ihre Leitdisziplin vielfach zusammenhängen und eben dadurch leichte Übergänge und Weiterbildungsmöglichkeiten eröffnen.

Neben dem Abschlußinteresse machen sich zweitens als spezielle Erfordernisse eine Fülle von Randbedingungen geltend, die erfüllt werden müssen, wenn in den jeweils fraglichen Leitdisziplinen weiterreichende Lernfortschritte gemacht werden sollen. Es ist daher nötig, Hilfs- und Nebendisziplinen einzubeziehen und pragmatische Gesichtspunkte zu berücksichtigen. Hilfs- und Nebendisziplinen bestimmen sich aus der Struktur der Wissenschaft, die dem Schwerpunkt als Leitdisziplin dient; pragmatische Gesichtspunkte ergeben sich aus den Bedingungen der beruflichen Qualifikationen. Der ganze Umkreis akkumulierter Umgangserfahrungen aus einem Berufsfeld ist heranzuziehen, dies freilich verbunden mit einer realistischen Prognose künftiger Änderungen, wenn die vorgeschriebenen und alternativ anzubietenden Inhalte eines Schwerpunktes festzulegen sind.

Der Katalog der bisher genannten Folgerungen aus dem Grundsatz der Wissenschaftsorientiertheit und der Berücksichtigung spezieller Erfordernisse ist noch nicht vollständig. Um alle für die Schwerpunktbildung relevanten Festlegungen der Konzeption zu berücksichtigen, müßten die Überlegungen noch fortgesetzt werden, wie andererseits die schon aufgezählten Punkte weiterer Interpretation bedürfen, bevor man mit ihnen konkret arbeiten kann. Gleichwohl ist doch eines schon an dieser Stelle klar: Ein Schwerpunkt kann „Fachkompetenz" nie im Sinne nur eines Faches auslegen. Immer wird der Schwerpunkt ein Ensemble von Disziplinen enthalten, aber nicht im Sinne eines Kanons, sondern strukturiert von dem Erfordernis

einer Leitdisziplin und des angestrebten Abschlusses mit
dessen Randbedingungen. Diese curriculare Strukturierung
ist aber unmöglich vom Lernenden und seiner subjektiven
Wahl zu leisten. Darum kann die Tendenz zur Individualisierung des Lernens hier nur die Wahl des Schwerpunktes
freigeben; die Schwerpunkte selber und damit die von
ihnen repräsentierten Fachkompetenzen müssen durch
zwingende curriculare Vorgaben definiert sein. Nach der
Wahl des Schwerpunktes muß der Lernende den Vorgaben
in inhaltlicher Hinsicht ebenso nachkommen wie einer
Folgeordnung der Kurse und des Lernortwechsels. Aber
so, wie oben die Einschränkung der Wahlmöglichkeiten
durch entsprechende Vorkehrungen ermäßigt gesehen
wurde, so darf auch hier der Satz von den zwingenden
curricularen Vorgaben nur insoweit angewandt werden,
wie es für die Schwerpunkt-Strukturierung unerläßlich ist.
Eine Ermäßigung ergibt sich dadurch, daß die Definition
der Vorgaben nicht das Angebot von Alternativen aus-
schließt. So würde beispielsweise dem Lernenden eines
Schwerpunktes „Mathematik" zwingend vorgegeben sein,
die Anwendung mathematischer oder mathematikverwand-
ter Verfahren in einem bestimmten Ausmaß zu verfolgen
und die dafür erforderlichen Voraussetzungen im Anwen-
dungsgebiet zu erwerben. Hingegen könnte ihm die Wahl,
mathematische Verfahren entweder in naturwissenschaftlichen oder in technisch-konstruktiven oder in wirtschaftswissenschaftlichen Sachfeldern anwenden und in ihrer
jeweiligen Problematik beurteilen zu lernen, freigestellt
bleiben.

2. **Verfahrensstrategie zur Festlegung von Schwerpunkten
    in einem Kolleg**
    Wenn vom Prinzip her alle Wissenschaften, auch bisher
    schulfremde, und alle der Berufsqualifizierung dienenden
    Technologien Leitdisziplinen für Schwerpunktbildungen
    sein können, so ist klar, daß kein Kolleg alle nur denkbaren
    Möglichkeiten wird anbieten können. Die regionalen Be-
    dingungen des Kollegstandortes, die Fachkompetenz der
    verfügbaren Lehrer und Ausbilder, die Einrichtungen und
    Hilfsmittel der zum Kolleg zusammengefaßten Schulen,
    Ausbildungsstätten und Jugendzentren, schließlich auch die
    Massierungen von Wahlentscheidungen der Kollegiaten
    werden das definitive Angebot von Schwerpunkten beein-
    flussen. Der Empfehlungstext hat die Angebotsstruktur
    nach fünf verschiedenen Kollegtypen unterschieden
    (Seite 97 f.). Ungeachtet dieser Differenzen gilt generell,

daß jedes Kolleg in einem ersten Arbeitsgang die Schwerpunkte festlegen muß, die im einzelnen ausgeführt, detailliert und als Angebot präsentiert werden sollen. Eine solche Festlegung kann nicht planlos erfolgen, auch nicht rein additiv aus den gegebenen Randbedingungen. Sie verlangt vielmehr ihrerseits eine Legitimation, die nur aus der Gesamtkonzeption des Kollegs und seines Begründungskontextes gewinnbar ist. Nur unter der Voraussetzung einer so gesicherten Legitimation können dann die einzelnen Kollegs — in Verbindung mit den curricularen Ausarbeitungen des obligatorischen Angebotes und des der Kompetenzerweiterung zugeordneten Wahlbereichs — auch begründete Ausbaupläne vorlegen, also geltend machen, an welchen Stellen über die vorgegebenen Möglichkeiten hinaus Investitionen sinnvoll wären.

Es müssen also Kriterien für eine Verfahrensstrategie ermittelt werden. Ausgangspunkt müßte die Problematik sein, der eine deutliche Priorität eingeräumt wird, nämlich die Benachteiligung und Abseitsstellung der Berufsausbildung innerhalb des gesamten Bildungssystems zu überwinden. Von da aus bietet sich folgender Kriterienkatalog an:
(1) Allen beruflichen Erstqualifikationen auf der Ebene des gegenwärtigen dualen Systems im Einzugsbereich des Kollegs müssen Schwerpunkte korrespondieren. Dabei ist zunächst noch die Frage nach dem wechselseitigen Anteil der Lernorte Schule, Lehrwerkstatt und Betrieb unerheblich. Entscheidend ist vielmehr, daß der curriculare Aufbau des Systems von Schwerpunkten hier seinen Ausgang nimmt, dies freilich bei Berücksichtigung der lernortübergreifenden Reformen in der Berufsausbildung, insbesondere auch der Einführung des Berufsgrundbildungsjahres.
(2) Die Lehrgänge von beruflichen Vollzeitschulen, seien es gegenwärtige Berufsfachschulen, Fachoberschulen oder gegebenenfalls auch zu assoziierende Fachschulen, sind auf die im ersten Schritt entstandenen Definitionen zu beziehen. Für den berufsqualifizierenden Bereich müssen alle zu einem Fachabschluß A führenden Schwerpunkte bruchlos in einen zum Fachabschluß B führenden Schwerpunkt beziehungsweise in eine entsprechende Varinante des gleichen Schwerpunktes übergehen können.
(3) Die Leitdisziplinen aus dem Ensemble der bereits festgelegten berufsqualifizierenden Schwerpunkte können nun auf die Möglichkeiten geprüft werden, aus ihnen studienqualifizierende Schwerpunkte zu entwickeln. Dabei ist

sowohl zu erwägen, unter welchen Bedingungen eine bestimmte Berufsqualifikation die Studienqualifikation impliziert als auch, wie bestimmte Berufsabschlüsse durch Ergänzung zu Studienqualifikationen weitergeführt werden können.

(4) Fachgebiete, die in einem repräsentativen Teil der berufsqualifizierenden und studienbezogenen Schwerpunkte die Funktion von Grund- und Hilfsdisziplinen erfüllen, wie das voraussichtlich häufig für Mathematik, für eine moderne Fremdsprache, eventuell auch für andere Disziplinen der Fall sein wird, sind auf die Möglichkeit der Festlegung weiterer studienbezogener Schwerpunkte zu prüfen. Denn von hier aus ergeben sich vielfältige Kombinations- und Integrationsmöglichkeiten.

(5) Das als Obligatorik ohnehin vom Kolleg bereitzustellende Lernangebot (Sprache, Politik, Mathematik, Spiel) ist daraufhin zu prüfen, ob es unter Berücksichtigung der übrigen Kollegsituationen sinnvoll zu studienqualifizierenden Schwerpunkten ausgelegt werden sollte.

(6) Wissenschaftliche Disziplinen, Musik, bildende Kunst und Sport, sofern nicht schon als Konsequenz der vorausgegangenen Überlegungen aufgenommen, müssen unter Berücksichtigung der Gesamtsituation des Kollegs (z. B. Vorhandensein eines gut ausgebauten Studios) auf die Möglichkeit geprüft werden, als Leitdisziplin für studienbezogene Schwerpunkte zu dienen.

(7) Die Leitdisziplinen aus dem Ensemble aller studienqualifizierender Schwerpunkte sind auf die Möglichkeit der Definition berufsqualifizierender Schwerpunkte zu überprüfen. Dabei ist auch die Chance für neue, in der bisherigen Ausbildungsordnung nicht vorgesehene Berufsqualifikationen oder auch entsprechende Teilqualifikationen zu berücksichtigen. (So wäre beispielsweise denkbar, daß ein Schwerpunkt „moderne Fremdsprachen" zwar die Berufsqualifikation „Fremdsprachenkorrespondent" einschließt, sicherlich aber nicht die eines Übersetzers und Dolmetschers, doch kann der Schwerpunkt zweifellos tendenziell an solchen Zielsetzungen orientiert sein.) Jedenfalls sollte jeder studienbezogene Schwerpunkt einen wenigstens potentiellen Berufsbezug haben und Absolventen eine Berufschance als Alternative zum Studium eröffnen.

Die angedeutete Verfahrensstrategie soll nun noch an einem Beispiel illustriert werden. Um das Beispiel übersichtlich zu halten, wird die — für die Schwerpunktbildung — denkbar einfachste Situation angenommen, nämlich ein

Kolleg mit einem sehr eingeschränkten Angebotsausschnitt, der nur mit anderen Angebotsausschnitten räumlich benachbarter Kollegs ein umfassendes Gesamtangebot bildet. Der Empfehlungstext hält diesen Strukturtyp in Stadtstaaten, Großstädten und Ballungszentren für charakteristisch (Seite 97).

Wir gehen davon aus, daß der Lernort „Schule" eines Kollegs gebildet wird aus zwei gymnasialen Oberstufen mathematisch-naturwissenschaftlichen Zweiges mit ca. 600 Schülern und einer Fachberufsschule (mit Fachoberschule) für Elektrotechnik mit ca. 2 000 gegenwärtigen Teilzeitberufsschülern und 500 Vollzeitschülern. Die für die Schwerpunktbildung in Frage kommenden Lernorte „Betrieb" und „Lehrwerkstatt" liegen ausschließlich im Bereich der Elektrotechnik. Im Einzugsbereich des Kollegs waren bisher, also vor der Kollegbildung, folgende Abschlüsse erreichbar: Elektromechaniker, Starkstromelektriker, Elektroinstallateur, Elektromaschinenbauer, Rundfunk-Fernsehtechniker, Fernmelder, Fachhochschulreife E-Technik, Allgemeine Hochschulreife.
Lösungsversuch:
— Bei Anwendung unseres Kriteriums (1) ist die gegenwärtige Reform der elektrotechnischen Ausbildung zu berücksichtigen. Da für alle Elektroberufe eine einjährige Ausbildung in Werkstoffbearbeitung und in elektrotechnischen Grundlagen angesetzt ist, kann eine gemeinsame Schwerpunktentwicklung für die ganze Bereite der Elektrotechnik beginnen. Die Differenzierung auf der Ebene des Fachabschlusses A folgt dann in den Bereichen Energietechnik, Nachrichtentechnik und Fernmeldetechnik. Es bietet sich an, diese drei Gebiete (oder nur Energie- und Nachrichtentechnik, wobei dann die Fernmeldetechnik in die Nachrichtentechnik einzuordnen wäre) als Akzentuierungen des Schwerpunktes zu definieren und durch Alternativangebote unterschiedliche elektrotechnische Berufsqualifikationen zu ermöglichen. Da die von der angenommenen Fachberufsschule bisher realisierten Ausbildungsgänge nur einen Teil der zugelassenen elektrotechnischen Ausbildungsberufe darstellen, muß geprüft werden, ob und inwieweit durch die Rückführung aller elektrotechnischen Ausbildungsgänge auf zwei oder drei Akzentuierungen und auf eine Stufung der Ausbildung die berufliche Chancengleichheit der in Industrie, im Handwerk und im öffentlichen Dienst zu elektrotechnischen Fachleuten Auszubildenden verbessert werden kann. Unter Zugrundelegung der für die Reform

6

der elektrotechnischen Ausbildung von der Industrie vorgesehenen Bezeichnungen würden sich auf der Ebene des
Fachabschlusses A (Facharbeiterabschluß) nach drei- beziehungsweise dreieinhalbjähriger Ausbildung sieben spezielle
Abschlüsse ergeben (Energietechnik = Elektromaschinen-
monteur, Energieanlageelektroniker, Energiegeräteelektro-
niker; Nachrichtentechnik = Feingeräteelektroniker,
Informationselektroniker, Funkelektroniker; Fernmeldetechnik = Fernmeldeelektroniker).

Die hier aufgezählten sieben Abschlüsse sind selbstverständlich nur als Beispiele zu verstehen, ebenso wie hier
jetzt offenbleibt, ob der Schwerpunkt „Elektrotechnik"
auch auf berufliche Qualifikationen, für die die Elektrotechnik nur Teilbereiche ausmacht, akzentuiert werden
soll, etwa auf Kraftfahrzeugelektriker oder auf Kaufleute
aus dem Bereich des Elektrohandels. Entscheidungen dieser
Art können nur in Absprache mit benachbarten Kollegs
und unter Berücksichtigung regionaler Bedürfnisse
getroffen werden. In jedem Fall aber müssen die Akzentuierungen auf der Ebene des Fachabschlusses A zwei
Bedingungen genügen: Sie müssen einerseits durch ihre
Alternativangebote den speziellen Bedürfnissen der Ausbildung zu Facharbeitern der einzelnen Berufe genügen
und durch Ausbildungsstufung auch den Erwerb von Teilqualifikationen ermöglichen, andererseits so aufgebaut sein,
daß sie mit dem ganzen Umkreis der von ihnen verlangten
Lernleistungen in die Anforderungen des Fachabschlusses B
einbringbar sind.
— Die Anwendung der Kriterien (2) und (3) muß dazu
führen, die Akzentuierungen Energietechnik, Nachrichtentechnik und Fernmeldetechnik durch Ergänzung
und Generalisierung zu einem Fachabschluß B „Technologie — Elektrotechnik" mit Studienqualifikation (gegenwärtige Fachhochschulreife und gegenwärtige allgemeine
Hochschulreife) aufzustocken. Die Fachhochschulreife
bereitet auf Studiengänge vor, die zum Ing. (grad.) führen.
Von der Situation des angenommenen Kollegs aus wäre in
erster Linie an Ingenieure der Fachrichtungen Elektronik,
Starkstromtechnik, Nachrichtentechnik, Elektronik und
Regeltechnik zu denken. Für eine entsprechende Vorbereitung sind die im Kolleg angesetzten berufsqualifizierenden Schwerpunkte besonders geeignet. Es gibt
jedoch weitere Möglichkeiten, die — vom Fachhochschul-
bereich als Rückfrage an das Kolleg aufgeworfen —
bedenkenswert erscheinen können. So gibt es zum Beispiel
den Ing. (grad.) Tontechnik, auch den Tontechniker und

den Tonmeister. Vom Toningenieur sagt die Berufs-
beschreibung, er „befasse sich überwiegend mit Problemen
und Geräten der Tonfrequenztechnik ... und deren
praktischer Anwendung. Seine Ausbildung ist teils elektrotechnischer, teils musikalischer Art. Der Ausbildungs-
schwerpunkt liegt im technischen Teil, der durch eine
Fachhochschule vermittelt wird. Der musikalische Teil der
Ausbildung wird in einem Konservatorium durchgeführt"[1]). Von hier aus erscheint eine Akzentuierung auf
Tonfrequenztechnik und Musik nicht so abwegig, wie es
auf den ersten Blick erscheinen möchte. Voraussetzung
dafür müßte freilich sein, daß in einem solchen die Hochschulreife einschließenden Fachabschluß B die sachange-
messene Verbindung mit elektrotechnischer und elektro-
nischer Ausbildung voll aufgenommen werden kann. Da
„Musik" für den Wahlbereich in jedem Kolleg als Angebot
vorgesehen sein wird, würde sich hier die innerhalb des
Schwerpunktes Elektrotechnik eröffnete Verbindung zur
Musik motivationsverstärkend auswirken können. Nicht so
eindeutig ist, wenn auch immerhin erwägenswert, ob auch
die Vorbereitung auf Berufe wie Ing. (grad.) „Haushalts-
und Ernährungstechnik" und „Energieberater" vom
Schwerpunkt „Elektrotechnik" aus akzentuiert werden
sollten.
— In allen bisher festgelegten oder auch nur erwogenen
Akzentuierungen des Schwerpunktes „Elektrotechnik"
sind Physik und Mathematik mit so hohen Anteilen enthalten, daß auf diese beiden Disziplinen die Anwendung
von Kriterium (4) nicht zweifelhaft sein kann. Das Fach
Physik ist so grundlegend, daß es sich vielleicht sogar
anbietet, einen von hier aus akzentuierten Schwerpunkt
als ersten detailliert auszuarbeiten und seine Vorgabe als
ein Raster zu benutzen, an den ebenso die Varianten des
Schwerpunktes „Elektrotechnik" anzuschließen hätten wie
andere Akzentuierungen aus dem Umkreis der Naturwissenschaften.
— Unter dem Aspekt von Kriterium (4) ist demgegenüber
die gleiche Frage für das Fach Chemie schon schwieriger zu
beantworten. Unter Berücksichtigung der Einrichtungen
und des Sachverstandes, den die beiden gymnasialen Oberstufen einbringen, wird sie indessen positiv zu entscheiden
sein, falls nicht in unmittelbarer Nähe des Kollegs ein
anderes mit starker Bindung an Chemiefacharbeiter- und
Laborantenausbildung angesiedelt sein sollte. Das Fach

[1]) Bundesanstalt für Arbeit: Beruf aktuell 73, Band 2,
Wiesbaden 1973, S. 35.

Biologie kann dagegen unter dem hier fraglichen Aspekt
(Grund- und Hilfsdisziplinen für die bereits festgelegten
berufsqualifizierenden Abschlüsse) kaum zur Schwerpunktbildung herangezogen werden. [Damit ist indessen
noch nicht gegen „Biologie" als Leitdisziplin entschieden,
weil die Frage ja noch einmal unter Kriterium (6) gestellt
werden muß.]

Die moderne technologische Entwicklung ist nur bei
Zugang zur angelsächsischen Literatur angemessen zu
verfolgen. Schon allein aus diesem Grunde wird in allen
Varianten der Schwerpunkte „Elektrotechnik" und
„Naturwissenschaften" auch Englisch gelehrt werden. Ob
daraus auch ein Schwerpunkt „Englisch" zu entwickeln
wäre, scheint demgegenüber fragwürdig. Ein Schwerpunkt
„Englisch" müßte sich auch auf andere moderne Sprachen
auslegen, ja dieser Schwerpunkt könnte im Ernst nur
„moderne Sprachen" heißen und würde demzufolge
Konsequenzen nach sich ziehen, die die eingeschränkte
Angebotsstruktur dieses Kollegs nicht einhalten könnte.
— Das Kriterium (5) ergibt, daß aus dem obligatorischen
Bereich die Mathematik schon gemäß Kriterium (4) berücksichtigt wurde. Für Sprache, Politik und Spiel wird gelten,
was bereits zu „Englisch" eingewandt wurde. Unter
bestimmten Bedingungen sind aber auch andere Folgerungen denkbar und sinnvoll. Welche Überlegungen
durchschlagend sein könnten, war oben unter einem
anderen Gesichtspunkt bereits für „Musik", die im Lernangebot des Wahlbereichs in jedem Kolleg enthalten sein
wird, angedeutet worden. Die gleiche Überlegung könnte
nun auch bei Anlegung von Kriterium (5) noch einmal
wiederholt werden, weil ja „Musik" auch in dem obligatorischen Lernangebot „Spiel" subsumiert sein kann. Da
„Musik" aber bereits im Schwerpunkt „Elektrotechnik"
unter der Akzentuierung „Tonfrequenztechnik" berücksichtigt wurde, kann hier auf eine dahingehende Argumen-
tation verzichtet werden.

Indessen könnten wir das Kriterium (5) für den hypo-
thetischen Fall einer Entscheidung nutzen, die das obligatorische Lernangebot „Politik, Gesellschaftslehre" zum
Aufbau eines studienbezogenen Schwerpunktes „Wirt-
schafts- und Sozialwissenschaften" heranzieht. Es wäre von
folgenden Überlegungen auszugehen:

Die vorwiegend naturwissenschaftlich und technologisch
orientierten Schwerpunkte berücksichtigen ökonomische
und soziale Sachverhalte in der Sphäre der Produktion
(innerbetrieblicher Wertekreislauf, die Unternehmung,

Arbeitsschutz, Betriebssoziologie usw.). Im obligatorischen Lernbereich werden demgegenüber die sozioökonomischen Sachverhalte primär unter dem politischen Gesichtspunkt von Herrschaft und Distribution angesprochen. Da das Kolleg voraussichtlich keine Ausbildungsberufe des kaufmännisch-verwaltenden Sachfeldes berücksichtigt — es sei denn, daß der Schwerpunkt „Elektrotechnik" auch auf die Bedürfnisse des Elektro-Handels akzentuiert wird, wie oben bei Erörterung des Kriteriums (1) als Eventualität angedeutet wurde — und jedenfalls keine sozialpädagogischen Berufe einbezieht und es auch nicht sinnvoll sein könnte, hier entsprechende Ausbildungsgänge neu zu schaffen, müßte der charakteristische Berufsbezug an einer anderen Stelle gesucht werden. Die Fachstruktur des Kollegs würde ja Möglichkeiten eröffnen, wie sie für wirtschaftswissenschaftliche Schwerpunkte in Kollegs im Umkreis der kaufmännisch-verwaltenden Berufsfelder oder für sozialwissenschaftliche Schwerpunkte in Kollegs im Umkreis sozialpädagogischer Berufsfelder nicht ohne weiteres gegeben sein mögen: Theorie der formalen Sprachen und der Formalisierung, mathematische Verfahren in den Wirtschaftswissenschaften (Ökonometrie, Operations-research), Entscheidungslogik, elektronische Datenverarbeitung und systemanalytisch angelegte Organisationslehre, statistisch und kybernetisch arbeitende Sozialtechnologien könnten in vielfacher Überschneidung mit dem elektrotechnischen Schwerpunkt gründlich thematisiert werden. Von da aus könnte dann umgekehrt ein Impuls auf die in allen Schwerpunkten notwendige interdisziplinäre Reflexion durch einen solchen zusätzlichen Schwerpunkt ausgehen. Denn bei einer entsprechenden Akzentuierung des Schwerpunktes Sozial- und Wirtschaftswissenschaften würde sich dann Begriff und Sachverhalt der „Technologie" in seiner Problematik entfalten lassen. Gegenüber dem traditionellen, eingeschränkten deutschen Begriffsverständnis von Technologie müßte dann der angelsächsische Sprachgebrauch, der Technologien als methodisch-rationale Verfahren der Systemsteuerung aufgefaßt, verstanden werden: Energieumwandlungstechnik — Informationstechnik — Organisationstechnik — Planungstechnik — Techniken der sozialen Lenkung.

— Bei Anwendung des Kriteriums (6) wird sich die Frage stellen, ob das Fach „Biologie" als Leitdisziplin bei einer Schwerpunktakzentuierung herangezogen werden sollte. Da bereits gemäß Kriterium (4) für Physik und Chemie votiert wurde, bietet sich nunmehr an, einen Schwerpunkt „Naturwissenschaften" vorzusehen, der die Akzentuierung „Physik", „Chemie" oder „Biologie" erhält. Das ist sowohl von der Sachlogik her geboten als auch von dem entsprechenden Potential an Lehrkräften und Einrichtungen, wie sie mit den beiden gymnasialen Oberstufen dem Kolleg zugeführt werden, ebenso aber auch von dem zu erwartenden Wahlverhalten der Lernenden.

— Schließlich fordert das Kriterium (7) die Rückführung der Überlegungen auf den Ausgangspunkt. Die Akzentuierung eines Schwerpunktes „Naturwissenschaften" auf „Physik", „Chemie" und „Biologie" erfolgte zunächst nur unter dem Aspekt der Studienbezogenheit. Zwar ergeben sich von der Physik sehr weitgehende, von der Chemie einige Verbindungen und Überschneidungen zum Schwerpunkt „Elektrotechnik" in allen seinen Varianten, doch ist damit für diejenigen Lernenden, die bei Kollegeintritt sofort den Schwerpunkt „Naturwissenschaften" wählen, kein konkreter Berufsbezug eröffnet. Das muß vielmehr durch die Bindung des Schwerpunktes an eine labortechnische Grundausbildung erfolgen, der dann bei der Akzentuierung eine mögliche Qualifikation im jeweiligen Assistenten-/Laborantenberuf entsprechen muß. Eine analoge Überlegung käme für den Schwerpunkt „Mathematik" in Betracht, wobei hier freilich die Grundausbildung auch im elektrotechnischen Bereich denkbar wäre.

Nun wäre es kaum sinnvoll, das Ergebnis der Überlegungen streng in der Reihenfolge der Kriterien aufzulisten. Denn die Kriterien (6) und (7) haben auf bereits zuvor Erwogenes zurückverwiesen und eine Korrektur der Systematik nahegelegt. Die Auflistung erfolgt darum hier als eine systematische Zusammenfassung. Danach hätte unser angenommenes Kolleg mit vier Schwerpunkten zu arbeiten: Elektrotechnik, Naturwissenschaften, Mathematik, Wirtschafts- und Sozialwissenschaften. In der Auflistung führen diese Schwerpunkte die Ziffern 1 bis 4. Für jeden Schwerpunkt ist ungeachtet seiner Varianten, Fachabschlüsse A und B und so weiter, eine für alle Lernende verbindliche Grundausbildung angesetzt. Für die Schwerpunkte „Elektrotechnik" und „Naturwissenschaften" sind unterschiedliche Grundausbildungen vorgesehen, für die Schwerpunkte „Mathematik" und „Wirtschafts- und Sozialwissenschaften" sind die beiden vorher genannten Formen von Grundausbildung alternativ zulässig, um auch von hier aus die enge Verbindung und Durchlässigkeit zwischen den Schwerpunkten zu unterstützen.

Die Schwerpunkte haben Akzentuierungen, die durch Leitdisziplinen gekennzeichnet sind. Unterhalb dieser Akzentuierungen gibt es noch durch Alternativangebote die Möglichkeit verschiedener Abschlüsse, die freilich zugleich auch die Chance für Doppel- oder Mehrfachqualifikationen eröffnet. Ob beispielsweise die Akzentuierung „Physik" im Schwerpunkt „Naturwissenschaften" stets sowohl die Qualifikation zum physikalisch-technischen Assistenten als auch zum Studium enthält oder ob zwischen diesen beiden Abschlüssen ein Unterschied gemacht werden muß, ist nur nach detaillierter curricularer Ausarbeitung entscheidbar. Muß diese Frage auf der hier vorliegenden Stufe der Erwägungen offenbleiben, so ist doch eine andere Festlegung entschieden und für die curriculare Ausarbeitung als Vorgabe anzusehen: Die Studienqualifikationen über „Technologie-Elektrotechnik", „Musik-Tonfrequenztechnik" und „Wirtschafts- und Sozialwissenschaften" ist auszulegen als Erweiterung der Fachabschlüsse A des Schwerpunktes „Elektrotechnik".

Auflistung der Schwerpunkte und ihrer Varianten:
1.   ELEKTROTECHNIK
1.1   Elektrotechnische Grundausbildung
      (für alle Abschlüsse und Varianten verbindlich)
1.2   Fachabschluß A
      (berufliche Erstqualifikation nach gemeinsamer Grundausbildung mit unterschiedlichen Differenzierungen und gemeinsamen Erweiterungsmöglichkeiten)
1.2.1 Energietechnik
      (z. B.: Elektromaschinenmonteur, Energieanlagenelektroniker, Energiegeräteelektroniker)
1.2.2 Nachrichtentechnik
      (z. B.: Feingeräteelektroniker, Informationselektroniker, Funkelektroniker)
1.2.3 Fernmeldetechnik
      (z. B.: Fernmeldeelektroniker)
1.3   Fachabschluß B
1.3.1 Technologie-Elektrotechnik (studienbezogen)
1.3.2 Musik-Tonfrequenztechnik (studienbezogen)
2.   NATURWISSENSCHAFTEN
2.1   Labortechnische Grundausbildung
      (für alle Abschlüsse und Varianten verbindlich)
2.2   Physik

2.2.1 Physikalisch-technischer Assistent/Laborant

2.2.2 Physik (studienbezogen)

2.3   Chemie

2.3.1 Chemisch-technischer Assistent/Laborant

2.3.2 Chemie (studienbezogen)

2.4   Biologie

2.4.1 Biologisch-technischer Assistent/Laborant

2.4.2 Biologie (studienbezogen)

3.   MATHEMATIK

3.1   Elektrotechnische oder labortechnische Grund-
       ausbildung
       (1.1 oder 2.1)

3.2   Mathematik

3.2.1 Computerassistent

3.2.2 Mathematik (studienbezogen)

4.   WIRTSCHAFTS- UND SOZIALWISSEN-
       SCHAFTEN

4.1   Elektrotechnische oder labortechnische Grundaus-
       bildung (1.1 oder 1.2)

4.2   Wirtschafts- und Sozialwissenschaften
       (studienbezogen)

(Als Erweiterung von 1.2.1 bis 1.2.3 zu einer Fach-
qualifikation B, das heißt parallel zu 1.3.1 und 1.3.2,
Zugang und Kombination aber auch über alle
Varianten von 2 und 3 möglich.)

**3.   Konstruktionsorientierungen für die Entwicklung
       eines Schwerpunktes**

Nach der ersten, vorläufigen Bestimmung der Schwerpunkte, die die Angebotsstruktur eines Kollegs für den
Lernbereich „Fachkompetenzen" ausmachen sollen, muß an
die curriculare Ausarbeitung gegangen werden. Für sie sind
zweckmäßigerweise mehrere Arbeitsschritte vorzusehen,
weil einerseits vor jeder Detaillierung der Kurse nach
Lernzielen und Lerninhalten der Schwerpunkt als Ganzes
durchstrukturiert und dabei seine Integrationsfähigkeit mit
anderen Schwerpunkten bedacht sein muß, andererseits die
integrativen Möglichkeiten erst unter Berücksichtigung
der Detaillierung genauer prognostizierbar sind. Wir
wollen uns hier nur mit den Konstruktionsorientierungen
beschäftigen, die es erlauben, auf der Grundlage der vorgegebenen Hypothesen für die im fraglichen Kolleg
wünschenswerten Schwerpunkte eine entsprechende Kurs-
zusammenstellung vornehmen und didaktisch begründen
zu können. Die Schwerpunktbezeichnungen nennen

jeweils eine Leitdisziplin, eine Wissenschaft oder Technologie, für die dann zwingende curriculare Vorgaben festzulegen sind. Unter dem Gesichtspunkt, daß das Einüben von Spezialisierung, wie es über die Schwerpunkte erfolgt, der Tendenz zur Fachborniertheit nur widerstehen kann, wenn zugleich auch deren Überwindung sichergestellt ist, müssen Schwerpunkte

— die Leitdisziplin didaktisch strukturieren,

— die Notwendigkeit von interdisziplinären Arbeiten im Bereich der Leitdisziplin voll aufnehmen,

— die fachlich notwendigen Voraussetzungen für die Leitdisziplin im Lernprogramm sichern,

— die Umsetzung und Verwertung von speziellen Wissenschaften und Technologien thematisieren beziehungsweise im umgekehrten Fall die berufsqualifizierenden Erfordernisse in den Lernbereich einordnen.

Im zweiten Kapitel wird der wünschenswerte potentielle Berufszug aller Schwerpunkte herausgestellt (Seite 55 f.), vor allem aber erläutert der Text hier die „allgemeinen und übergreifenden Strukturen" (Seite 56). Der Zusammenhang von Disziplinarität und Interdisziplinarität sowie die politisch-gesellschaftlichen Voraussetzungen und Konsequenzen des Spezialisierungsprozesses moderner Wissenschaften, Techniken und Berufe sind diesen Ausführungen zufolge von dem speziellen Aufgaben- und Lernfeld eines jeden Schwerpunktes her aufzunehmen.

Eine systematische Klassifizierung aller von der Konzeption an den curricularen Zusammenhang eines Schwerpunktes gestellten Anforderungen läßt deutlich drei Gruppen von Aspekten unterscheiden, nämlich erstens Aspekte, die sich aus der Struktur der Leitdisziplin des Schwerpunktes und ihrer didaktischen Auslegung auf ein spezifisches Ausbildungsinteresse ergeben; zweitens Aspekte, die das Interesse an der praktischen Prozeßbeherrschung stellt. Letztere erscheinen etwa als zusätzliche Fachgebiete, die als Hilfsdisziplinen benötigt werden, als Anwendungs- und Verwertungsgesichtspunkte, zu denen eine gesellschaftliche Nutzung von spezifischen Erkenntnissen führt und als pragmatische Notwendigkeiten für die Berufsausbildung. Drittens stößt man schließlich auf Aspekte, die das Interesse an kognitiver Wissensverarbeitung aufgibt. Hier ist insbesondere an die Förderung wissenschaftsorientierter Lernformen zu denken, wie sie auftauchen etwa in Gestalt von interdisziplinären Auf-

gaben, kommunikativen Gesichtspunkten, die dem internationalen Charakter des wissenschaftlichen Gesprächs
Rechnung tragen und grundlegenden Wissenschaftsbe-
zügen der Technologien.

Um das Gemeinte nicht zu abstrakt zu belassen, soll
auch hier, wie bei der Verfahrensstrategie, der Sachverhalt
an einem Beispiel erläutert werden. Zu diesem Zweck
gehen wir von der gleichen Annahme aus wie bei der
Erläuterung der Verfahrensstrategie, nämlich von dem
gekennzeichneten Kolleg mit einem weitgehend auf natur-
wissenschaftliche und elektrotechnische Schwerpunkte eingeschränkten Lernangebot; das Ergebnis mit vier Schwerpunkten sei akzeptiert, und es bestehe nun die Aufgabe,
unter den gegebenen Randbedingungen einen studienbezogenen Schwerpunkt „Sozial- und Wirtschaftswissenschaften" zu entwickeln. Die Gründe, die für diese Entscheidung maßgeblich sein dürften, obschon hier mit
berufsqualifizierenden Schwerpunkten des kaufmännisch-
verwaltenden oder des sozialpädagogischen Bereichs nicht
gerechnet werden kann, waren oben bereits genannt
worden (bei Verwendung des Kriteriums (5) der Verfahrensstrategie für die angenommene Kollegsituation).

Die erste zu beantwortende Frage ist die nach der Leitdisziplin. Der Titel „Sozial- und Wirtschaftswissenschaften" ist zu weitläufig, als daß aus ihm sofort ein
griffiges Strukturierungsprinzip für den Schwerpunkt
gewonnen werden könnte. Wir erinnern uns darum der
Hauptbedingungen, die an die Aufnahme dieses Schwerpunktes geknüpft waren, nämlich Sozial- und Wirtschaftswissenschaften von dem Aspekt der Formalisierung und
Mathematisierung her anzugehen. Soll dieser Gesichtspunkt tatsächlich ein bestimmendes Prinzip, nicht nur ein
Additum sein, so müßte die Funktion eines Vorlaufes für
die Leitdisziplin der allgemeinen Regelungs- und Systemtheorie zufallen. Für den ökonomisch-sozialen Sachbereich
folgt daraus, die Organisationslehre mit dem Instrumen-
tarium der elektronischen Datenverarbeitung thematisch
zu machen. Das ermöglicht einen stärker integrativen
Zusammenhang mit den elektrotechnischen Schwerpunkten, so daß Wechsel und Fortsetzung von elektrotechnischen Schwerpunkten zum Schwerpunkt Sozial- und
Wirtschaftswissenschaften auch bei einem bereits fortge-
schrittenen Lernenden ohne Zeitverlust möglich sein
dürfte.

Diese Festlegung, von der Organisationslehre unter dem Gesichtspunkt der elektronischen Datenverarbeitung auszugehen, ist aber noch nicht identisch mit der erforderlichen inhaltlichen Strukturierung der Leitdisziplin. Die Regelungs- und Systemtechnik sind Typen formaler Theorien, das heißt, sie können dem auf Sozial- und Wirtschaftswissenschaften bezogenen Schwerpunkt nur tendenziell die Art der Problemaufnahme anzeigen, nicht aber ein inhaltliches Auswahlkriterium bieten. Vor allem aber muß das über Formalisierung und Mathematisierung nutzbar zu machende Instrument sozialer Steuerung durchgehend in den Horizont einer problematisierenden Diskussion gestellt werden, wie sich das aus der Auflage allgemeiner Strukturen für den Schwerpunkt ergibt.

Die für die Schwerpunkte verlangte didaktische Rückführung der Leitdisziplin soll hier andeutungsweise über ein sogenanntes Strukturgitter versucht werden. Die Absicht besteht darin, aus dem großen Bereich von Wirtschaftswissenschaft und Soziologie die Punkte zu identifizieren, die für die Kursauslegung der Schwerpunkte in Frage kommen könnten.

Es war bereits oben im Zusammenhang mit der Frage, ob aufgrund der vorgegebenen Verfahrensstrategie ein Schwerpunkt Sozial- und Wirtschaftswissenschaften sinnvoll sei, darauf hingewiesen, daß in den naturwissenschaftlich-technologischen Schwerpunkten des Kollegs sozioökonomische Probleme in der Sphäre der Produktion, im obligatorischen Lernbereich in der Sphäre von Distribution angesprochen würden. Wenn wir die Kategorien der Produktion und Distribution jetzt durch diejenige der Konsumtion ergänzen, bietet sich das ökonomische Kreislaufmodell als Dimensionierung einer vertikalen Strukturgitterachse an. Um von da aus die erforderliche praktische Problematisierung der Ausgangsfrage in den Grundraster einsetzen zu können, liegt es nahe, die ökonomischen Kategorien durch gesellschaftstheoretisch interpretierte Erkenntnisinteressen auslegen zu lassen, etwa durch eine zweckrational-technische, durch eine praktische, dem ideologischen Selbstverständnis entsprechende und durch eine kritisch-problematisierende Betrachtungsweise. Werden diese Gesichtspunkte der Übersichtlichkeit halber horizontal geschrieben, so ergeben sich neun Felder. In ihnen drücken sich dann zwar noch nicht definitiv, aber doch tendenziell einige inhaltliche Bereiche aus, die in der Schwerpunktauslegung der Fächer Ökonomie und Soziologie vorkommen und in den sachlich gebotenen Zuordnungen berücksichtigt sind:

	zweck-rational technisch	praktisch-ideologisch	kritisch-problematisierend
I Produktion	Arbeit/ Kapital	Produktivität	Wachstumsfetischismus
II Distribution	Herrschaft/ Ordnung	soziale Gerechtigkeit	ungleiche Verteilung des Sozialprodukts
III Konsumtion	Reproduktion	Bedürfnisbefriedigung	Erzeugung von Ersatz-Bedürfnissen

Unter I wären nahegelegt makroökonomisch: Arbeitsverhältnis und Kapitalverwertung, ausgezogen bis zur Wachstumstheorie; mikroökonomisch: Der innerbetriebliche Wertekreislauf in realer und monetärer Hinsicht, die betrieblichen Elementarfaktoren als Kombinationsprozesse und in rechnerischer Erfassung sowie die Arbeitsteilung; betriebssoziologisch und arbeitswissenschaftlich: Arbeit/ Zeit-Studien, die durch Arbeitsteilung und Systemorganisation resultierenden Entfremdungsphänomene bei den arbeitenden Menschen, die Antwort darauf einerseits durch Techniken der human relations, andererseits durch Arbeitskampf und Mitbestimmung.

Unter II müßten sich dann die Themen zunächst auf makroökonomische Sachverhalte konzentrieren, auf die Grundstruktur von Wirtschaftsordnungen, auf Preis- und Konjunkturtheorie, dann daran anschließend eine Interpretation des Gesamtprozesses unter dem politischen Interesse an Wohlstandsökonomie und Kapitalismuskritik. Soziologie hätte dann eine Analyse von Grundformen der Gesellschaft, des sozialen Prozesses von Mobilität, Konflikt und Wandel mit einer Zuspitzung auf Schichtenlehre und Klassentheorie zur Geltung zu bringen.

Unter III läge der Ausgang beim öffentlichen und privaten Verbrauch. Die betriebswirtschaftlichen Konsequenzen in Gestalt von Marktforschung und Marketing, daran anschließend Probleme der Sozialpsychologie, der Werbung und der Manipulation von Verbraucherwünschen müßten berücksichtigt werden. Auf der anderen Seite müßten dann

Ökonomie und Theorie des privaten Haushaltes, die be-
grenzten Möglichkeiten des Verbraucherschutzes und
daraus zu ziehende politische Folgerungen thematisch
werden.

Sind die Überlegungen bis zu diesem Ergebnis vorge-
drungen, so stellt sich als nächstes die Frage nach den
„Hilfsdisziplinen". Aus dem vorgezogenen Prinzip (Organisationslehre unter dem Gesichtspunkt der elektronischen
Datenverarbeitung) und der Auslegung von Ökonomie
und Soziologie selber ergibt sich die zwingende Notwendigkeit, Mathematik im Schwerpunkt vorzusehen. Der Umfang muß so bemessen sein, daß die Analyse (Stetigkeit,
Differenzierbarkeit, Differential- und Integralrechnung)
sicher beherrscht wird und eine ausreichende Einführung
in die lineare Optimierung, Statistik und Spieltheorie gesichert ist. Bei Berücksichtigung des gleichen Kriteriums
„Hilfsdisziplinen" ist eine theoretische und praktische Ausbildung in elektrotechnisch-elektronischer Hinsicht nahegelegt. Um die Integration zu fördern, sollten die berufsqualifizierenden Schwerpunkte elektrotechnischer Art hier
voll anrechenbar sein. Für Lernende, die keinen Berufsab-
schluß als Elektroniker nachweisen, müßte ein Minimum
elektrotechnischer Ausbildung festgelegt und für das darüber hinausweisende Ausbildungsvolumen (im Verhältnis
zu den vollen berufsqualifizierenden elektrotechnischen
Schwerpunkten) Alternativen freigegeben werden (z. B.
Naturwissenschaften oder eine zweite Fremdsprache).

Der kommunikative Aspekt, der dem internationalen
Charakter des wissenschaftlichen Gesprächs Rechnung
tragen soll, verlangt für diesen Schwerpunkt zweifellos die
Beherrschung des angelsächsischen Schrifttums. Insofern
muß Englisch als Fremdsprache obligatorisch sein.

Der interdisziplinäre Aspekt ist in diesem Schwerpunkt
durch die Vorschaltung der System- und Regelungstheorie
schon angelegt, dann auch durch die Strukturierung von
Ökonomie und Soziologie begünstigt. Gleichwohl muß
noch die Arbeit an Projekten hinzutreten, die ausdrücklich
das Verhältnis von Maschinen-, Informations-, Organisa-
tions-, Planungs- und Sozialtechnik thematisieren und pro-
blematisieren. Alternativ könnten Textinterpretationen
angeboten werden, etwa historisch-philosophischer Aus-
legungen von sozioökonomischen Schriften, Interpreta-
tionen mathematischer Texte (Problem des Unendlichen,
Paradoxien der Mengenlehre, Axiomatisierung), Einführung
in die Prädikatenlogik oder in algorithmische Sprachen.

Tabellarisch könnte demnach folgende Aufstellung notiert werden:

1. Regelungs- und Systemtheorie
   Organisationslehre (Aufbau und Ablauforganisation)
   Elektronische Datenverarbeitung
   Optimierungsverfahren
   Operationsresearch

2. Ökonomie/Soziologie
   (I) Produktion
   Arbeitsverhältnis/Kapitalverwertung
   Wachstumstheorie
   Innerbetrieblicher Wertekreislauf
   Betriebliche Elementarfunktionen
   Arbeitsteilung
   Arbeit/Zeit-Studien
   Entfremdungsphänomene
   Techniken der Humanrelations
   Arbeitskampf/Mitbestimmung
   (II) Distribution
   Wirtschaftsordnungen
   Preistheorie/Konjunkturtheorie
   Wohlfahrtsökonomie/Kapitalismuskritik
   Grundformen der Gesellschaft
   Der soziale Prozeß
   Schichtenlehre/Klassentheorie
   (III) Konsumtion
   Öffentlicher und privater Verbrauch
   Marktforschung/Marketing
   Sozialpsychologie der Werbung
   Ökonomie und Theorie des privaten Haushalts
   Verbraucherschutz

3. Mathematik
   Analysis
   Lineare Optimierung, Statistik, Spieltheorie

4. Elektrotechnik
   Grundlagen der Elektrotechnik

5. Alternativen
   Berufsqualifizierende Kurse aus dem elektrotechnischen
   Schwerpunkt
   oder:
   Physik
   oder:
   Fremdsprache 2

6. Fremdsprache 1
   Englisch

7. I n t e r d i s z i p l i n ä r e M e t h o d e n l e h r e
   a) Technologische Steuerung in verschiedenen Bereichen
      — vergleichende Analysen
   b) Durchführung eines technisch-ökonomisch-
      politischen Projektes
   c) Alternativen:
      philosophisch-historische Interpretation
      sozioökonomischer Texte
      oder:
      Interpretation mathematischer Texte
      oder:
      Einführung in die Prädikatenlogik
      oder:
      Algorithmische Sprachen.

Die vorstehende Auflistung von Themen und Bereichen
aus unterschiedlichen Disziplinen, die hier zu einem sachlogisch und didaktisch verbundenen Schwerpunkt zusammengestellt sind, stellen noch keine Schwerpunktentwicklung dar, sondern nur eine Vorüberlegung dazu. Denn
weder sind hier Lernziele und Lerninhalte im Sinne von
Elementen eines Baukastensystems (Kursen) ausgewiesen
noch ist eine Zuordnung zu Lernorten oder eine zeitliche
Folgerung für den Lerndurchgang festgelegt worden. Das
gehört in die curriculare Detaillierung und die Bestimmung
der Kursarten innerhalb des Schwerpunktes. Das Beispiel
sollte demgegenüber nur illustrieren, daß und warum die
Nennung einer Leitdisziplin noch nicht die Lösung als
selbstverständlich voraussetzen darf, daß vielmehr eine wie
auch immer begründete Strukturierung unausweichlich ist,
um die Konstruktionsorientierung ansetzen zu können.

Um Mißverständnisse zu vermeiden, ist aber auf einige
Voraussetzungen aufmerksam zu machen, die für das vor-
liegende Beispiel eines Schwerpunktes „Wirtschafts- und
Sozialwissenschaften" gemacht wurden. Der fragliche
Schwerpunkt ist analog zu den Fachabschlüssen B des
Schwerpunktes Elektrotechnik („Technologie-Elektrotechnik" und „Musik-Tonfrequenztechnik") als eine Erweiterung der Fachabschlüsse A des elektrotechnischen Schwerpunktes angelegt. Die tabellarische Aufstellung der den
Schwerpunkt ausmachenden Themen mag zunächst über-
trieben wirken. Aber man muß sich verdeutlichen, daß ein
Lernender, der einen Fachabschluß A im Schwerpunkt
„Elektrotechnik" erworben hat, durch seine Lernleistungen
im Schwerpunkt und im obligatorischen Lernbereich bereits wesentliche Teile dieses Ergänzungsschwerpunktes

abdeckt, ganz abgesehen von dem Fall, daß er auch den
Wahlbereich für diesen Zweck mit herangezogen hat. So
sind auf jeden Fall die Punkte 4 (Grundlagen der Elektronik) und 5 (berufsqualifizierende Kurse Elektrotechnik)
vollständig durch einen Fachabschluß A im Schwerpunkt
„Elektrotechnik" anrechenbar, ebenso einzelne Teile der
Punkte 1 (Regelungs- und Systemtheorie), 2 (I) (Ökono-
mie/Soziologie in der Sphäre der Produktion), 3 (Mathematik) und 6 (Englisch). Aus dem obligatorischen Lernbereich
„Politik, Gesellschaftslehre" sind einige Aspekte des Punktes 2 (II) (Ökonomie/Soziologie in der Sphäre der Distribution) bereits durch Lernleistungen belegt. Eine genaue
quantitative Zuordnung ist natürlich erst möglich, wenn
die verschiedenen Schwerpunkte und der obligatorische
Lernbereich curricular detailliert sind. Tendenziell aber
kann auch schon auf dieser vorläufigen Stufe der Erörterungen ausgesagt werden, daß ein Fachabschluß B im
Schwerpunkt „Wirtschafts- und Sozialwissenschaften" im
Anschluß an einen Fachabschluß A des Schwerpunktes
„Elektrotechnik" innerhalb eines Jahres erreichbar sein
müßte.

Eine genaue Auflistung der Lernziele und Lerninhalte
des gesamten Schwerpunktes, also einschließlich der Teile,
die aufgrund vorausgegangener Lernleistungen bis zu einem
Fachabschluß A anrechenbar sind, ist freilich in jedem Fall
empfehlenswert. Denn die Strukturierung des Schwerpunktes kann nur bei einem Gesamtüberblick gelingen; darüber
hinaus aber sind natürlich auch andere mögliche Zugangs-
arten zu bedenken. Bei dem von uns angenommenen Kolleg
können selbstverständlich auch Lernende, die zunächst in
den Schwerpunkten „Naturwissenschaften" und „Mathematik" begonnen haben, zum Schwerpunkt „Wirtschafts-
und Sozialwissenschaften" überwechseln, ebenso wie von
Lernenden aller Schwerpunkte der Wahlbereich zum Aufbau eines zweiten Schwerpunktes genutzt werden kann
(Seite 62). Für alle diese Möglichkeiten muß der Zusammenhang des Schwerpunktes und seiner Anforderungen im
ganzen transparent sein, auch wenn er in der Regel in Form
von Ergänzungsstudien absolviert wird.

Lambert Hermanns
Annelie Wagner

Berufliche Grundbildung

Gliederung:
1. Die Ausgangslage
2. Berufliche Grundbildung im Konzept der Sekundarstufe II
2.1 Struktur der beruflichen Grundbildung
2.2 Struktur der beruflichen Grundbildung für studienqualifizierende Bildungsgänge in der Verwirklichungsphase des Konzeptes
2.3 Struktur der beruflichen Grundbildung für das zweijährige Bildungsprogramm
3. Versuche zur Einführung

1.   **Die Ausgangslage**

Die Bildungskommission des Deutschen Bildungsrates hat im Strukturplan die Einführung eines Berufsgrundbildungsjahres als 11. Bildungsjahr empfohlen. In der bildungspolitischen Diskussion hat sich inzwischen die Forderung nach einer beruflichen Grundbildung weitgehend durchgesetzt. Dies spiegelt sich auch in der Arbeit der Bund-Länder-Kommission für Bildungsplanung. Sie sieht im Bildungsgesamtplan [2]) die Einführung eines Berufsgrundbildungsjahres vor und hat dessen Einführung in die Vorschläge für die Durchführung vordringlicher Maßnahmen [3]) aufgenommen.

Inzwischen laufen in den meisten Ländern Versuche mit der beruflichen Grundbildung in Form eines Berufsgrundbildungsjahres (Berufsgrundschuljahres). Die Anrechenbarkeit dieses Berufsgrundbildungsjahres auf die Ausbildung im dualen System ist durch eine Anrechnungsverordnung [4]) sichergestellt; darüber hinaus haben sich alle Länder in der Kultusministerkonferenz über die Durchführung des Be-

[2]) Bund-Länder-Kommission für Bildungsplanung, Bildungsgesamtplan, Stuttgart 1973, Band I, S. 31.
[3]) Bund-Länder-Kommission, Vorschläge für die Durchführung vordringlicher Maßnahmen, beschlossen in der Sitzung am 6. Juli 1972, Drucksache Nr. K 28-29/72, S. 23.
[4]) Vgl. Verordnung über die Anrechnung auf die Ausbildungszeit in Ausbildungsberufen der gewerblichen Wirtschaft und der wirtschafts- und steuerberatenden Berufe — Anrechnung eines schulischen Berufsgrundbildungsjahres und des Besuchs einer einjährigen Berufsfachschule (Berufsgrundbildungsjahr-Anrechnungs-Verordnung) vom 4. Juli 1972.

rufsgrundbildungsjahres [5]) in einer Rahmenvereinbarung geeinigt.

Diese Reformansätze, denen in den Ländern sehr viele und zum Teil unterschiedliche Einzelmaßnahmen entsprechen, sind — vergröbert — an folgenden Zielvorstellungen orientiert:

— Erhöhung der horizontalen Durchlässigkeit durch eine breit angelegte Grundbildung innerhalb der beruflichen Erstausbildung;

— Erhöhung der Mobilität und Felxibilität durch grundlegendes Verständnis verwandter Berufe;

— Systematische Vorbereitung im Berufsfeld auf die endgültige Berufswahl.

Diese Zielvorstellungen sind derzeit bezogen auf die Gruppe der Lernenden, die eine berufliche Erstausbildung im dualen System anstreben. Die bestehenden Ausbildungsberufe werden Berufsfeldern zugeordnet, innerhalb derer eine berufsfeldorientierte Grundbildung die darauf aufbauende Fachbildung vorbereitet. Die Stufe der beruflichen Grundbildung wird nach der KMK-Vereinbarung auf ein Jahr festgelegt und ist auf absehbare Zeit für die meisten Lernenden das 10. Bildungsjahr.

Sowohl die Konzeption der Berufsfelder und die Zuordnung der Einzelberufe zu diesen Berufsfeldern als auch die generelle zeitliche Festlegung der beruflichen Grundbildung auf ein Jahr enthalten bisher noch nicht gelöste Probleme.

2.   Berufliche Grundbildung im Konzept der Sekundarstufe II

Die vorgenannten Reformversuche sind Ansätze zur Verbesserung der beruflichen Erstausbildung und können als Übergangsphase und Vorbereitungsschritte dienen im Hinblick auf die Verwirklichung des hier vorgeschlagenen Konzepts zur Neuordnung der Sekundarstufe II.

Die Notwendigkeit beruflicher Grundbildung ergibt sich nach diesem Konzept aus folgenden Zusammenhängen:

— Der Abschluß der Sekundarstufe II wird über eine Fachkompetenz erworben, die durch eine Fachqualifikation, häufig Berufsqualifikation, ausgewiesen wird.

— Jede Fachqualifikation wird innerhalb eines Schwerpunktes erreicht; in jedem Schwerpunkt sind unterschiedliche Fachqualifikationen erreichbar, das heißt auch unterschiedliche Berufsqualifikationen.

[5]) Rahmenvereinbarung über das Berufsgrundbildungsjahr vom 6. September 1973.

— Die Schwerpunkte sollen alle Tätigkeitsbereiche erfassen und, über die derzeitige Berufsfeldabgrenzung hinausgehend, auch alle über ein Studium erreichbaren Tätigkeitsbereiche abdecken.

— Zur beruflichen Grundbildung gehören diejenigen Teile des Lernprogramms, die in einem Schwerpunkt die gemeinsame Grundlage für jede berufliche Qualifikation im Bereich dieses Schwerpunktes bilden.

Demnach ist eine berufliche Grundbildung nicht mehr nur für die Lernenden von Bedeutung, die in der Sekundarstufe II eine berufliche Erstausbildung anstreben, sondern für alle Lernenden in der Sekundarstufe II.

Die berufliche Grundbildung, wie sie sich aus dem Konzept ergibt, soll im folgenden anhand der Gruppe der Jugendlichen dargestellt werden, die in der Sekundarstufe II eine berufliche Erstausbildung anstrebt. Soweit davon abweichende didaktische Konzepte für andere Gruppen von Jugendlichen — zum Teil nur für eine Übergangszeit — notwendig sind, werden diese im Anschluß daran angesprochen.

2.1 Struktur der beruflichen Grundbildung

Die Gruppe der Jugendlichen, die in der Sekundarstufe II eine berufliche Erstausbildung erfahren, wird gegenüber dem derzeitigen Bildungssystem aus zwei Gründen größer sein:

Zum einen werden Jugendliche, die als Hauptziel in der Sekundarstufe II die Studienqualifikation anstreben, von den im Kolleg gebotenen Möglichkeiten Gebrauch machen, dieses Ziel mit dem Erwerb einer beruflichen Erstausbildung oder Teilen davon zu verbinden. Selbst wenn die Teile solcher Bildungsgänge, die auch zur beruflichen Erstausbildung gehören, nicht bis zur vollen beruflichen Qualifikation führen, wird die berufliche Grundbildung ihrer Struktur nach zur Gruppe „Berufliche Erstausbildung" gehören.

Zum anderen wird ein Teil der Jugendlichen, die heute während des Besuchs der Sekundarstufe II bereits ein Arbeitsverhältnis eingegangen sind, wegen der im Konzept vorgesehenen zweijährigen vollzeitlichen Bildungspflicht eine berufliche Erstausbildung anstreben. Dies gilt für eine Reihe heutiger „Jungarbeiter", die aus vielerlei Gründen möglichst schnell viel Geld verdienen wollen. Zu ihnen gehören besonders viele Mädchen, die aufgrund eines überkommenen Rollenverständnisses von den auch heute schon gebotenen Möglichkeiten keinen Gebrauch machen.

Nach dem hier vorliegenden Konzept wird im Lernprogramm der Sekundarstufe II die in der Sekundarstufe I begonnene äußere Differenzierung fortgesetzt und bis zum Erwerb der Fachqualifikationen weitergeführt. In der Sekundarstufe I muß die Orientierung und Beratung über die Bildungsgänge in der Sekundarstufe II dazu führen, daß die Entscheidung für einen Schwerpunkt in der Sekundarstufe II getroffen werden kann. Innerhalb des gewählten Schwerpunktes bildet die berufliche Grundbildung in der Regel die erste Phase auf der gesamten Breite des Schwerpunktes; denn bei der curricularen Entwicklung oder Überarbeitung von Bildungsgängen in der Sekundarstufe II werden im allgemeinen die Teile des Lernprogramms am Anfang stehen, die die gemeinsame Grundlage für jede berufliche Qualifikation im Bereich des entsprechenden Schwerpunktes auf beiden Qualifikationsebenen (Fachabschluß A und Fachabschluß B) bilden. Im Verlaufe der beruflichen Grundbildung wird die Entscheidung für eine Profilierung innerhalb des Schwerpunktes vorbereitet. Diese Profilierung führt zu einer durch Ausbildungsordnungen ausgewiesenen und im Beschäftigungssystem verwendbaren beruflichen Qualifikation.

Die berufliche Grundbildung wird nicht in allen Schwerpunkten gleich lang sein, denn die Profilierungen werden je nach dem Schwerpunkt beziehungsweise Tätigkeitsbereich zu verschiedenen Zeiträumen beginnen und sich fortsetzen können. Auch der Übergang von der beruflichen Grundbildung zur Fachbildung wird fließend sein. Denn weder inhaltlich noch zeitlich ist eine exakte Abgrenzung von Grundbildung und Fachbildung möglich und nach dem Konzept auch nicht notwendig. Damit verliert die berufliche Grundbildung einerseits die derzeit starre und pauschale Abgrenzung gegenüber der Fachbildung, andererseits ist aber auch kein Abschluß der Grundbildung und somit kein Verteilerkreis mehr gegeben.

Trotz der — gemessen an den Berufsfeldern — spezielleren Auslegung der Schwerpunkte kann die berufliche Grundbildung ähnlich breit angelegt sein; denn es ist denkbar, daß die berufliche Grundbildung für verwandte Schwerpunkte identisch ist. Darüber hinaus ist es vorstellbar, daß bestimmte Kurse (z. B. ein Grundlagenkurs in Kraftfahrzeugtechnik) für so verschiedene Schwerpunkte wie schlosserische Berufe und landwirtschaftliche Berufe zum üblichen Lernprogramm gehören, so daß auch „berufsfeldübergreifende" Kurse angeboten werden.

Bei dieser Vorstellung von beruflicher Grundbildung muß für jeden Kurs festgelegt werden, für welche Qualifikationen innerhalb welcher Schwerpunkte er zum üblichen Programm gehört oder sogar Voraussetzung ist. Dies schließt ein, daß die Wertigkeit all dieser Kurse im Hinblick auf die verschiedenen Abschlüsse bestimmt und die individuell erreichten Leistungen festgestellt werden.

Wegen der unterschiedlichen Interessen und Fähigkeiten der Jugendlichen sind innerhalb eines Schwerpunktes verschiedene Kurse der beruflichen Grundbildung einerseits mit unterschiedlichem Niveau und andererseits mehr nach ihrem Praxis- und Theorieanteil vorzusehen. Trotz dieser didaktischen und methodischen Unterschiede können solche Kurse einander entsprechen. Es wird daher geprüft werden müssen, ob auch schon innerhalb der beruflichen Grundbildung einzelne Kurse einander ersetzen können.

Je nach Aufgabenstellung können die Kurse beruflicher Grundbildung verschiedenen Lernorten zugeordnet werden. Die Zuordnung ist abhängig von den jeweiligen Schwerpunkten und den angestrebten Qualifikationen und wird zum Teil in den Rahmenlehrplänen und Ausbildungsordnungen geregelt. Zu einem anderen Teil wird sie von lokalen Möglichkeiten bedingt. Wegen der notwendigen Systematisierung und Grundlegung werden jedoch die Kurse der beruflichen Grundbildung in der Regel vorwiegend in Schulen und schulischen, überbetrieblichen oder betrieblichen Lehrwerkstätten, also weniger am Arbeitsplatz, stattfinden.

Die Struktur der beruflichen Grundbildung ist anhand der Gruppe der Lernenden dargestellt worden, die in der Sekundarstufe II eine berufliche Erstausbildung anstreben. Diese Struktur gilt prinzipiell auch für alle anderen Lernenden der Sekundarstufe II. Je nach den Lernprogrammen können zwei weitere Gruppen unterschieden werden, deren berufliche Grundbildung zum Teil anders gestaltet werden muß. Die erste Gruppe bezieht sich auf die Lernenden, die bis zur Neuordnung der Sekundarstufe II ausschließlich eine Studienqualifikation anstreben. Die zweite Gruppe, die auch in einer neugeordneten Sekundarstufe II weiterbestehen wird, sind die Jugendlichen mit besonderem Lernverhalten. Für eine berufliche Grundbildung dieser beiden Gruppen werden im folgenden weitere Ausführungen gemacht.

2.2   Struktur der beruflichen Grundbildung für studien-qualifizierende Bildungsgänge in der Verwirklichungsphase des Konzeptes

Auch für die Lernenden, deren Ziel der Erwerb einer Studienqualifikation ist, sollte die Perspektive der Berufsausübung bereits im Lernprogramm der Sekundarstufe II berücksichtigt werden.

Die Berufsvorbereitung beginnt für diese Gruppe der Jugendlichen wie für alle anderen mit dem Beginn der Sekundarstufe II. Sie unterscheidet sich einmal dadurch, daß sie länger dauert und sich über ein Studium vollzieht und zum anderen, daß in der Sekundarstufe II noch offener ist, welche berufliche Tätigkeit nachher ausgeübt wird. Der Sinn einer beruflichen Grundbildung für solche, die eine Studienqualifikation anstreben, besteht darin, daß auch ihr Lernprogramm in der Sekundarstufe II einen Praxisbezug berücksichtigt.

Der Zielvorstellung des Konzepts einer curricularen Integration allgemeinen und beruflichen Lernens entspricht ein solcher Berufs- beziehungsweise Praxisbezug. Tendenziell sollen daher möglichst viele Bildungsgänge außer einer Studienqualifikation gleichzeitig Teile einer beruflichen Qualifikation enthalten. Je mehr solcher Teile in diesen Bildungsgängen enthalten sind, um so mehr nähert sich die dafür notwendige berufliche Grundbildung der bereits beschriebenen.

Eine besondere berufliche Grundbildung für Jugendliche, die derzeit ausschließlich eine Studienqualifikation anstreben, wird nur so lange notwendig sein, wie das hier vorgeschlagene Konzept der Sekundarstufe II noch nicht voll entwickelt ist.

Die Forderung nach einer beruflichen Grundbildung für diese Jugendlichen darf nicht so verstanden werden, als ob damit eine Nivellierung, das heißt eine Anpassung nach „unten" angestrebt sei. Sie soll auch nicht das Erreichen der vorgesehenen Ziele (bzw. Qualifikationen) hemmen oder ihnen zuwiderlaufen. Ebenso darf die berufliche Grundbildung nicht zum Ziel haben, Jugendliche in einem oder zwei Jahren in diesen Bildungsgängen so „berufsfähig" zu machen, daß drop outs unmittelbar im Beschäftigungssystem eingesetzt werden können. Die Konzeption der beruflichen Grundbildung kann daher nicht durch Addition neuer (berufsqualifizierender, praxisorientierter) Elemente zum herkömmlichen Fächerkanon verwirklicht werden.

Für die Übergangszeit bis zur Verwirklichung des Modellentwurfs dient die berufliche Grundbildung besonders zwei Zielen:
— Berufskundliche Kurse beziehungsweise Praktika zur Vorbereitung der Berufswahl (Studienwahl);
— Grundlagen zur Vorbereitung einer beruflichen Erstausbildung im tertiären Bereich.

Während die berufliche Grundbildung für die Gruppen der Jugendlichen, die eine berufliche Erstausbildung anstreben, derzeit auf berufskundlichen Fächern der Sekundarstufe I (Arbeitslehre, Berufswahlunterricht) aufbauen kann, ist dies in der Regel in den studienorientierten Bildungsgängen nicht der Fall. Nur bei einem Gesamtschulsystem würden hier gleiche Voraussetzungen für alle Zielgruppen vorliegen. Aber auch dann wird die Berufskunde der Sekundarstufe I sich primär auf die Berufsbereiche beziehen, die zur Zeit durch die Berufsfelder abgedeckt sind. Es erscheint daher sinnvoll, für diejenigen, die eine Studienqualifikation anstreben, in der Sekundarstufe II berufskundliche Kurse über Tätigkeiten anzubieten, die eine Ausbildung im tertiären Bereich voraussetzen. Inhalte für soche Kurse könnten etwa sein: Aufgaben und Probleme im Umgang mit Maschinen; Aufgaben und Konflikte im Umgang mit Menschen; Vergleich verschiedener Berufsbilder.

Neben dieser Vorbereitung einer Berufswahl hat die berufliche Grundbildung für die Gruppe der Jugendlichen, die eine Studienqualifikation anstreben, die Aufgabe, innerhalb des gewählten Fachbereichs Grundlagen zur Vorbereitung eines späteren Studiums im tertiären Bereich zu legen. Dazu gehört zum Beispiel für einen großen Teil dieser Gruppe die Einführung in pädagogische und psychologische Probleme, da viele dieser Lernenden später in Lehrberufen tätig sein werden. Im Zusammenhang mit solchen theorieorientierten Kursangeboten könnten Praxiskurse bereitgestellt werden, die zwar noch nicht in die späteren beruflichen Tätigkeiten führen, indirekt aber doch darauf vorbereiten und das Verständnis dafür erweitern: Praktische Tätigkeiten als Kurse oder Praktika zum Beispiel in Krankenhäusern, Kindergärten sowie in Kaufhäusern können die Lernprogramme bereichern, wenn sie durch entsprechende Kurse vor- und nachbereitet werden.

In vielen Fällen kann dadurch die Realsituation in dem angestrebten Beruf empfunden, ein Anschauungsfundament für den theoretischen Unterricht gegeben und die Erfahrung der sozialen Wirklichkeit sowie der Erwerb gewisser beruflicher Fertigkeiten begünstigt werden.

2.3   Struktur der beruflichen Grundbildung für das zweijährige Bildungsprogramm

Für eine berufliche Grundbildung der Jugendlichen, die nach dem Konzept das pflichtmäßige zweijährige Bildungsprogramm der Sekundarstufe II wahrnehmen werden, stehen in erster Linie didaktische Probleme und die Auswahl des Angebots im Vordergrund.

Während es im gegenwärtigen Bildungssystem für die Jugendlichen mit besonderem Lernverhalten (etwa 25 % eines Geburtenjahrganges) in der Regel keine systematisierte Ausbildung gibt, sollen diese Jugendlichen durch die Verwirklichung des Konzepts besser gefördert werden. Es kann damit gerechnet werden, daß durch intensive Betreuung ein Teil der Jugendlichen in einen Bildungsgang überwechselt, um dort eine berufliche Erstausbildung anzustreben. Dennoch wird weiterhin ein Personenkreis aus verschiedenen Gründen in dem zweijährigen Bildungsprogramm auf spätere Lebenssituationen vorzubereiten sein.

Dieser Gruppe von Jugendlichen ist gemeinsam, daß sie in der Sekundarstufe II weder eine berufliche Qualifikation noch eine Studienqualifikation, also keinen Abschluß der Sekundarstufe II erreicht. Die Gründe dafür sind sehr unterschiedlich; die Gruppe ist in sich sehr differenziert.

Wenn auch diese Jugendlichen keine volle Berufsqualifikation erreichen, so sollen sie doch in der Sekundarstufe II befähigt werden, eine oder mehrere berufliche Tätigkeiten im Beschäftigungssystem übernehmen zu können; sie sollen nicht ohne jede beruflich verwendbare Ausbildung in das Beschäftigungssystem entlassen werden. Daher ist für diese Gruppe eine berufliche Grundbildung besonderer Art notwendig.

Die folgenden Aussagen zu Möglichkeiten beruflicher Grundbildung sollen besonders für Jugendliche gelten, die aufgrund sozialer Bedingungen in ihrer Lern- und Leistungsmotivation beeinträchtigt sind; für Jugendliche mit irreversibel gegebenen Behinderungen sind dagegen vielfach besondere behinderungsbezogene Maßnahmen erforderlich, die auch für die berufliche Grundbildung gelten.

Die wichtigsten Ziele beruflicher Grundbildung sind außer einer Förderung der Motivation für weiteres Lernen die Befähigung für grundlegende berufliche Tätigkeiten. Um diese Ziele zu erreichen, sind in jedem Fall die Grundsätze der Lebensnähe und der Praxisorientierung Ausgangspunkte für alle weiteren Überlegungen der Strukturierung beruflicher Grundbildung. Eine solche berufliche Grundbildung darf weder zu einer bloßen Beschäftigungstherapie abgleiten noch zu einer Überforderung der Jugendlichen durch einen überhöhten Theorieanspruch führen. Gerade diese Jugendlichen haben vielfach in den vorausgehenden Bildungsjahren Schwierigkeiten mit dem theoretischen Ansatz gehabt und können nur über den Praxisbezug neu motiviert werden. Theoretischen Erörterungen folgen sie nur, wenn sie unmittelbar als für die Praxis oder für die Bewältigung von Lebenssituationen notwendig erkannt werden.

Nach den Vorstellungen des Konzepts haben diese Jugendlichen nach Vollendung der derzeitigen (neunjährigen) Vollzeitschulpflicht in der Sekundarstufe II einer weiteren zweijährigen Bildungspflicht zu genügen. Während dieser Zeit sollen sie die Möglichkeiten haben, in berufsqualifizierende Bildungsgänge überzuwechseln. Wahrscheinlich können die meisten Teile des zweijährigen Bildungsprogramms der beruflichen Grundbildung dienen.

Für die berufliche Grundbildung im zweijährigen Bildungsprogramm könnten zwei Alternativen erprobt werden:

Alternative A (berufliche Grundbildung in verschiedenen Schwerpunkten)

Innerhalb eines Tätigkeitsbereichs (z. B. Technik) werden grundlegende Kenntnisse, Fertigkeiten und Fähigkeiten in drei Schwerpunkten, zum Beispiel Holzbearbeitung, Kunststoffbearbeitung, Metallbearbeitung angeeignet (eine solche Schwerpunktbildung wird hier unterstellt). Die Kenntnis-, Fertigkeits- und Fähigkeitsvermittlung nimmt dabei jeweils von der praktischen Tätigkeit ihren Ausgang. Innerhalb dieser Schwerpunkte werden einzelne Fertigkeiten und Kenntnisse in jeweils speziellen Bereichen bis zu einer gewissen Perfektionierung vorangetrieben, so daß in diesen Spezialbereichen Berufsfähigkeiten erreicht werden (z. B. Schweißen).

Da diese Zielgruppe durch die berufliche Grundbildung besonders auch für weiteres Lernen motiviert werden soll, müssen die einzelnen Tätigkeiten relativ schnell zu einem erkennbaren und sichtbaren Ergebnis führen, an dem die Jugendlichen auch interessiert sind. Versuche haben ergeben, daß hier möglicherweise in drei Schritten vorgegangen werden kann:

1. Grundlegende Kenntnisse und Fertigkeiten (einfache Werkstoffkunde, Sägen, Feilen, Bohren, Hobeln).
2. Möglichkeiten des freien Gestaltens mit entsprechenden Werkstoffen.

3. Fertigen größerer Arbeiten nach dem Prinzip der Arbeitsteilung.

Die speziell erworbenen Fertigkeiten können durch Zertifikate ausgewiesen werden, so daß eine entsprechende Eingruppierung in Lohngruppen des Beschäftigungssystems ermöglicht wird. Damit würde niemand mehr als „Ungelernter" aus der Sekundarstufe II in das Beschäftigungssystem entlassen. Andererseits könnte eine solche Berufsgrundbildung der Berufsfindung dienen und durch die gewonnene breite Grundlage den Eintritt in verschiedene Bildungsgänge der Sekundarstufe II ermöglichen.

Alternative B (Berufliche Grundbildung in einem Schwerpunkt)

Eine zweite Möglichkeit für den Aufbau der beruflichen Grundbildung besteht in der Beschränkung auf einen Schwerpunkt. Der Unterschied zu der beruflichen Grundbildung anderer Bildungsgänge besteht in einem noch größeren Praxisbezug. Die daraus abgeleitete theoretische Unterstützung darf in keinem Fall so weit gehen, daß die Jugendlichen überfordert werden, sie darf jedoch nicht so gering sein, daß keine Wissenschaftsorientierung gewährleistet ist.

Diese berufliche Grundbildung kann unter Umständen sehr schnell zu Spezialisierungen führen. Sie darf jedoch nicht bei diesen Spezialisierungen stehen bleiben, sondern muß von dort her breitere Grundlagen schaffen und zu weiteren Spezialisierungen übergehen, damit die Jugendlichen nicht von vornherein auf eine bestimmte Beschäftigung im späteren Leben (z. B. nur Schweißen) festgelegt sind. Die weiteren Spezialisierungen innerhalb des Schwerpunktes können unter Umständen anspruchsvoller (auf einem höheren Niveau) sein und insofern in eine Fachbildung führen. So ergibt sich möglicherweise eher und ohne größere Zeitverluste ein Übergang in entsprechende Bildungsgänge der beruflichen Erstausbildung als bei der anderen Alternative einer beruflichen Grundbildung.

Der stärkere Bezug zur praktischen Tätigkeit darf nicht bedeuten, daß die Kenntnis- und Fertigkeitsvermittlung immer nur auf den untersten Stufen steckenbleibt. Auch hierbei müssen — entsprechend dem Konzept der Sekundarstufe II — Fähigkeiten und Einsichten im Bereich prozessualer und allgemeiner Lernziele und zum Aufbau sozialer und humaner Kompetenz einbezogen werden.

Der Erfolg dieser beruflichen Grundbildung wird unter anderem wesentlich dadurch bestimmt, daß die speziellen Ziele nicht von vornherein sehr eng festgelegt, sondern jeweils auf die Lern- und Leistungsmöglichkeiten der entsprechenden Gruppe abgestellt werden. Es muß jedoch in Versuchen geprüft werden, wieweit eine solche Bandbreite im Sinne eines den Prinzipien der Sekundarstufe II entsprechenden Lernfortschritts möglich und im Hinblick auf zertifizierbare und verwendbare Einzelfertigkeiten sinnvoll ist.

Der Praxisbezug dieser beruflichen Grundbildung legt es nahe, das Lernen in möglichst betriebsnahen Lernorten zu vermitteln. Andererseits zwingt jedoch die notwendige Systematisierung in vielen Fällen zur Ausbildung in Lehrwerkstätten, da die Arbeitsplatzsituation für den Lernenden eine Überforderung und für den Arbeitsablauf eine allzu große Behinderung darstellen könnte.

Bei aller notwendigen curricularen Planung darf nicht vergessen werden, daß individuelle Hilfestellungen und Zuwendungen zum einzelnen für viele Jugendliche oft wichtiger sind als perfekte Ausbildungspläne. Besondere Ausstattungen, die je nach Behinderungen für solche Jugendlichen erforderlich sein können, sind zwar unentbehrlich, sie müssen jedoch durch die für diese Gruppe besonders notwendigen menschlichen Zuwendungen ergänzt werden.

3. Versuche zur Einführung

Wie eingangs erwähnt, haben Versuche mit der beruflichen Grundbildung bereits begonnen. Schon die generelle Einführung der beruflichen Grundbildung im Rahmen der beruflichen Erstausbildung wird einen langen Zeitraum in Anspruch nehmen und Übergangsprobleme mit sich bringen. Sie ergeben sich sowohl aus der notwendigen Umstrukturierung aller beruflicher Bildungsgänge als auch aus den unterschiedlichen Bildungsvoraussetzungen (mit oder ohne Abschluß der Hauptschule, Abschluß der Realschule usw.), mit denen die Lernenden einen beruflichen Bildungsgang beginnnen.

Die Neuordnung der Sekundarstufe II im Sinne des Konzepts wird sicherlich noch länger dauern. Wegen der Bedeutung der beruflichen Grundbildung für die Verwirklichung der didaktischen Grundsätze, insbesondere der Verbindung von reflexions- und handlungsbezogenem Lernen, sollten entsprechende Versuche für die Gruppe der Lernenden in studienqualifizierenden Bildungsgängen und für die Gruppe der Lernenden mit besonderem Lernverhalten möglichst schnell vorbereitet und gefördert werden.

Hermann Krings

**Der Lernort Studio und der Lernbereich Spiel
und Gestalten**

Gliederung:
1. Der Lernbereich Spiel und Gestalten (kreatives,
   ästhetisches und soziales Lernen)
2. Der Lernort Studio
3. Die Lernziele
4. Die Medien und Tätigkeitsfelder
5. Die Ausbilder

**1.   Der Lernbereich Spiel und Gestalten (kreatives, ästhetisches
und soziales Lernen)** [6])

1.1   Handlungsfähigkeit in den verschiedenen Lebensbereichen
zu entwickeln, ist ein allgemeines Lernziel der Lernprozesse
in der Sekundarstufe II. Dieses Ziel wird nur dann mit Aus-
sicht auf Erfolg angestrebt werden können, wenn alle Lernorte der Sekundarstufe II Angebote für ein aktives Lernen
machen. Aktives Lernen heißt, daß in Verbindung mit
vorgegebenen Lernzielen und Lerninhalten nicht nur Informationen entgegengenommen und verarbeitet werden,
sondern auch ein Raum für eigenes Handeln eröffnet wird:
selber sprechen, selber experimentieren, selber erkunden,
selber Situationen realisieren, selber tätig sein und etwas
gestalten. Das aktive Lernen hat sowohl für den Erwerb
einer beruflich verwertbaren Fachkompetenz wie für die
Entwicklung einer individuellen Persönlichkeit als auch für
die Sozialisation des Individuums seine Bedeutung.

1.2   Lernziele und Inhalte sind in den Lernprogrammen von
Schule, Lehrwerkstatt und Betrieb den Lehrenden wie den
Lernenden im allgemeinen durch Lehrpläne oder Ausbildungsordnungen vorgegeben. Die Lerninhalte der Kurse,
die in einem bestimmten Bildungsgang Pflicht sind, können
zwar in einer schmalen Bandbreite unterschiedlich sein;
sie können jedoch nicht frei gewählt werden. Das Lernen
im Studio ist hingegen dadurch charakterisiert, daß die
Jugendlichen Inhalte aus eigenem Antrieb wählen können,
um sie dann auch mit Mitteln zu behandeln, die sie selbst

[6]) Vgl. die Gutachten von K. Bertelsmann Spielhandlungen in der
Sekundarstufe II und Bo Söderberg Die Bedeutung des
ästhetischen, kreativen und sozialen Lernens in der Sekundarstufe II.
In: Deutscher Bildungsrat, Gutachten und Studien der
Bildungskommission, Spiel und Kommunikation in der Sekundar-
stufe II, Stuttgart (in Vorbereitung).

wählen und einüben. Dazu wird weder in der Schule noch in Lehrwerkstatt oder Betrieb hinreichend Raum freigegeben werden können. Das Studio hat die Aufgabe, diesen sonst zu wenig berücksichtigten inhaltlichen Bedürfnissen im Rahmen des organisierten Lernens Möglichkeiten zur Artikulation zu bieten. Dadurch wird nicht nur der Abstand von Leben und Lernen verringert, sondern es wird auch Kreativität gefordert und gefördert.

1.3 Das Angebot im Studio entspricht einem umfassenden Wirklichkeitsbereich des Erwachsenenlebens: Fernsehen, Film, Werbung, Wohnen, Verkehr, Musik, Politik, soziale Situationen und so weiter. In Ergänzung zu den Lernmöglichkeiten in der Schule oder den anderen Lernorten, die primär darüber informieren oder diese Lebensbereiche in starker Zweckorientierung behandeln, sollen die Lernenden durch die Angebote im Studio mit diesen Lebensbereichen in einen unmittelbaren und tätigen Kontakt gebracht werden und sich im Umgang mit ihnen üben.

Die Lernenden haben im Studio eine Chance, sich aktiv lernend in eine Beziehung zu den verschiedenen Bereichen der Kultur zu setzen, so daß auch in diesem Bereich Chancenungleichheiten abgebaut werden können.

1.4 Im Programm der Lernprozesse der Sekundarstufe II sollten Spielhandlungen eine eigene pädagogische Bedeutung haben. Der Lernende wird durch sie zu einer Produktivität angeleitet, deren Ziel weder eine Qualifikation (wie z. B. Englischkenntnisse) noch ein verwertbares Produkt (wie z. B. ein Werkstück) ist, sondern die Produktion selbst als gelungenes Spiel. Diese Einheit von Produktivität und Produkt in einem Medium oder multimedial zu realisieren und diese Einheit als eigene Leistung zu erfahren, ist das Charakteristische eines Handlungslernens in den Bereichen von Spiel und Gestalten. Die Einheit von Produktivität und Produkt zu erreichen, soll als allgemeines Lernziel in diesem Bereich gelten. Als solches enthält es eine Reihe von weiteren Lernzielen, die weiter unten aufgegliedert werden.

1.5 Entscheidend für jedwedes Lernzielerreichen im Bereich der Spielhandlungen ist die Freude am Spiel und am spielerischen Tätigsein. Die Motivation zu diesem Lernen entspringt nicht als Ansporn zu einer Leistung oder Qualifikation, sondern als die Lust an der Erfindung und am Entdecken, am sinnlichen Ausdruck, an der konkreten Betätigung, am Selbertun und Darstellen.

1.6   Das Studio bietet die Möglichkeit zu einem freien Umgang mit Materialien, die die Lernenden sonst nur aus einem zweckbestimmten Ausschnitt her kennen. Sie können sich im Studio mit den ästhetisch und funktionalen Möglichkeiten von Werkstoffen vertraut machen. Ihre technischen Kenntnisse, in berufsqualifizierenden Bildungsgängen erworben, bieten dabei eine motivierende Basis für ein freies Gestalten und für den spielbetont experimentellen Umgang mit allen denkbaren Werkstoffen. Durch diese gegenüber den anderen Lernorten abgehobene Betätigung mit und an den Werkstoffen erhalten diese im Studio die Qualität eines Mediums, wodurch ästhetische und kommunikative Sensibilität und Kreativität gefördert werden.

1.7   Durch freie Arbeiten und das Spielen mit Materialien wie auch durch Rollenspiel und anderes können die Angebote im Studio an die Angebote anderer Lernorte angebunden und indirekt in einen Bezug zu den erstrebten Fachqualifikationen gebracht werden. Durch die Eigenart der Lernprozesse im Studio kann insbesondere die Distanz zwischen der Vermittlung von instrumentaler Fachkompetenz und von humaner Kompetenz überwunden werden.

1.8   Das Studio bietet vielfach Gelegenheit für kompensatorisches Lernen. Dies gilt in einem doppelten Sinn. Einmal kann in einer Reihe von Tätigkeitsfeldern das Verbalisieren gegenüber den Betätigungen stark zurücktreten, so daß keine Benachteiligung bei geringerer Sprechfähigkeit eintreten muß. Überdies aber sind emotionale und motorische Fähigkeiten in den Spielhandlungen stärker gefordert als kognitive Fähigkeiten. Größere emotionale und motorische Fähigkeiten können sich wiederum fördernd auf kognitive auswirken. Persönliche Ängste, familiäre oder andere Konfliktsituationen können in Spielhandlungen reproduziert und dadurch distanziert und klarer werden.

1.9   Durch die Erweiterung oder Ergänzung der Fachkompetenz wie auch durch die kompensatorische Bedeutung der Lernangebote wird das Studio zu einer sinnvollen Ausgestaltung des Wahlbereichs besonders geeignet sein. Die Pflichtkurse der Bildungsgänge werden über die Zuwahl von Fächern aus dem Bereich des ästhetischen und kreativen Lernens ergänzt werden können.

1.10   In der Sekundarstufe II werden Medien beziehungsweise Tätigkeitsfelder im Bereich von Spiel und Gestalten auch als Schwerpunkt gewählt werden können, um hierin eine Fachkompetenz und einen Fachabschluß zu erwerben. Das Studio soll dahin entwickelt werden, daß es zusammen mit anderen Lernorten die Pflichtkurse für solche Schwerpunkte (z. B. Musik, Fotografie) anbieten kann. Das Curriculum muß die erforderlichen Theoriekurse enthalten. Für andere Schwerpunkte (z. B. Tonfrequenztechnik, Filmtechnik, Graphik, Design) wird es einen bestimmten Anteil der Pflichtkurse übernehmen. Für diese Kurse gelten die Prinzipien der Lernzielorientierung, der curricularen Sequenz und der Erfolgskontrolle wie in den Pflichtkursen anderer Schwerpunkte. Wegen der unterschiedlichen Lehr- und Austattungskapazität wird die Angebotsstruktur der Studios verschieden sein. Bestimmte Bildungsgänge werden nur an bestimmten Studios möglich sein.

2.   Der Lernort Studio

2.1   Dem Lernbereich Spiel und Gestalten entspricht ein eigener Lernort; er heißt Studio. Diese These bedarf einer Begründung.

2.1.1   Die verschiedenen Lernorte in der Sekundarstufe II unterscheiden sich — abgesehen vom räumlichen Auseinanderliegen, das ein wichtiges, jedoch kein notwendiges Kriterium ist — durch die andersartigen Lernziele, den andersartigen Lernprozeß, durch ein jeweils anderes soziales System des Lernens.

2.1.2   Die Lernziele der Schule in der Sekundarstufe II liegen überwiegend im kognitiven Bereich. Der Lehrer hat als Fachlehrer bestimmte fachliche und entsprechende didaktisch-pädagogische Aufgaben zu erfüllen. Auch wo der Unterricht in den Fächern Kunsterziehung oder Zeichnen aber auch Musik vorzüglich war, konnten diese Bereiche bis heute keinen angemessenen Platz und keine angemessene pädagogische Begründung im allgemeinen Fächerkanon finden. Es ist auch die Frage, ob es sich hier überhaupt um „Fächer" in dem Sinne handelt, wie dieser Begriff im Lernprogramm der Schule gebraucht wird. Die Beschreibung der Lernziele im Lernbereich Spiel und Gestalten wird zeigen, daß es sich in der Tat um einen anderen Lernbereich als den der Schule handelt. Das kognitive Lernen, das sich im Unterricht mit Geschichte und Theorie der Künste, der

Kunstprodukte und der Künstler beschäftigt, tritt im Studio zurück zugunsten eines emotionalen und psychomotorischen Lernens. Die Lernprozesse verlaufen strukturell anders, da sie sich als Produktion von Bewegungen, Ausdruck und Manifestation in verschiedenen Medien und Materialien abspielen.

2.1.3 Den anderen Lernprozessen und dem anderen Lernmilieu entspricht auch das gegenüber der Schule andere soziale System des Lernens. Das Verhältnis des einzelnen zu sich selbst ist ebenso intensiviert wie das Verhältnis des einzelnen zu der Gruppe, die eine Produktion übernimmt. Die Lerngruppe ist wesentlich ein Produktionsteam, zu der auch der Ausbilder gehört. Vom Lehrer, der über eine Fachkompetenz verfügt, unterscheidet sich der Ausbilder durch seine gestalterische Kompetenz. Er ist jenem darin gleich, daß er seine gestalterische Kompetenz als integrierenden Bestandteil in den pädagogischen Prozeß einbringt.

2.2 Wegen der Andersartigkeit der Lernziele, der Lernprozesse, des Lernmilieus und des sozialen Systems des Lernens soll das Kolleg nach dem Vorschlag der Bildungskommission neben den Lernorten Schule, Lehrwerkstatt und Betrieb über einen Lernort Studio verfügen. Die Einrichtungen eines Studios können je nach den lokalen Gegebenheiten auch für mehrere Kollegs zur Verfügung stehen. Wo die regionalen oder lokalen Bedingungen es erfordern, können und sollen sie für die Sekundarstufe I genutzt werden.

2.3 Das Studio sollte über eigene Räume verfügen. Die folgende Aufstellung enthält weder ein vollständiges noch ein notwendiges Raumprogramm. Sie dient der Verdeutlichung des neuen Lernortes, der je nach den lokalen oder regionalen Verhältnissen verschieden ausgestattet sein wird.
Zum Studio gehören unter anderem:
— technische Werkstätten oder Übungsräume für manuelles Gestalten in verschiedenen Materialien;
— Übungsräume für die verschiedenen nichtbildnerischen Ausdrucksformen (teilweise mit einfachen Vorrichtungen ausgestattet wie Vorhänge, Plastikelemente, Versätze, Beleuchtungseinrichtungen, gegebenenfalls kleine Bühne usw.);
— Musikräume;
— ein Atelier für Foto-, Film-, Video- und elektroakustische Aufnahmen;

— eine Aula mit Bühne und separater Vorführkabine für audiovisuelle Medien;
— Labors (Foto-, Video-, Filmlabor, elektroakustisches Labor);
— Materialraum und Fundus;
— Umkleide- und Waschräume;
— Gruppenräume;
— Räume für die Ausbilder und Büro.

Möglichst viele Teile der Ausstattung (Wandanstrich, Vervollständigung der Installation, Möbel) sollten von den Lernenden selbst hergestellt werden.

Es ist vorteilhaft, das Studio räumlich mit einer Jugendbibliothek oder Jugendmediothek zu verbinden. Einerseits wird diesen Einrichtungen dadurch Publikum zugeführt, andererseits haben die Kinder und Jugendlichen, beispielsweise wenn sie warten müssen, einen Aufenthalt, der ihnen neben den vielfach sehr motorischen Betätigungen in den Spielen Gelegenheit zu ruhigen Tätigkeiten bietet. In der Mediothek können neben deren eigenem Angebot auch die im Studio produzierten Werke vorgeführt beziehungsweise vorgestellt werden.

2.4   Das Studio bietet für die verschiedenen Medienbereiche oder Tätigkeitsfelder organisierte, über einen bestimmten Zeitraum sich erstreckende Lerngruppenveranstaltungen an (Kurse). Die Lerngruppen sind also nicht beliebig offen, sondern als Teams mit freier Aufgabenstellung eine auf Zeit feste Gruppe. Eine regelmäßige Teilnahme derer, die sich zu einem Kurs gemeldet haben, ist ebenso zu fordern wie eine dem Charakter des Studios angemessene Erfolgskontrolle (öffentliche Vorführung; Ausstellung; Jury o. a.).

2.5   Die Kurse im Studio müssen zeitlich flexibel angesetzt werden. Im Hinblick auf die Jugendlichen, die im betrieblichen Teil ihrer Ausbildung stehen, wie auch im Hinblick auf die Ausbilder, die im Studio nebenberuflich tätig sind, sollten für Intervallkurse die Zeit nach 18.00 Uhr und der Samstag genutzt werden. Für Blockkurse gelten allgemein die Regeln der Absprache mit den anderen Lernorten im Kolleg.

2.6   Das Studio hat einen eigenen hauptberuflichen Leiter. Die Ausbilder sind, je nach Größe des Studios, hauptberuflich oder nebenberuflich tätig. Soweit die Angebote des Studios durch theoretische Kurse zu ergänzen sind, sollten diese von Lehrern durchgeführt werden.

7

2.7 Wie die anderen Lernorte erarbeitet auch das Studio den
Vorschlag für das Kursangebot selbständig; jedoch in Abstimmung mit den anderen Lernorten. Die Zuständigkeit
für das endgültige pädagogische Programm des Studios liegt
in der gleichen Weise beim Kolleg, wie dies für die anderen
Lernorte gilt. Die Aufsicht sollte beim Kultusminister
liegen. Sie bedarf jedoch einer sachgemäßen personellen
Besetzung und einer anderen Praxis als die der Schulaufsicht, da die andere Art der Lernziele und Lernprozesse
auch eine andere Art von Rahmenrichtlinien erfordert.
Die Rahmenrichtlinien werden dem kreativ-ästhetischen
Lernen allgemeine Regeln und Abgrenzungen vorgeben,
nicht jedoch inhaltliche Festlegung. Für die Schwerpunkt-
kurse müssen gesonderte Regelungen geschaffen werden.

2.8 Das Studio kann sowohl in der Trägerschaft von freien
Trägern wie der Kommunen, wie der Schulbehörde stehen.
Durch außerschulische Träger könnte das Studio in einen
direkten Kontakt zu den kulturellen Aktivitäten des außerschulischen Bereichs treten; andererseits könnte das kulturelle Zentrum einer Stadt oder einer Gemeinde durch
das Studio belebt und bereichert werden.

3. **Die Lernziele**
Der Lernbereich Spiel und Gestalten ist außerordentlich
komplex. Jedoch läßt er sich durch eine Reihe sozialer,
somatisch-ästhetischer, formaler und inhaltlicher Lernziele
aufgliedern. [7]

3.1 Lernziele   Aktivitäten

3.1.1 Sozialisation und Selbst-   Kooperation der Lernenden in
erfahrung aufgrund   Situationen, in denen andere
neuer Bedingungen,   Bedingungen für den Sozial-
andersartiger Herausfor-   status des einzelnen und für die
derungen und anders-   soziale Interdependenz herr-
artiger Aktivitäten.   schen als in Schule, Lehrwerkstatt oder Betrieb (auch andere
als in Familie oder freier
Gruppe). Die Lernenden übernehmen verschiedene Auf-
gaben und mit ihnen wech-

[7] Vgl. Bo Söderberg, a. a. O., (insbesondere die Abschnitte:
3. Entwurf eines Modells des Kommunikationsunterrichts, 3.1 Hauptziele,
3.2 Teilziele).

selnde Rollen. Neue Sozialisationsformen werden geübt.

3.1.2 Mitwirken in wechseln-
dem Gruppenverhalten.
Erkennen von wechseln-
dem Gruppenverhalten.
Identifizierung des eige-
nen Verhaltens innerhalb
wechselnder Gruppen-
situationen.

Kommunikationstraining
(Vgl. Bo Söderberg, a.a.O.,
3. Entwurf eines Modells des
Kommunikationsunterrichtes,
3.2.1 kommunikativer Aspekt,
N. J. Nisius, Fernsehen und
Video im Studio [8]),
3.7 Aspekte der Kommunikation und Sozialisation).

3.1.3 Verständnis anderer
Menschen, anderer
Sozialrollen und anderer
sozialer Verhältnisse.
Einblick in soziale Kon-
flikte und ihre Austra-
gung.

Darstellung sozialer Realität.
Wechselnde Sprech-, Tätig-
keits- und Verhaltensweisen im
Rollenspiel, sei es hinsichtlich
eigener oder fremder Lebens-
situationen.
Die Verwendung von techni-
schen Medien als Quellen und
Methoden der Erfahrung oder
Darstellung sozialer Realitäten.

3.1.4 Anreicherung der Welt-
inhalte und Erweiterung
des Welthorizontes im
Hinblick auf Gegen-
stände, Situationen und
Prozesse.

Die Konfrontation mit be-
kannten Inhalten aus einer
anderen, neuen Perspektive,
mit Inhalten der Geschichte
oder auch mit bis dahin
schlechthin unbekannten Inhalten.

3.1.5 Höhere Wahrnehmungs-
fähigkeit und Sensitivität.

Bei der Realisierung wechselnder Rollen (als „Regisseur"
oder „Kameramann"; als „Dar-
steller" von Rollen; als „Foto-
graf" oder als „Zeichner"; als
„Innenarchitekt" oder als
„Städtebauer") ergeben sich
neue Wahrnehmungen und
Wahrnehmungsarten. Heraus-
forderung zu neuen Wahrneh-

[8]) N. J. Nisius, Fernsehen und Video im Studio. In: Deutscher
Bildungsrat, Gutachten und Studien der Bildungskommission,
Spiel und Kommunikation in der Sekundarstufe II, Stuttgart
(in Vorbereitung).

mungen und deren Reflexion durch Variation der Produktivitäts- und Darstellungsformen.

3.1.6 Bewußtwerden der eigenen Körperlichkeit. Sicherheit in der körperlichen Motorik. Erwerb neuer motorischer Fähigkeiten. Erproben körperlicher Kontaktnahme in verschiedenen sozialen und kommunikativen Situationen. Einübung in die geschlechtlich bestimmten Verhaltensweisen.

Der eigene Körper wird unmittelbar oder mittelbar zum Medium des Ausdrucks. Verschiedene körperliche Haltungen werden eingenommen; verschiedene manuelle Fertigkeiten werden geübt; eine andersartige Motorik wird erprobt; ein neuer Körpergestus wird entdeckt. Die Individualität artikuliert sich in körperlicher Berührung und Konfrontation mit anderen Individuen.

3.1.7 Steigerung der Ausdrucksfähigkeit, Sensibilisierung für die Qualität des Ausdrucks und für die Angemessenheit von Emotion und Ausdruck. Erfahrung der Eigengesetzlichkeit der verschiedenen Ausdrucksformen.

Die Emotionen des Lernenden sollen sich ihr Ausdrucksfeld oder ihre Ausdrucksmedien suchen (Dramatik, Bild, Film, Gestaltung, Musik, Tanz, Rhythmik, Sprache) und sich unmittelbar Ausdruck verschaffen können.

3.1.8 Entwicklung der Phantasie und Erprobung der Erfindungsgabe.

Der Phantasie sind Aufgaben gestellt, die sie zu einer sozialen Erfindung (d. h. im Rahmen der Gruppe oder auf ein „Publikum" hin) von Situationen, Perspektiven, Dynamisierungen, Figurationen, Ausdrucksformen, Improvisationen und so weiter herausfordern.

3.1.9 Förderung der formalen Fähigkeiten und der Empfindung für formale Qualität. Sensibilisierung für die gelungene Produktion.

Strukturierung einer Produktion (Spielhandlung, Film, musikalische Improvisation, Zimmereinrichtung, Wohnsiedlung), Kombination von

Ausdruckselementen und Darstellungsmitteln sowie Dynamisierung und Rhythmisierung von Abläufen.

3.1.10 Erfahrung der Modifizierung von Aussagen durch die jeweilige Art und Verwendung von unterschiedlichen Medien. Erfahrung der Polyvalenz der Medien. Gegenseitiger Transfer verbaler und nichtverbaler Kommunikation.

Experimentelle Auseinandersetzung mit Zielvorstellungen, Formen und Wirkungen von Aussagen und Medien. Variationen von Themen und Aussagen in einmedialer und multimedialer Gestaltung. Übung von Transfer.

3.2 Die Beschreibung der Lernziele und die Organisation der Angebote in festen Lerngruppen haben auch die Bedeutung, das Lernen im Studio gegen Einseitigkeiten, bloße Clownerie, Beliebigkeit der Teilnahme und sonstige Unverbindlichkeiten zu sichern. Gerade das freie Produzieren aus eigenem Antrieb, wie es für das Studio charakteristisch ist, bedarf der ihm gemäßen und durch die jeweilige Produktion geforderten Disziplin.

3.3 Es ist zu prüfen, in welcher Weise für bestimmte Schwerpunkte (z. B. Musik) oder Profilierungen (z. B. Fernsehtechniker, Designer) ein theoretischer Unterricht anzubieten ist. Zweifellos ist er für solche Schüler notwendig, die in der Sekundarstufe II einen Medienbereich als Schwerpunkt wählen, zum Beispiel Musik. Es sollte jedoch dem Kolleg überlassen bleiben, ob es den theoretischen Unterricht, der von den entsprechend ausgebildeten Lehrern gegeben werden muß, in der Schule oder im Studio lokalisiert und wie es ihn mit den praktischen Angeboten im Studio koordiniert.

3.4 Der Lernbereich Sport[9]) steht mit dem Lernbereich Spiel und Gestalten in engem Zusammenhang. Eine Reihe von kommunikativen, sozialen, somatischen und ästhetischen Aspekten gelten für beide Bereiche in gleicher Weise. Es gibt auch Überschneidungen wie zum Beispiel Turnen mit

[9]) O. Grupe, K. Bergner, D. Kurz: Sport und Sportunterricht in der Sekundarstufe II. In: Deutscher Bildungsrat, Gutachten und Studien der Bildungskommission, Spiel und Kommunikation in der Sekundarstufe II, Stuttgart (in Vorbereitung).

Musik, Gymnastik mit Tanz oder Pantomime. Die Konzeption des Lernbereichs „Leibeserziehung" steht ebenso zur Debatte wie die der bisherigen Fächer „Musik" und „Kunsterziehung".

4.   Die Medien und Tätigkeitsfelder

4.1   In einem Studio sollten Kurse für folgende Medien beziehungsweise Tätigkeitsfelder angeboten werden:
— Musik
Improvisation, Komposition, Stimmbildung, Instrumente, elektronische Klanggestaltung;
— Dramatik
Improvisiertes Rollenspiel, selbsterstellte Texte, vorgegebene Texte, Gestaltung von Szene oder Bühnenbild, Beleuchtung, Kostüm, Maske;
— Tanz
Ausdruckstanz, Rhythmik, Ballett, Pantomime;
— Bild
Lichtbild, Montage, Malen, Zeichnen, Skulptur in verschiedenen Materialien und Techniken;
— Film
Thema und Buch, Motivsuche, Kamera, Schnitt, Ton, Mischen;
— Fernsehen und Video
— Audioproduktionen (Hörspiele, Features usw.)
— Raum und Umwelt
Design, Wohnungseinrichtung, Siedlung, Stadt, Region;
— Werken
In Textil, Holz, Metall.

4.2   Die Medien beziehungsweise Tätigkeitsfelder können je für sich in Kursen angeboten werden, doch sollte dies nicht ausschließlich geschehen. Es sollte auch Kurse geben, in denen sie in Kombination angeboten werden, so daß multimediale Gestaltungen möglich sind. Naheliegend ist etwa die Kombination von Film mit Dramatik und Musik. Ein anderes Beispiel wäre die Kombination von Umweltlehre und Umweltgestaltung mit Bild und Dramatik (hier etwa als Rollenspiel der in Frage stehenden Population).

4.3   Neben dem Sprachunterricht im obligatorischen und im nichtobligatorischen Bereich in der Schule könnte auch am Lernort Studio im Medium Sprache ein Angebot gemacht werden. Der Umgang mit Literatur [10] wie auch das Erler-

---

[10] Vgl. Th. Finkenstaedt, Probleme des fremdsprachlichen Curriculum auf der Sekundarstufe II. In: Die Neueren Sprachen, 1972, H. 10, S. 582.

nen literarischer Produktion könnte hier von einem anderen Ansatz her einen Platz im Lernangebot erhalten.

5. Die Ausbilder

5.1 Da das Ziel der Lernprozesse im Studio die Produktivität ist, besteht die erste Aufgabe der Ausbildung darin, zur Produktivität zu motivieren und zur Produktion anzuleiten. Die Voraussetzung hierfür ist eine einschlägige, gegebenenfalls künstlerische Ausbildung und gestalterische Fachkompetenz in einem Medium sowie Sensibilität und Verständnis für andere Medien.

5.2 Es ist zu prüfen, inwieweit der Ausbilder einer jugendpsychologischen und sozialpädagogischen Ausbildung bedarf. Er sollte die besonderen Bedingungen kennen, unter denen er arbeitet; er sollte ferner die Bedeutung von Spielhandlungen, kreativem Lernen und gestalterischer Tätigkeit für Jugendliche dieser Altersstufe richtig einschätzen und Produktivität als Lernziel operationalisieren können.

5.3 Der Ausbilder hat im sozialen System des Lernens, wie es für das Studio charakteristisch ist, verschiedene Rollen zu erfüllen.
Er ist
— Informant hinsichtlich des Mediums und seiner Möglichkeiten,
— Berater bei der Bearbeitung der Themen und Inhalte im Hinblick auf die beabsichtigte Gestaltung,
— indirekter Regisseur oder Mitspieler,
— Repräsentant eines Publikums,
— Kritiker,
— Moderator der Diskussionen.

5.4 Der Ausbilder hat im Studio keine professionellen Aufgaben als Künstler; ebenso hat seine Tätigkeit nicht das Ziel, die Lernenden zu professionalisieren, außer in den Schwerpunktkursen. Das Ziel seines Wirkens besteht darin, Spielhandlungen in einer für Jugendliche sinnvollen Form zu ermöglichen.

Ludwig Petry

**Zum Aufbau eines Qualifikationssystems
in der Sekundarstufe II**

Gliederung:

1.   **Strukturvorgaben für ein Qualifikationssystem**

Die Sekundarstufe II wird von der Bildungskommission
„als die organisatorische und curriculare Bezeichnung des
Lernprogramms für alle Jugendlichen" (Seite 44) verstanden. Zu ihrer Neuordnung wird deshalb vorgeschlagen, alle
derzeitigen Bildungsgänge und Qualifikationen einzubeziehen und sie als ein differenziertes und allen Jugendlichen
offenes Teilsystem des gesamten Bildungswesens einzurichten. Alle Bildungsgänge sollen curricular verzahnt und
gegenseitig durchlässig gemacht werden.

Der alle Bildungsgänge übergreifende Anspruch findet
seinen Ausdruck in den zu vermittelnden Kompetenzen:
Fachkompetenz, gesellschaftlich-politische Kompetenz und
beide mit einschließende humane Kompetenz (siehe 2.2).
Die humane und gesellschaftlich-politische Kompetenz ist
nicht neben der fachlichen Kompetenz zu vermitteln, sondern die fachliche Kompetenz ist so zu vermitteln, daß sie
den Erwerb humaner und gesellschaftlich-politischer Kompetenzen mit einschließt. Dieses Vermittlungsprinzip
sichert, daß jede Qualifikation am Ende eines Bildungsganges zum Ensemble dieser Kompetenzen wird. Das Ensemble
der Kompetenzen findet seinen Ausdruck somit auch im
Abschluß.

Humane und gesellschaftlich-politische Kompetenz können zwar von den Jugendlichen in sehr unterschiedlichem
Grad und Ausmaß erworben sein; Grad und Ausmaß
sollen jedoch nicht bereits durch die Wahl eines bestimmten Bildungsganges vorgegeben sein. Jede Qualifikation,
die am Ende eines Bildungsganges erworben wird, sagt
somit aus, daß der Inhaber dieser Qualifikation ein Lernprogramm absolviert hat, das didaktisch auch auf den Erwerb humaner und gesellschaftlich-politischer Kompetenz

ausgerichtet ist. Die Qualifikationen unterscheiden sich
jedoch in fachlicher Hinsicht. Im Hinblick auf dieses Unter-
scheidungskriterium ist jede Qualifikation eine Fachqualifikation und jeder Sekundarabschluß II ein Fachabschluß.

Bei der Fachqualifikation liegt daher auch der Ansatzpunkt für den Aufbau eines Qualifikationssystems für die
Sekundarstufe II, das heißt eines Systems von Aussagen über
die Verwertbarkeit der erworbenen Fachkompetenz im
Beruf, im Studium oder in beidem. Die in der Sekundarstufe II erreichbaren Qualifikationen werden nach Maßgabe der Ausbildungsordnungen und Lehrpläne beziehungsweise Rahmenrichtlinien erworben und in einem
staatlich anerkannten Prüfungsverfahren (Fachabschluß A
und B) festgestellt. Sie stehen sowohl unter dem Aspekt
der Bildungsgänge, in denen sie erworben werden, wie unter
dem Aspekt ihrer Verwertbarkeit im Beschäftigungs-, im
Hochschul- und im Weiterbildungssystem in einem Zusammenhang. Dieser Zusammenhang soll zu einer strukturierten Einheit werden. Damit ist gemeint:
— Die Qualifikationen sind in einen gefügehaften Zusammenhang zu bringen;
— Bisher noch sehr spezialisierte Qualifikationen sind so
anzureichern, daß sie aus der Isolierung zu anderen Qualifikationen heraustreten können;
— Bisher noch sehr allgemeine Qualifikationen sind so
anzureichern, daß mit ihnen die Aufnahme einer beruflichen Tätigkeit und eines weiterführenden Bildungsganges
im Umkreis des gewählten fachlichen Schwerpunktes ermöglicht wird;
— Das Gefüge der Qualifikationen muß dauerhaft und
entwicklungsfähig zugleich sein.
Von einem so strukturierten Qualifikationssystem ist anzunehmen,
— daß es dem Lernenden Orientierung sichert, Entscheidungshilfen bei der Wahl von Bildungsgängen gewährleistet
sowie die Möglichkeit zur Erweiterung und Aufstockung
einer Qualifikation bietet;
— daß es wegen seiner für eine bestimmte Zeit verbindlichen Gültigkeit die notwendigen Vorgaben für die curriculare Planung von Bildungsgängen und Maßstäbe für die
Auswahl von Lerninhalten und Lernmethoden liefert;
— daß es wegen seines flexiblen Gefüges die Aufnahme
neuer Qualifikationen ermöglicht, die individuell oder gesellschaftlich gefragt und durch technische, wissenschaftliche, ökonomische Veränderungen und Entwicklungen
bestimmt sein können.

Für den Aufbau eines solchen Qualifikationssystems
können unter Berücksichtigung mehrerer Mindestanforderungen (siehe 2.7.2) an die Bildungsgänge, über die die
Qualifikationen zu erreichen sind, verschiedene Ebenen
festgelegt werden. In der Empfehlung werden zwei Qualifikationsebenen vorgeschlagen (Seite 66 ff.). Die Bildungskommission geht bei diesem Vorschlag allerdings davon aus,
daß die Vollzeitbildungspflicht für alle Jugendlichen gesetzlich bis zum Ende des elften Bildungsjahres ausgedehnt
wird, damit gerade denjenigen ein Angebot gemacht werden kann, die ohne eine pädagogische Betreuung und An-
regung auf eine Qualifikation verzichten würden.

Der Begriff Qualifikationsebene drückt aus, daß es
anders als bei einer Stufung nicht darum gehen kann, eine
Qualifikationsstufe nach der anderen durchlaufen zu müssen, um einen bestimmten Abschluß zu erreichen, wohl
aber „Plattformen" bezeichnet werden können, „von denen
aus der Lernende Entscheidungen über seinen weiteren
Werdegang treffen kann. Auf jeder der beiden Ebenen
stehen ihm grundsätzlich zwei Möglichkeiten offen: Aufnahme einer beruflichen Tätigkeit, für die er sich qualifiziert hat, oder Aufnahme eines weiteren Bildungsganges"
(Seite 66). Jeder Fachabschluß sollte das entsprechende
Qualifikationspotential ausweisen.

2. Voraussetzungen und Ansätze für den Aufbau eines Qualifikationssystems

Das Konzept für die Neuordnung der Sekundarstufe II
bestimmt, daß sowohl Fachabschluß A als auch Fachabschluß B mehr als fachliche Qualifikationen umfassen, daß
aber keiner von beiden ohne den Nachweis einer Fachqualifikation zuerkannt werden kann. Damit ist die Fachqualifikation der Kern jedes Fachabschlusses in der Sekundarstufe II. Zu ihrer Bestimmung gilt es, folgenden Fragen
nachzugehen:
— Welche Anforderungen im Beruf oder im Studium sind
zu erfüllen?
— An welchen Lerninhalten, an welchen Lernorten und
über welche Lernmethoden läßt sich die Befähigung zur
Erfüllung dieser Anforderungen erwerben?
— Wie läßt sich nachweisen, daß die Befähigung erworben
ist?
Da man die Anforderungen des einzelnen Berufes oder
Studiengangs nicht zum autonomen Maßstab für das Lernen
in der Sekundarstufe II machen kann, da sich überdies die

Vielzahl der Berufe und Studiengänge nicht einfach in der
Sekundarstufe II abbilden läßt und da Mobilität zwischen
den Berufen und zwischen den Studiengängen immer wichtiger werden wird, müssen insbesondere diejenigen Kenntnisse und Fähigkeiten in der Sekundarstufe II vermittelt
werden, die für mehrere funktionsverwandte Berufe und
Studiengänge Gültigkeit beanspruchen können. Der Grad
der Austauschbarkeit und der Grad der Begrenztheit von
Qualifikationen oder Teilen von Qualifikationen geben
darüber Auskunft, wie durchlässig die Bildungsgänge gemacht werden können [11]).

Doch auch dieser Prozeß könnte zu einer zu starken
Orientierung und damit Anpassung an die gegenwärtigen
Arbeitsplatzstrukturen und Studienangebote führen.
Darum muß auch umgekehrt gefragt werden:
— Welche Qualifikationen werden von den Jugendlichen
gefragt?
— Wie könnte das Beschäftigungssystem auf den dann
möglichen Vorlauf, Nachlauf oder die Veränderungen der
vermittelten Qualifikationen reagieren?
— Welche Prozesse im Beschäftigungssystem sind einzu-
leiten, damit dieses auf eine vermehrte oder verminderte
Nachfrage nach bestimmten Qualifikationen reagieren
kann?

Das Bildungssystem kann diese Fragen nicht aus sich
heraus und nicht allein beantworten, es hat jedoch mögliche
Antworten auf diese Frage zu berücksichtigen, damit der
Lernende mit dem Erwerb einer bestimmten Qualifikation
weder seine Bildungsinteressen noch seine spätere berufliche
Existenz aufs Spiel setzt.

Deshalb kommt der umfassenden Beratung eine zentrale
Bedeutung für die Orientierung des Jugendlichen zu, der
im Bildungssystem lernt und sich für eine berufliche Tätigkeit im Beschäftigungssystem qualifiziert, indem sie dem
Lernenden alle für seine Qualifikationsentscheidungen relevanten Informationen und Entscheidungshilfen bereitstellt.

Die oben gestellten Vorfragen verweisen nun bei der
Suche nach Ansätzen für den Aufbau eines Qualifikations-
systems auf die Notwendigkeit empririsch-analytischer
Untersuchungen sowohl im Bereich von Arbeitswelt und
Hochschule als auch im Bereich der die Sekundarstufe II

[11]) Vgl. den Ausschnitt aus der Lernzieldiskussion von G. Wiemann:
Realisierungschancen für eine Reform der Sekundarstufe II — dar-
gestellt am Beispiel des Berufsgrundbildungsjahres. In: Gewerkschaftliche
Bildungspolitik 1973. H. 1, S. 12—14.

ausmachenden Bildungsgänge und Programme sowie im Bereich der Qualifikationsnachfrage seitens der Jugendlichen. Dazu gehören Qualifikationsanalysen am Arbeitsplatz und Studienplatz, Analysen der Substitutionspotentiale beruflicher Tätigkeiten, Deckungsanalysen vorhandener Ausbildungsordnungen, Lehrpläne, Prüfungsordnungen und Curricula. Aufgrund vorliegender erster Untersuchungen können vorläufig folgende Annahmen als plausibel gelten:

— Der größere Teil der beruflichen Tätigkeiten läßt sich (nach dem Urteilen von Vorgesetzten) über wenige grundlegende Qualifikationen ausführen [12]),

— die Ausbildungsordnungen enthalten sowohl im Berufsbild als auch im Ausbildungsrahmenplan und in den Prüfungsanforderungen kongruente Elemente [13]),

— die derzeitigen Lehrpläne für Schulen verschiedenen Typs (Berufsschule, Berufsaufbauschule, Berufsfachschule, gymnasiale Oberstufe) enthalten eine Fülle von identischen Lernzielen und Lerninhalten [14]).

Neben weiteren Analysen dieser Art sind Qualifikationsanalysen am Arbeitsplatz und Studienplatz, Systematisierung der Ausbildungsordnungen nach übergreifenden und spezifischen Qualifikationsmerkmalen [15]), Entwicklung systematisierter Studiengänge (unter Angabe von Lernzielen, Lerninhalten, Lehrverfahren und Lernmaterialien) [16]), Analysen dieser Studiengänge auf kongruente Elemente, Repräsentativbefragungen zur Nachfrage der Jugendlichen nach Bildungsgängen, sowie Langzeitbeobachtungen und Trendermittlungen von Bedeutung.

Wo systematisierte Studiengänge fehlen, sollten übergangsweise die vorhandenen Stoffpläne, Stundentafeln, Prüfungs- und Berufszulassungsordnungen analysiert werden, um vorläufige Qualifikationsmerkmale zu gewinnen

---

[12]) Hofbauer, H., und König, P.: Susbtitutionspotentiale bei Ausbildungsberufen nach dem Urteil von Vorgesetzten. In: Mitteilungen des Instituts für Arbeitsmarkt- und Berufsforschung 1972/2, S. 77—94.

[13]) Schmiel, M.: Deckungsanalysen der Ausbildungsordnungen von Ausbildungsberufen. In: Mitteilungen des Instituts für Arbeitsmarkt- und Berufsforschung 1972/3, S. 253—331.

[14]) Berufliche Bildungsgänge und Studienbefähigung. In: Deutscher Bildungsrat, Gutachten und Studien der Bildungskommission (in Vorbereitung).

[15]) Boehm, U.: Qualifikationsstruktur und Ausbildungsordnungen. In: Gewerkschaftliche Monatshefte 1973/3, S. 163—170.

[16]) Vgl. Flechsig, K.-H.: Die Entwicklung von Studiengängen, Hochschuldidaktische Stichworte, hrsg. v. Interdisziplinären Zentrum für Hochschulddidaktik der Universität Hamburg, 1973, H. 6.

und vorläufige Äquivalenzen vereinbaren zu können. Entsprechend dazu sind in der Sekundarstufe II über die Bestimmung fachlich-prozessualer und allgemeiner Lernziele, über die Systematisierung von Bildungsgängen und die Festlegung von Wertigkeiten die Voraussetzung für ein Qualifikationssystem zu schaffen, das den obengenannten Ansprüchen genügt.

Die von Gutachtern unternommene „Darstellung ausgewählter beruflicher Bildungsgänge und deren Analyse hinsichtlich des Erreichens allgemeiner Lernziele" [17] hat ergeben, daß es möglich ist, in beruflichen Bildungsgängen neben den fachlich-inhaltlichen Lernzielen die fachlich-prozessualen und allgemeinen Lernziele aufzuzeigen beziehungsweise berufliche Inhalte so zu vermitteln, daß dabei allgemeine Lernziele vermittelt werden. Entsprechend sind die Bildungsgänge aller beruflichen Vollzeitschulen und die Lehrpläne der gymnasialen Oberstufe daraufhin zu analysieren, welche allgemeinen Lernziele, welche fachlichen und welche berufsrelevanten Lernziele dort vermittelt werden. Die jeweiligen Ergebnisse sind einander gegenüberzustellen und auf Identität und Kongruenz zu überprüfen, um so polyvalente und äquivalente Elemente in den bisher parallel verlaufenden Bildungsgängen zu bekommen.

Polyvalenz liegt vor, wenn Teile von Bildungsgängen (Kurse) in anderen Bildungsgängen einsetzbar sind. Die Polyvalenz spielt dann eine Rolle, wenn der Lernende unter Anrechnung bestimmter bereits erbrachter Lernleistungen in einen anderen Bildungsgang wechseln oder mit dem Fachabschluß einen weiterführenden Bildungsgang oder Studiengang aufnehmen will, der nicht unmittelbar die Fortsetzung des durchlaufenen Bildungsganges darstellt.

Äquivalenz liegt vor, wenn die Kurse zwar nicht stofflich identisch sind, der vollzogene Lernprozeß in einem bestimmten Teil des Bildungsganges aber als gleichwertig mit stofflich anders ausgerichteten Lernprozessen gelten kann. Solche Äquivalenzen sind daher nicht einfach aus Lehrplänen und Ausbildungsordnungen abzulesen. Es bedarf dazu der Erarbeitung von Grob- und Feinlernzielen (nicht nur im kognitiven, sondern auch im affektiven und psychomotorischen Bereich) und insbesondere der Erforschung der Transferwirkungen von Lernprozessen.

---

[17] Darstellung ausgewählter beruflicher Bildungsgänge und deren Analyse hinsichtlich des Erreichens allgemeiner Lernziele. In: Deutscher Bildungsrat, Materialien zur Bildungsplanung (in Vorbereitung).

Das hier vorgeschlagene pragmatische Verfahren kann zunächst nur mit Polyvalenzen arbeiten. Sie sind geeignet die Bildungsgänge zu verzahnen und entsprechende Fachqualifikationen am Ende dieser Bildungsgänge zu vermitteln, die sowohl die Aufnahme einer beruflichen Tätigkeit als auch die Aufnahme eines weiterführenden Bildungsganges innerhalb der Sekundarstufe II (zum Fachabschluß B) oder im tertiären Bereich (z. B. Studiengang) ermöglichen, ohne vom Lernenden eine Addition von Bildungsgängen und damit eine beträchtliche Verlängerung seiner Ausbildung zu verlangen.

Polyvalenzen sind jedoch erst dann vollständig erkennbar, wenn alle Bildungsgänge in der Sekundarstufe II systematisiert sind. Die Systematisierung umfaßt Lernziele, Inhalt, Anzahl und Dauer der Lerneinheiten, die Anordnung der Lerneinheiten (konsekutiv oder gleichzeitig), mögliche Zwischenstufen, Bestimmung der über den jeweiligen Bildungsgang erreichbaren Qualifikationen. Um die systematisierten Bildungsgänge kompatibel zu machen, bedarf es der formalen Ordnung der Systemelemente in Form eines Rasters. In einem weiteren Schritt ließen sich dann die Wertigkeiten der Lerneinheiten innerhalb des systematisierten Bildungsganges festlegen und die Paritäten zu anderen systematisierten Bildungsgängen vereinbaren.

Die von den Gutachtern vorgelegten Ergebnisse und unterbreiteten Vorschäge sind durch weitere Arbeiten auf ihre Generalisierbarkeit zu überprüfen. Die Schrittfolge von der Lernzielbestimmung über eine Systematisierung der Bildungsgänge zum Feststellen von Wertigkeiten in einem Bewertungssystem scheint jedoch ein gangbarer Weg hin zur Integration von Bildungsgängen und zur Schaffung eines Qualifikationssystems, das den Jugendlichen am Ende eines Bildungsganges eine Entscheidung über die Aufnahme einer beruflichen Tätigkeit oder eines weiterführenden Bildungsganges ermöglicht und nicht bereits beim Eintritt in einen Bildungsgang diese Entscheidung vorwegnimmt.

3.   Beispiele

Im folgenden soll an einigen Beispielen angedeutet werden, auf welchem Wege sinnvolle Vereinbarungen über Wertigkeiten zustande kommen können. Dieser Weg kann zunächst nur pragmatisch sein, weil entscheidende Vorarbeiten seitens der Bildungsforschung noch ausstehen [18].

---

[18] Siehe Seite A 69 f.

Über die spezielle Zielgruppe „Jugendliche mit besonderem Lernverhalten" wird in einem eigenen Text des Anhangs gesprochen [19]), ebenso über die „berufliche Grundbildung" [20]). Beide Aspekte wurden deshalb hier ausge-
blendet. Alle Beispiele beziehen sich auf die beiden Qualifikationsebenen, die ersten beiden auf den Fachabschluß A,
die Beispiele 3 bis 5 auf den Fachabschluß B.

3.1   Fachabschluß A
Der Fachabschluß A soll nach der Empfehlung alle Qualifikationen umfassen, die „zur Aufnahme einer Berufstätigkeit
entsprechend etwa dem derzeitigen Facharbeiter, Gesellen,
Gehilfen" qualifizieren. Gleichzeitig muß der Jugendliche
die Möglichkeit haben, in der Sekundarstufe II „einen weiterführenden Bildungsgang (zu) wählen, der ihm den Erwerb des Fachabschlusses B", das heißt einer beruflichen
Qualifikation mit höheren Anforderungen, einer Studienqualifikation oder beider Qualifikationen in dem Bereich
des gewählten Schwerpunktes ermöglicht (Seite 68).

Beispiel 1: Maschinenschlosser
Ein von der Bildungskommission beauftragtes Team von
Gutachtern hat am Beispiel des Bildungsganges „Maschinenschlosser" aufgezeigt, welche Elemente dieses Bildungsganges, der nach dem vorgelegten Konzept zum Fachabschluß A führen würde, mit welchen Elementen eines Bildungsganges in der Fachoberschule Fachbereich Technik,
der zum Fachabschluß B führen könnte, „qualifikations-
identisch" sind. Das Gutachterteam hat vier Programm-
bereiche analysiert und ist zu folgendem Ergebnis gekommen:
Im Programmbereich Technik und Techniklehre stimmen die Lernziele und Teillernziele im Unterricht der
Berufsschule und in der 12. Klasse der Fachoberschule weitgehend überein. „Der erfolgreiche Abschluß des Kurses
(Techniklehre, Anm.) kann beiden Schülergruppen als Teil
der Fachhochschulreifeprüfung nach dem Punkt-Kredit-
System angerechnet werden" [21]).
Der Vergleich des Lernprogramms beider Schultypen
im Bereich „technisches Zeichnen" zeigt, daß der Berufs-

[19]) Seite A 5—A 17.
[20]) Seite A 43—A 53.
[21]) Darstellung ausgewählter beruflicher Bildungsgänge und deren
Analyse hinsichtlich des Erreichens allgemeiner Lernziele. In: Deutscher
Bildungsrat, Materialien zur Bildungsplanung (in Vorbereitung),
(maschinenschriftliche Vorlage zum Gutachten Maschinenschlosser, S. 17).

schüler „während seiner Ausbildungszeit im Betrieb gegenüber dem Fachoberschüler einen Vorsprung an Sicherheit
und Verständnis für die Symbolsprache des Zeichnens"
erhält, „da er in der Praxis ständig nach Zeichnungen arbeiten und somit die Umsetzung zwischen Zeichnung und
Gegenstand vollziehen muß" [22]).

Im Bereich Politik sind die „Stoffinhalte und angestrebten Lernziele in der Berufsschule und in der Fachoberschule" nach Aussage der Gutachter „fast identisch". Dabei
hätten die Berufsschüler bei bestimmten politischen Sach-
gebieten (z. B. Berufs- und Arbeitswelt, Mitbestimmung,
Arbeitsrecht) den Vorteil, konkrete Erfahrungen einbringen und dadurch intensiver lernen zu können. Die Gutachter kommen zu dem Ergebnis, „daß in der Berufsschule
die Fachhochschulreife in diesem Fach erreicht werden
kann" [23]), während ihrer Ansicht nach das zum Fachober-
schul-Abschluß „in Mathematik geforderte Niveau ... im
Rahmen des beruflichen Bildungsganges nicht erreicht
werden" kann [24]).

Das Lernprogramm in Naturwissenschaften und Deutsch
beider Lerngruppen wurde im Gutachten nicht analysiert.
Englisch gehört zum Lernprogramm der Fachoberschule,
nicht aber zur Berufsausbildung des Maschinenschlossers,
konnte daher beim Vergleich auch nicht berücksichtigt
werden.

Bei unverändertem Bildungsgang „Maschinenschlosser",
der am Lernort Schule die Fächer Technik/Technologie,
Naturwissenschaft, Berechnungen, Mathematik, Technisches Zeichnen, Deutsch und Politik umfaßt, ließe sich
demnach bereits jetzt im Fachabschluß A folgendes Qualifikationspotential beschreiben: Fachqualifikation als Maschinenschlosser und Befähigung zur Aufnahme eines zum
Fachabschluß B führenden Bildungsganges im Bereich Technik, für den der Lernende bereits in Techniklehre, Technisches Zeichnen und Politik die erforderlichen Qualifikationen mitbringt und in bestimmten Bereichen wie Mathematik und Englisch noch erbringen muß. In der reformierten Sekundarstufe II wird der Lernende auch Kenntnisse
in einer Fremdsprache mitbringen (Seite 61), so daß der
Übergang reibungsloser verlaufen wird.

---

[22]) ebenda (maschinenschriftliche Vorlage, S. 24).
[23]) ebenda (maschinenschriftliche Vorlage, S. 33).
[24]) ebenda (maschinenschriftliche Vorlage, S. 42).

Beispiel 2: Schriftsetzer

Das nächste Beispiel soll aus einem Bereich gewählt werden, wo es derzeit nur durch Wechsel der Schulform bzw. des Berufsfeldes möglich wäre, den Fachabschluß B zu erreichen: Drucktechnische Berufe — z. B. Schriftsetzer. Derzeit kann der Jugendliche, der eine drucktechnische Ausbildung als Schriftsetzer absolviert und mit der Gehilfenprüfung seine Ausbildung abgeschlossen hat, nur über die (auf seine bisherige Ausbildung oft nicht abgestimmte) Berufsaufbauschule den Anschluß zur Fachoberschule mit dem Ziel der Fachhochschulreife gewinnen; es sei denn der Auszubildende hat vor Eintritt in die Berufsausbildung das Zeugnis der mittleren Reife oder das Abiturzeugnis erworben. Die anderen Möglichkeiten der Höherqualifizierung zum Meister oder Techniker in diesem Bereich liegen außerhalb der Sekundarstufe II.

Wie bei dem Beispiel Maschinenschlosser-Ausbildung muß auch hier von einer Analyse der Lernziele und Lerninhalte ausgegangen werden, um polyvalente Elemente ausfindig zu machen. Allerdings lassen sich die weiteren Schritte erst durchführen, wenn Bildungsgänge, die im Fachbereich Drucktechnik — Grafik — Design zum Fachabschluß B führen, entweder in die Sekundarstufe II einbezogen werden oder solche Bildungsgänge innerhalb der Sekundarstufe II eingerichtet werden. Wird weder die eine noch die andere Entscheidung getroffen, dann muß die Wertigkeit von Fall zu Fall festgestellt werden. Wechselt der Lernende z. B. in die Berufsfelder Metall, Elektro oder Bautechnik, so werden jeweils verschiedene Elemente angerechnet werden müssen.

Beim ersten Schritt, das heißt der Analyse von Lernzielen und Lerninhalten, heißt die Arbeitshypothese: Es gibt Lernziele und Lerninhalte, von denen angenommen werden kann, daß ihre Aneignung nicht nur für verwandte berufliche Tätigkeiten in demselben Fachbereich wie zum Beispiel grafischer Zeichner, Siebdrucker, Reproduktionsfotograf, sondern auch für den Übergang in einen Bildungsgang, der zum Fachabschluß B führt, grundlegende Bedeutung hat. Zur Verifizierung dieser Hypothese werden die Ausbildungsordnung für Schriftsetzer [25] und der Rahmenlehrplan eines Bundeslandes für drucktechnische Berufe [26] herangezogen.

[25] Verordnung über die Berufsausbildung zum Schriftsetzer vom 29. 10. 1971, Bundesgesetzblatt I 1971, S. 1735.
[26] Entwurf der Rahmenlehrpläne für die beruflichen Schulen des Landes Hessen. Fachbereich berufsbezogener Unterricht. Heft II: Berufsschule — Grundstufen, o. J.

Die Ausbildungsordnung „Schriftsetzer" sieht unter
anderem folgende „Fertigkeiten und Kenntnisse" vor:
— Kenntnis der Anwendung von elektronischen Daten-
verarbeitungsanlagen bei der Satzherstellung, z. B.:
Einsatzmöglichkeiten sowie Grundlagen der Arbeitsweise
von elektronischen Datenverarbeitungsanlagen
für die Steuerung von Blei- und Fotosetzmaschinen;
— Kenntnis der Verarbeitung von Fotosatz, z. B.:
Korrigieren von Filmsatz;
Kleben von Fotopapier und Filmmontagen
nach Vorlage;
Herstellen von Negativkopien;
Anfertigen von Lichtpausen und Fotopapierabzügen;
— Herstellen von ein- und mehrfarbigen Abzügen und
von Andrucken auf Papier und kopierfähigem Material
aller Art, z. B.:
Funktionsweisen der Abziehpressen und Andruck-
maschinen;
Anfertigen von reproduktionsfähigen Abzügen auf
Papier, Folien, Film und anderen Materialien;
— Kenntnis des Arbeitsschutzes und der Unfallverhütung,
z. B.:
Einschlägige staatliche Arbeitsschutzvorschriften;
Einschlägige Vorschriften der Träger der gesetzlichen
Unfallversicherung, insbesondere Unfallverhütungs-
vorschriften;
Verhalten bei Unfällen, Erste Hilfe;
Notwendigkeit und Bedeutung der Arbeitshygiene;
— Überblick über den Ausbildungsbetrieb und die Druck-
industrie, z. B.:
Einführung in den Betrieb, Überblick über die Druck-
industrie, ihre Verfahren und ihre Erzeugnisse, Zu-
sammenhänge zwischen den Tätigkeiten der einzelnen
Berufe in der Druckindustrie.
Die fachübergreifenden Lernziele entsprechend dem
herangezogenen schulischen „Rahmenlehrplan für druck-
technische Berufe" lauten:
— Schematische Darstellungen zeichnen und auswerten,
z. B.:
(Die wesentlichen Arbeitsgänge für den Werdegang
einer bestimmten Drucksache aufzählen und) den
Produktionsgang schematisch darstellen;
Aufbau einer Kamera schematisch darstellen und
erläutern;

die Druckprinzipe anhand von Skizzen, Zeichnungen, Fotos, Modellen (und an den Maschinen) erläutern;
den Weg des Papiers durch die Druckmaschinen schematisch zeichnen, Funktionen der Schneidemaschinen zeichnerisch darstellen;
Falzvorgänge (Stauch-, Schwertfalz) zeichnen und erklären;
— Mathematische Berechnungen durchführen, z. B.:
Druckformate umrechnen;
Papierformate berechnen und Nutzenberechnungen durchführen;
den Anpreßdruck berechnen;
Leistungen von Druckmaschinen berechnen;
Verbrauchsmaterialien und Arbeitszeiten berechnen;
typografisches und metrisches System rechnerisch vergleichen;
— Materialeigenschaften und Funktionsabläufe kennenlernen, z. B.:
Grundlegende Vorgänge (physikalisch-chemisch) des fotografischen Prozesses beschreiben: Belichten, Entwickeln, Fixieren;
die allgemeingültigen Eigenschaften der Druckfarben nennen und überprüfen (Versuche);
den Druckvorgang in den verschiedenen Verfahren als Ergebnis des Zusammenwirkens von Druckform, Druckfarbe, Druckmaschine und Bedruckstoff beurteilen;
Funktionsabläufe der Druckmaschinen erläutern;
— Das Verhalten im Betrieb und am Arbeitsplatz, z. B.:
Verhalten bei Gefahr im Betrieb;
Beispiele für Schutzvorrichtungen an Geräten und Maschinen nennen;
gesetzliche Grundlagen (des Unfallschutzes, Anm.) angeben können;
Beispiele für hygienisches Verhalten im Betrieb bewerten.

Sowohl die der Ausbildungsordnung entnommenen „Fertigkeiten und Kenntnisse" als auch die dem Rahmenlehrplan entnommenen „Lernziele" wären jetzt in einer Taxonomie zu ordnen, der Bildungsgang „Drucktecknik" zu systematisieren, die in diesem und verwandten systematisierten Bildungsgängen enthaltenen kongruenten Elemente ausfindig zu machen und Wertigkeiten festzulegen.
Denkbar wäre am Ende eines solchen Prozesses die Beschreibung folgenden Qualifikationspotentials: Fachqualifi-

kation für eine Tätigkeit in der Drucktechnik als Schriftsetzer, Typograf, Layouter, Fotosetzer oder in der Offset-
beziehungsweise Tiefdruckmontage und Befähigung zur
Aufnahme eines Bildungsgangs, der den Erwerb des Fachabschlusses B ermöglicht, mit dem entsprechend der weiteren Profilierung außer einer Tätigkeit in der Drucktechnik ein Studiengang Grafik und Design gewählt
werden könnte.

3.2   Fachabschluß B

Der Fachabschluß B soll nach dem vorgelegten Konzept
alle Qualifikationen umfassen, die „zur Aufnahme einer
Berufstätigkeit, die höhere Anforderungen stellt, wie die
Tätigkeiten beispielsweise von Technikern, Assistenten und
Fachwirten, zur Aufnahme eines Studienganges oder zu beiden im Bereich der erworbenen Fachkompetenz" befähigt
(Seite 69). Wenn es sich bei diesem Fachabschluß B nicht
nur um den übergeordneten Begriff im übrigen voneinander getrennter Qualifikationssysteme handeln soll, sondern auch hier die Forderung nach Polyvalenz in den
Qualifikationen berücksichtigt werden soll, dann gilt —
analog zum Fachabschluß A —, daß ein vergleichbares
Anspruchsniveau ermittelt werden muß.

Die Schritte und Verfahren, um zu diesem Ziel zu gelan-
gen, sollten sein: Bestimmung der Lernziele in allen Bildungsgängen, Vergleich dieser Lernziele (qualitativer
Aspekt) und Festlegung derjenigen Lerninhalte und -metho-
den, die in mehreren Bildungsgängen unterschiedlich ge-
wertet werden können (quantitativer Aspekt).

Die folgenden Beispiele sollen dafür Hinweise geben:

Beispiel 3: Physikalisch-technischer Assistent

Die Gutachten, die die Bildungskommission einholt
hat, haben gezeigt, daß bereits jetzt aufgrund von Analysen
vorliegender Lehr- und Ausbildungspläne Elemente festgestellt werden können, die auch auf andere Qualifikationen angerechnet werden können. So hat zum Beispiel
W. Jerg Hönes an der Ausbildung zum physikalisch-technischen Assistenten nachgewiesen, daß diese Ausbildung
bezogen auf Fächer, Stundenzahl und Thematik „sehr hoch
mit den Lerninhalten des mathematisch-naturwissenschaftlichen Unterrichts auf der gymnasialen Oberstufe korre-
liert". „Berücksichtigt man noch die Tatsache, daß die Ausbildung zum physikalisch-technischen Assistenten nur zwei
Jahre umfaßt (also nur bis zum 12. Schuljahr geht), so kann

gesagt werden, daß sowohl was Inhalt als Niveau betrifft, die Lernziele des 12. Schuljahres eines Gymnasiums auf dem mathematisch-naturwissenschaftlichen Gebiet im Rahmen der physikalisch-technischen Ausbildung erreicht, teilweise (Physik) auch übertroffen werden" [27].

Damit ergäbe sich im Fachabschluß B „physikalisch-technischer Assistent" ein Qualifikationspotential, das die Entscheidung zur Aufnahme einer Tätigkeit als physikalisch-technischer Assistent ermöglicht und das darüber Auskunft gibt, welche Eingangsleistungen zum Beispiel für die Studiengänge Physik, Mathematik oder Technologie bereits erbracht sind und welche noch durch entsprechende Zusatzkurse zu erbringen sind. Da anzunehmen ist, daß sich der Lernende bereits während des letzten Jahres oder der letzten Semester/Trimester und nicht erst nach dem Verlassen der Sekundarstufe II entscheiden wird, ob er einen dieser Studiengänge aufnehmen will, ist auch anzunehmen, daß er diese zusätzlichen Kurse aufgrund einer umfassenden Beratung bereits in der Sekundarstufe II unter Nutzung des Wahlbereiches hinzuwählt.

Beispiel 4: Holztechniker

Heinz Schmitz zeigt in seinem Gutachten am Beispiel einer Lernsequenz des beruflichen Bildungsgangs zum Techniker im Fachbereich Holztechnik, wie über die Systematisierung von Bildungsgängen und die Vereinbarung bestimmter Lernziele und Lernstrategien erreicht werden kann, daß dem Lernenden einerseits „allgemeingültige chemisch/physikalische Zusammenhänge klargemacht, andererseits ihm für seinen Beruf (als Holztechniker, Anm.) erforderliches wissenschaftsorientiertes Fachwissen vermittelt" wird und stellt fest, daß der Lernende „gleichzeitig durch die entwickelnde, problemlösende Methode und die Wissenschaftsorientiertheit in der Erarbeitung des Inhalts in seiner Denkfähigkeit weiter diszipliniert worden" sei [28].

[27] Hönes, W. J.: Die Ausbildung zum physikalisch-technischen Assistenten in ihrer Wertigkeit für Studium und Beruf. In: Deutscher Bildungsrat, Gutachten und Studien der Bildungskommission, Berufliche Bildungsgänge und Studienbefähigung, Stuttgart (in Vorbereitung), (maschinenschriftliche Vorlage, S. 13 f.).
[28] Schmitz, H.: Beurteilung eines systematischen beruflichen Bildungsganges hinsichtlich seiner Wertigkeit für die Berufsqualifikation und Studienbefähigung (Bildungsgang zum Techniker der Fachrichtung Holztechnik). In: Deutscher Bildungsrat, Gutachten und Studien der Bildungskommission, Berufliche Bildungsgänge und Studienbefähigung, Stuttgart, (in Vorbereitung), (maschinenschriftliche Vorlage, S. 37).

Es sei zunächst dahingestellt und bedarf eingehenderer Untersuchungen, ob die Setzung von Lernzielen und die Ausrichtung des Curriculums der Bildungsgänge auf diese Lernziele allein ausreichen, die tatsächlich erbrachten Lernleistungen vergleichbar zu machen. Wünschenswert wäre es, neben der Vereinbarung über vergleichbare Lernziele die Lehrverfahren, die Lernprozesse, die Leistungsbewertungen kompatibel zu machen.

Schmitz kommt zu dem Ergebnis, daß sich der Absolvent des von ihm beschriebenen Bildungsganges sowohl als Techniker der Fachrichtung Holztechnik als auch — sicherlich nicht ohne Zuwahl entsprechender Kurse — für folgende Studiengänge qualifiziert hat: Diplom-Holzingenieur, Diplom-Holzwirt, Diplomierter technischer Betriebswirt, Diplom-Kaufmann, Diplom-Innenarchitekt, Diplom-Arbeitswissenschaftler und höheres Lehramt in der Sekundarstufe II [29]).

Beispiel 5: Sport

Analysen systematisierter beruflicher Bildungsgänge unter dem Gesichtspunkt ihrer Wertigkeit für die Berufsqualifikation und Studienqualifikation sind zu ergänzen durch Analysen des Lernprogramms der gymnasialen Oberstufe, um auch dort festzustellen, welche Kurse für welche Berufsqualifikation anrechenbar sind und welche Kurse durch entsprechende Thematisierung und Ausrichtung für welche Berufsqualifikation anrechenbar gemacht werden können. Dies soll an einem weiteren Beispiel verdeutlicht werden:

Ein Jugendlicher wählt einen Bildungsgang mit Schwerpunkt „Spiel und Sport" und will die erstrebte Fachqualifikation durch die Zuwahl von Kursen aus den Bereichen „pflegerische Berufe" und „Sozialwissenschaften" profilieren. Der Schwerpunkt soll die Leitdisziplin Sport haben.

Nehmen wir weiter an, daß dem Curriculum der Leitdisziplin Sport neben den Bezugsfeldern Freizeit, Gesundheit, Personalisation und Sozialisation, Sport als sozio-kulturelles Phänomen [30]) weitere Bezugsfelder wie Sport als Bereich beruflicher Tätigkeiten und Sportwissenschaft zugrunde gelegt sind und der Bildungsgang folgende Elemente enthält: Übungen in zwei oder drei Sportdisziplinen (darunter eine Disziplin Mannschaftsspiele), Übungen in Erster

[29]) Schmitz a.a.O. (maschinenschriftliche Vorlage, S. 28).
[30]) Vgl. hierzu Entwurf des Curriculum Sport. In Entwürfe der Curricula für die Mainzer Studienstufe, Mainz 1973, S. 563 ff. (dort allerdings bisher nur für den Grundkurs).

Hilfe, Kurse zu den Themen Kommunikation, Gruppendynamik, Sport und Gesellschaft, Spiel-Sport-Leistung
sowie Kurse aus dem Umkreis der Disziplinen Physik, Anatomie und Physiologie, Psychologie, Soziologie, Philosophie,
Pädagogik, Musik, Tanz, Rhythmus [31]).

Der nächste Schritt wäre eine Analyse der Lehrpläne und
Prüfungsordnungen von Bildungsgängen im Bereich Sport,
die eine berufliche Qualifikation auf dem Niveau Fachabschluß B vermitteln, zum Beispiel Gymnastiklehrer [32]). Die
Prüfungsanforderungen umfassen unter anderem:

— Nachweis über die Ausbildung in Erster Hilfe;
— Formen der Körperbildung, die auch Übungen der Ent-
spannung und der Atempflege sowie des Sonderturnens
enthalten;
— Bewegungsverbindungen und Gestaltung von rhyth-
misch-räumlichen Bewegungsaufgaben;
— selbstgestaltete Gruppenform;
— Grundlagen der Anatomie und Physiologie;
— Allgemeine Erziehungslehre, Geschichte der Leibesübungen, Musiklehre.

Es kann angenommen werden, daß diesen Prüfungsanforderungen über den oben skizzierten Bildungsgang im
Schwerpunkt „Spiel und Sport" entsprochen werden kann.

Das Qualifikationspotential im Fachabschluß B, der am
Ende eines Bildungsganges im Schwerpunkt „Spiel und
Sport" erworben würde, könnte somit die Qualifikation
für den Studiengang Sportlehrer, Teilqualifikationen für die
Aufnahme eines Studienganges Medizin mit Berufsziel
Sportmediziner oder für die Aufnahme einer Ausbildung
zum Journalisten mit Berufsziel Sportjournalist sowie die
Qualifikation zur Aufnahme einer Tätigkeit als Gymna-
stiklehrer ausweisen.

Der Schwerpunkt „Spiel und Sport" ließe sich so gestalten, daß innerhalb eines studienbezogenen Bildungsgangs
auch der Fachabschluß A erreicht werden kann. Ein
solcher Fachabschluß könnte zum Beispiel die Fachqualifikation als Schwimmeistergehilfe [33]), als Trainer oder Frei-

---

[31]) Vgl. Gutachten von O. Grupe, K. Bergner, D. Kurz: Sport und Sportunterricht auf der Sekundarstufe II. In: Deutscher Bildungsrat,
Gutachten und Studien der Bildungskommission, Spiel und Kommunikation in der Sekundarstufe II, Stuttgart (in Vorbereitung) und
z. B. Richtlinien für den Leistungskurs Sport in der bayerischen
Kollegstufe, Erlaß v. 2. 4. 1973.
[32]) Z. B. bayerische Prüfungsordnung für Gymnastiklehrer, in der
Fassung v. 11. 1. 1973, GVBl, S. 21.
[33]) Vgl. Verordnung über die Berufsausbildung zum Schwimmeister-
gehilfen v. 5. 12. 1971, Bundesgesetzblatt I 1971, S. 1947.

zeitberater [34]) einschließen sowie bei entsprechender Profilierung des Bildungsganges für die Tätigkeit als Krankengymnastin oder Rettungssanitäter [35]) befähigen.

Dieses letzte Beispiel zeigt nicht nur, daß eine Berufsqualifikation noch eine weitere Berufsqualifikation sowie Teilqualifikationen für bestimmte Studiengänge enthalten kann, sondern auch umgekehrt, daß ein Bildungsgang in der Sekundarstufe II, der direkt auf eine Studienbefähigung zielt, neben der Studienqualifikation auch eine Berufsqualifikation auf den Qualifikationsebenen A oder B enthalten kann.

4.   Studienqualifikation

Im vorausgehenden Text war mehrfach von „Studienqualifikation" die Rede. Im folgenden Abschnitt soll versucht werden zu zeigen, welche Bedeutung die Studienqualifikation innerhalb des Qualifikationssystems der Sekundarstufe II erhält, deren curriculares Grundkonzept vorsieht, daß jeder Lernende einen Schwerpunkt wählt.

Nach der Empfehlung der Bildungskommission ist die Studienqualifikation nicht eine eigene Qualifikationsebene; sie liegt vielmehr auf der Qualifikationsebene Fachabschluß B. Der Fachabschluß B kann verschiedene Arten von Qualifikationen umfassen: Eine Berufsqualifikation, die höheren Anforderungen genügt (Techniker, Assistentenberufe) oder eine Studienqualifikation (für einen oder mehrere Studiengänge) oder beide Qualifikationen. Die im Fachabschluß B festgestellten Qualifikationen werden sich somit entsprechend dem Schwerpunkt und dem Profil, das der einzelne seinem Lernprogramm gegeben hat, auf einen oder mehrere Berufe, einen oder mehrere Studiengänge beziehungsweise auf Beruf und Studium erstrecken. Denn die Bildungsgänge, die zu einem Fachabschluß B führen, können sowohl berufsbezogen als auch studienbezogen sein, wobei Berufsbezogenheit den Erwerb einer Studienqualifikation und Studienbezogenheit den Erwerb einer Berufsqualifikation keineswegs ausschließen.

Beim Aufbau eines Qualifikationssystems und der Bestimmung des Fachabschlusses B ist davon auszugehen, daß alle derzeitigen studienbezogenen Bildungsgänge und alle Bildungsgänge, die mit einer beruflichen Qualifikation

[34]) Vgl. z. B. Entwurf der Prüfungsordnung für Freizeitberater der Ausbildungsstätte für Freizeitberater des Landkreises Fulda, Fulda 1970.
[35]) Vgl. Entwurf eines Gesetzes über den Beruf des Rettungssanitäters (Bundesratsdrucksache 73/73 v. 12. 1. 1973).

oder Ausrichtung auch Bildungsgänge im tertiären Bereich eröffnen [36]), einzubeziehen sind. Die curriculare Entwicklung der berufsqualifizierenden Bildungsgänge im dualen System aufgrund geänderter oder neuer Ausbildungsordnungen und Lehrpläne sowie der berufsqualifizierenden Bildungsgänge in Vollzeitschulen wird zeigen, welche weiteren Bildungsgänge ebenfalls zu einem Fachabschluß B führen können und demnach noch zur oben genannten Gruppe von Bildungsgängen hinzugerechnet werden müssen. Es ist also damit zu rechnen, daß zunehmend mehr Absolventen der Sekundarstufe II eine Studienqualifikation und gleichzeitig mehr Absolventen mit einer Studienqualifikation auch eine Berufsqualifikation erwerben werden.

Das von der Bildungskommission vorgelegte Konzept wird dazu beitragen, daß über stärker berufsbezogene Inhalte mit einer Berufsqualifikation auch eine Studienqualifikation erworben werden kann und daß in Bildungsgänge, die von vornherein auf den Erwerb einer Studienqualifikation angelegt sind, stärker berufsbezogene Inhalte und Arbeitsweisen einbezogen werden und infolgedessen auch in solchen studienbezogenen Bildungsgängen beruflich verwertbare Qualifikationen oder Teilqualifikationen vermittelt werden können. Das Ergebnis einer solchen curricularen Veränderung soll es sein, sowohl die berufsbezogenen als auch die studienbezogenen Bildungsgänge aus ihrer „Eingleisigkeit" zu lösen, ohne ihnen jedoch den Berufsbezug oder Studienbezug zu nehmen.

Dieses Ziel ist nicht zu erreichen, wenn die Studienqualifikation in der Form der „allgemeinen Hochschulreife" auf bestimmte tradierte Lerninhalte der gymnasialen Oberstufe fixiert bleibt oder wenn das tradierte Lernprogramm auf diejenigen beruflichen Bildungsgänge lediglich aufgesetzt würde, über die auch eine Studienqualifikation erreichbar gemacht werden soll. Die Beibehaltung der tradierten Fächer der gymnasialen Oberstufe als Lernprogramm, über das allein eine Studienqualifikation zu erreichen ist, führt zu der am Beispiel vieler beruflicher Gymnasien und am Beispiel des „Zweiten Bildungsweges" nach-

[36]) Bildungsgesamtplan vom 15. 6. 1973, Bd. I, S. 34:
Absolventenquoten in % eines Altersjahrgangs:

	1970	1975	1980	1985
Studienbezogene Bildungsgänge	10,2	13	14—15	15—17
Bildungsgänge, die mit einer beruflichen Qualifikation oder Ausrichtung auch Bildungsgänge im tertiären Bereich eröffnen.	1,3	6	7—9	9—11

zuweisenden Entwicklung, in deren Verlauf die beruflichen Inhalte immer mehr zurückgedrängt und durch sogenannte allgemeinbildende Fächer der gymnasialen Oberstufe ersetzt werden. Der Erwerb einer Studienqualifikation wird vom Lernenden in diesen Fällen mit dem Verzicht auf eine berufliche Erstqualifikation oder dem Verzicht auf eine Erweiterung, Ergänzung oder Aufstockung der vorher erworbenen beruflichen Erstqualifikation erkauft [37]).

Der „allgemeinen Hochschulreife" lag die Annahme zugrunde, daß ein für alle Studiengänge gleichermaßen verbindlicher Kanon von Anforderungen festgelegt werden könnte. Demgegenüber soll nach dem Konzept der Empfehlung die Studienqualifikation über das Lernen in einem inhaltlichen Schwerpunkt erreicht werden. Durch das Lernen in Schwerpunkten soll dem Jugendlichen die Möglichkeit geboten werden, seine Berufs- und Studienabsichten bei der Bestimmung seiner Lernprozesse in der Sekundarstufe II stärker als bisher zur Geltung zu bringen. Dazu ist es aber erforderlich, daß ein für den Lernenden erkennbarer und inhaltlicher Zusammenhang zwischen dem Lernen in der Sekundarstufe II und der erstrebten Berufstätigkeit beziehungsweise dem erstrebten Studium hergestellt wird. Erst dann kann der Jugendliche durch die Wahl des Schwerpunktes und eine ihm sinnvoll erscheinende Nutzung des Wahlbereichs eigenverantwortlich an der Gestaltung eines wichtigen Teils seines Lebensplanes mitwirken.

Die „allgemeine Hochschulreife" kann schon länger nicht mehr als Studienberechtigung für alle Studiengänge eingelöst werden. Mit der Zunahme beziehungsweise Differenzierung der Studiengänge an der Hochschule kann sie auch nicht als inhaltlich zu verstehendes Anforderungsminimum für alle Studiengänge gelten. Sie erschwert vielmehr dem Jugendlichen ein auf seinen Lebensplan abgestelltes Wahlverhalten und führte dazu, daß er auf die Wahl eines bestimmten Studienganges nicht hinreichend vorbereitet ist.

Mit der Beibehaltung der „allgemeinen Hochschulreife" würde überdies die Trennung in allgemeine und berufliche

[37]) So knüpft z. B. der „Zweite Bildungsweg" mit seinem Programm nicht an die berufliche Erstausbildung an, sondern führt über ein modifiziertes Programm der gymnasialen Oberstufe zum Abitur. Vgl. dazu B. Blinkert: Die Situation der Abendgymnasien und Kollegs in der Bundesrepublik Deutschland. In: Gutachten und Studien der Bildungskommission Bd. 31, Stuttgart 1974.

Bildung im Prinzip beibehalten werden und höchstens zu
einer unverbundenen Hinzufügung der „Allgemeinbildung" zur „beruflichen Bildung" führen. Die Strukturierung des curricularen Lernprogramms in der Sekundarstufe II nach inhaltlichen Schwerpunkten, die jedoch im
Hinblick auf den Erwerb des einen Fachabschlusses B
gleichwertig sind, und die Beibehaltung eines bestimmten
Fächerkanons für die Vermittlung der „allgemeinen Hochschulreife" sind nicht miteinander vereinbar. Das schließt
jedoch nicht aus, daß eine Reihe von bisherigen Fächern als
Disziplinen, Kurse, Aspekte oder Themen in vielen
Schwerpunkten enthalten sein wird. Sie sind dann jedoch
nicht allein aus sich selbst heraus, sondern ebenso durch
ihre inhaltliche Bedeutung für eine Fachkompetenz legiti-
miert.

Der Kanon der zu beherrschenden Wissensgehalte, von
denen angenommen wurde, daß sie zur allgemeinen Hochschulreife befähigen, unterliegt einem historischen Ver-
änderungs- und Entwicklungsprozeß. Die Geschichte von
der Reifeprüfungsordnung von 1812, in der die Kenntnis-
prüfung in neun verschiedenen Fächern festgelegt wurde,
bis zur „Vereinbarung zur Neugestaltung der gymnasialen
Oberstufe in der Sekundarstufe II" (1972) belegt dies. Hier
sei nur auf die Entwicklung der gymnasialen Oberstufe seit
der „Saarbrücker Rahmenvereinbarung" (1960) hingewiesen und auf folgende beiden Tendenzen aufmerksam
gemacht:

Auf der einen Seite ist das Bemühen feststellbar, durch
die „Verminderung der Zahl der Pflichtfächer und die
Konzentration der Bildungsstoffe eine Vertiefung des
Unterrichts" zu ermöglichen [38]). Die Konzentration sollte
verstanden werden „als Konzentration der Unterrichtsfächer", die „auf die innere Verbindung die übergreifenden Zusammenhänge der einzelnen Fächer" zielt, und als
„Konzentration innerhalb des Faches. Sie meint die Vertiefung in die Gegenstände und Methoden des Faches. Beide
Formen der Konzentration müssen bei der Auswahl der
Unterrichtsgegenstände berücksichtigt werden" [39]).

[38]) Saarbrücker Rahmenvereinbarung der Ständigen Konferenz der
Kultusminister der Länder v. 29./30. 9. 1960 zur Ordnung des Unterrichts auf der Oberstufe der Gymnasien.
[39]) Empfehlungen zur didaktischen und methodischen Gestaltung der
Oberstufe der Gymnasien im Sinne der Saarbrücker Rahmenvereinbarung
der Ständigen Konferenz der Kultusminister der Länder v. 28./29. 9. 1961
(„Stuttgarter Empfehlungen").

Auf der anderen Seite ist das Bemühen feststellbar, eine Grundbildung inhaltlich festzulegen. Die „Saarbrücker Rahmenvereinbarung" sah dafür folgende „Kernpflichtfächer" vor:

a) für den altsprachlichen Schultyp
Deutsch, Latein, Griechisch (oder Französisch), Mathematik
b) für den neusprachlichen Schultyp
Deutsch, zwei Fremdsprachen, Mathematik
c) für den mathematisch-naturwissenschaftlichen Schultyp
Deutsch, Mathematik, Physik, eine Fremdsprache.

Verbindliche Unterrichtsfächer in den Klassen 12 und 13 aller Schultypen waren außerdem: Gemeinschaftskunde (insbesondere Geschichte, Geographie, Sozialkunde), Leibesübungen und ein musisches Fach. Hinzu kam ein „Wahlpflichtfach" aus dem Bereich der Fremdsprachen oder Naturwissenschaften.

Nach den Vorschlägen der Westdeutschen Rektorenkonferenz von 1969 [40]) ist der „Bereich nicht abwählbarer Forderungen und Lernziele" („Grundanforderungen") in drei Aufgabenfeldern (sprachlich und literarisches, mathematisches und naturwissenschaftliches, gesellschaftliches und geschichtliches) festlegbar.
Zu diesem Bereich sollen gehören:
— Deutsch, zwei Fremdsprachen, Literatur,
— Mathematik, Physik, Chemie, Biologie,
— Geschichte, Geographie, staatliche, rechtliche, gesellschaftliche und wirtschaftliche Grundtatbestände.

Diese Aufzählung sollte nicht als „bloße Addition gegeneinander isolierter Einzelfächer" verstanden werden, sondern als eine Darstellung von Materialien der genannten Aufgabenfelder, „auf denen sich ‚kategoriale', ‚formale', und ‚inhaltliche' Zielsetzungen wechselseitig durchdringen."

Mit der Erfüllung dieser „Grundanforderungen" soll der „Schulabschluß" zuerkannt werden. Zum Erwerb der „allgemeinen Hochschulreife" sollten zusätzlich „gehobene Anforderungen" in zwei, höchstens drei „wissenschaftlichen Fächern" erfüllt werden. „Eine der beiden ‚gehobenen Anforderungen' sollte jedoch entweder in einer Fremdsprache, in Mathematik oder in einer Naturwissenschaft erfüllt werden."

[40]) H. Scheuerl, Kriterien der Hochschulreife. In: Zeitschrift für Pädagogik, 1969, H. 1, S. 21 ff.

Die Westdeutsche Rektorenkonferenz räumte zwar ein:
„Das Lehrgefüge der Schulbildung ... hat notwendig historischen Kompromißcharakter, ist grundsätzlich überholbar
und läßt sich nicht auf ein überzeitliches, allgemeingül-
tiges ‚System' bringen." Weder die Hochschule noch
andere Instanzen könnten für die „Kriterien der Reife"
einen Kanon „von zeitloser Geltung aufstellen". Die Konferenz ging jedoch davon aus, daß sie gültige Maßstäbe und
Kriterien festgelegt habe, „die unter dem Gesichtspunkt
der Befähigung für wissenschaftliche Studien nicht unter-
schritten werden sollten". Nach Anforderungen für einzelne oder mehrere verwandte Studiengänge wurde weder
in den „Grundanforderungen" noch in den „gehobenen
Anforderungen" unterschieden. Die Lernleistungen entsprechend den „gehobenen Anforderungen" wurden zwar
als Schwerpunkte anerkannt und sollten den Zeugnissen
„ein jeweils individuell und inhaltlich stärkeres, allgemein
besser lesbares Profil geben", eine Vorbereitung auf
„spezielle Studiengänge" wurde jedoch ausdrücklich
zurückgewiesen. Eine „Einschränkung der Studienberechtigung" wurde abgelehnt.

Die Vorschäge der Westdeutschen Rektorenkonferenz
von 1969 waren hier ausdrücklich heranzuziehen, weil sich
die Kultusministerkonferenz-„Vereinbarung zur Neugestaltung der gymnasialen Oberstufe in der Sekundarstufe
II vom 7. Juli 1972" in erster Linie auf sie stützt. In der
Vereinbarung, deren Durchführung in allen gymnasialen
Oberstufen spätestens mit dem Schuljahr 1976/77 beginnen soll, werden die drei genannten Aufgabenfelder sowie
Religionslehre und Sport zum „Pflichtbereich" erklärt.
„Gehobene Anforderungen" werden vom Schüler in zwei
(ggf. auch drei) Leistungsfächern verlangt, von denen eines
entweder eine Fremdsprache oder Mathematik oder eine
Naturwissenschaft sein muß. Durch die Wahl der Lei-
stungsfächer ist eine gewissen Akzentuierung und Intensivierung des Lernens als wissenschaftspropädeutisches Lernen möglich. Eine Schwerpunktbildung durch die Schüler
ist jedoch eingeschränkt auf die Möglichkeit zu freier
Kombination von Kursen des Wahlbereichs (ein Drittel
des Gesamtvolumens), mit Kursen des Pflichtbereichs,
wobei die Fächer des Wahlbereichs „in der Regel Teil-
gebiete aus den drei Aufgabenfeldern" darstellen. Die „allgemeine Hochschulreife" wird beibehalten.

Das von der Bildungskommission des Deutschen Bildungsrates vorgelegte Konzept zur Neuordnung der

Sekundarstufe II spricht ebenfalls von Schwerpunkten, jedoch in einem anderen Kontext und in einem anderen Sinn. Der Schwerpunkt ist der Lernbereich, in dem der Jugendliche eine Fachkompetenz erwirbt. Im Zusammenhang mit ihm stehen der obligatorische Bereich und der Wahlbereich. Der obligatorische Bereich ist jedoch nicht Pflichtbereich im Sinne eines für alle Lernenden gleichermaßen verbindlichen und quantitativ sowie qualitativ einheitlichen Lernprogramms. Er wird vielmehr auf das Lernprogramm des Schwerpunktes projiziert, so daß die nicht abgedeckten inhaltlichen Anteile aus den Bereichen Sprache, Politik, Mathematik und Spiel/Sport erkennbar werden und als ergänzendes Programm festgelegt werden können. Für die curriculare Arbeit stellt sich damit die Aufgabe, zunächst die Schwerpunkte zu entwickeln und durch die Inbeziehungsetzung jedes einzelnen Schwerpunktes zu den genannten vier Bereichen die ergänzenden Kurse für den obligatorischen Bereich zu bestimmen. Der Wahlbereich ist demgegenüber — vom Programm her gesehen — kein eigenständiger Programmteil, sondern — aus der Sicht des Lernenden — der Bereich, der sich durch individuelle zusätzliche Nutzung des Lernangebots eines Kollegs ergibt.

Demgegenüber ist in der Kultusministerkonferenz-Vereinbarung zur Reform der gymnasialen Oberstufe zunächst der obligatorische Bereich festgelegt („Pflichtbereich"). Eine eingeschränkte Schwerpunktbildung ist lediglich durch die Kombination von Wahlbereich und Pflichtbereich möglich.

Nach der Konzeption der Bildungskommission kann Studienqualifikation als die Befähigung für einen oder mehrere in einem erkennbaren Zusammenhang zum Schwerpunkt stehende Studiengänge an der Hochschule bezeichnet werden. Daraus folgt die Forderung an die curricularen Instanzen in der Sekundarstufe II und an der Hochschule, diejenigen Anforderungen inhaltlich gemeinsam zu erarbeiten, die Schwerpunkte und Bildungsgänge in der Sekundarstufe II und Studiengänge der Hochschule verknüpfen [41]. Erst nach der Entwicklung der Schwerpunkte lassen sich die Studienqualifikationen inhaltlich bestimmen.

[41] Deutscher Bildungsrat, Empfehlungen der Bildungskommission, Zur Neugestaltung der Abschlüsse im Sekundarschulwesen, Bonn 1969, S. 50: In enger Zusammenarbeit von Schule und Hochschule sollen „studienspezifische Leistungsgebiete und Leistungsgrade" festgelegt werden.

Die Schwerpunkte sind so anzulegen, daß die Studienqualifikation nicht zu eng ausfällt. Die im Anhang II in einem ersten Entwurf skizzierten Schwerpunkte „Elektrotechnik", „Naturwissenschaften", „Mathematik" und „Wirtschafts- und Sozialwissenschaften" zeigen, daß dies möglich ist. Wenn mehrere Disziplinen zu einem „sachlogisch und didaktisch verbundenen Schwerpunkt zusammengestellt sind", kann über einen solchen nicht zu eng ausgelegten Schwerpunkt die Studienqualifikation für mehrere Studiengänge erworben werden.

In Abstimmung zwischen Sekundarstufe II und Hochschule sind außerdem diejenigen Inhalte und Leistungsanforderungen auszuweisen, die bei einer Erweiterung der Qualifikation in das Lernprogramm aufgenommen werden müssen, wenn andere als die durch den Schwerpunkt abgedeckten Studiengänge vom Lernenden angestrebt werden. Diese zusätzlichen Kurse sollen dem Lernenden je nach Angebotsstruktur des Kollegs in der Sekundarstufe II oder aber an der Hochschule angeboten werden, so daß sie vor Aufnahme des Studienganges oder in der Anfangsphase des Studiums absolviert werden können. Eine solche Regelung ist nicht neu. Sie entspricht auch bisher schon praktizierter Übung wie zum Beispiel beim Erwerb von Kenntnissen in Griechisch oder Hebräisch für das Studium der Theologie, in Latein für das Studium der Jurisprudenz, der Medizin, der Geschichte und für andere Studiengänge, in Mathematik für Wirtschaftswissenschaftler.

Walter Bärsch
Dietmar Leischner

Beratung in der Sekundarstufe II

Gliederung:
Vorbemerkung
1. Begründung für eine Beratung in der Sekundarstufe II
2. Grundsätze
3. Aufgaben
4. Zielgruppen
5. Funktionsbereiche
6. Beratungsfachleute
7. Die Ausbildung der Beratungsfachleute
8. Organisation
9. Probleme

Vorbemerkung:
Beratung ist ein grundlegendes Element eines modernen Bildungswesens. In der Sekundarstufe II kommt der Beratung eine besondere Bedeutung zu, weil durch ein sehr differenziertes Angebot im Bildungs- und Beschäftigungssystem sowie durch die Probleme des Jugendalters die Lernenden im besonderen Maße informiert, beraten und zum Teil betreut werden müssen.

Die Bundesregierung hat in der Regierungserklärung vom 27. Juni 1968 als einen Schwerpunkt der Bildungspolitik den Aufbau eines umfassenden Systems der Bildungsinformation und Bildungsberatung genannt. „Jeder soll die Freiheit der Wahl und gleiche Chancen haben. Aber freie Entscheidung setzt umfassende Information über das voraus, was zu entscheiden ist. Ausmaß und Qualität der Information bestimmen den Umfang der Entscheidungsfreiheit."

Im Februar 1970 stellt der Deutsche Bildungsrat in seinem Strukturplan für das Bildungswesen fest[42]): „Individualisierung und Differenzierung im Bildungswesen machen es notwendig, dem Lernenden durch sachkundige Beratung zu helfen, damit er die Bildungsangebote und Lernmöglichkeiten wählen kann, die die Entfaltung seiner Persönlichkeit fördern und ihm gleichzeitig berufliche und gesellschaftliche Chancen bieten. Auch die Berufswelt ist für den einzelnen so unübersichtlich, daß die Wahl seines Bildungsweges zu einer schwierigen Entscheidung gewor-

[42]) Deutscher Bildungsrat, Empfehlungen der Bildungskommission, Strukturplan für das Bildungswesen, Stuttgart 1970, S. 91.

den ist. Die Orientierung über Berufsfelder, Berufsbilder und Berufschancen in der Arbeitswelt muß durch eine Berufsberatung ergänzt werden, damit der Lernende eine Berufswahl treffen kann. Bildungsberatung ist ein Strukturelement des Bildungswesens. Ausgangspunkt und Grundlage ist das Sammeln und Bereitstellen von Informationen. Beratung wird in Zukunft auch speziell ausgebildete Fachkräfte erfordern, die ausschließlich Beraterfunktionen ausüben. Die Ausgliederung der Beratungsfunktion aber hebt die Verpflichtung der Lehrer zu einer laufenden pädagogischen Beratung des Lernenden nicht auf. Diese pädagogische Beratung soll in Kooperation mit der Bildungsberatung erfolgen."

Auch im Bildungsgesamtplan wird wegen der zunehmenden Differenzierung der Ausbildungsgänge und der stärkeren Individualisierung der Lernprozesse in Schule, Betrieb, Hochschule und Weiterbildung die Notwendigkeit zum Aufbau eines „leistungsfähigen Beratungssystems" betont[43]): „Das Beratungssystem muß über die vielfältigen Wege und Möglichkeiten im Bildungswesen orientieren und eine fundierte, auf den einzelnen bezogene Beratung leisten, die sich auch der Mittel der psychologischen und pädagogischen Diagnostik bedient. Es muß sich auf Schullaufbahnen, Studiengänge, außerschulische Bildungsgänge und in Zusammenarbeit mit der Bundesanstalt für Arbeit auf Berufsmöglichkeiten erstrecken. Schließlich müssen Aufgaben der Einzelfallhilfe bei Leistungs- und Entwicklungsstörungen — sofern sie nicht spezieller Behandlung bedürfen — wahrgenommen werden.

Die Beratung steht den Lernenden sowie den Eltern und den Lehrenden zur Verfügung. Sie erfolgt in enger Zusammenarbeit mit der Berufsberatung, der Ausbildungsberatung, der Erziehungsberatung, der Sozialberatung und der Gesundheitsberatung. Sie umfaßt einen Beratungsdienst für den Elementarbereich, für Schule und Weiterbildung (Bildungsberatungsstelle), soweit für die Weiterbildung nicht die Berufsberatung zuständig ist, und einen Beratungsdienst für den Hochschulbereich (Studienberatung). Die Aufgaben der Berufsberatung und die Zusammenarbeit mit der Bildungs- und Studienberatung ergeben sich aus dem Arbeitsförderungsgesetz. Eine institutionelle Weiterentwicklung der Beratung muß geprüft werden." Als Ziele der Beratung werden genannt:

[43]) Bund-Länder-Kommission für Bildungsplanung, Bildungsgesamtplan, a.a.O., Band I, S. 79.

8

— „Individuell orientierte Förderung, um in Zusammenarbeit mit den Bildungsinstitutionen dem einzelnen bei der Bildungs- und Berufswahl zu helfen.

— Orientierungs- und Entscheidungshilfe bei der zunehmenden Differenzierung im Bildungswesen.

— Information über die Möglichkeiten der finanziellen Förderung, die dem einzelnen zur Verfügung stehen.

— Früherfassung genereller und partieller Lernbehinderungen.

— Vermeidung von individuellen Fehlentscheidungen bei der Wahl von Bildungsgängen.

— Hilfe bei Lern-, Leistungs- und Verhaltensstörungen."

Im Teil I der Empfehlungen der Bildungskommission des Deutschen Bildungsrates „Zur Reform von Organisation und Verwaltung im Bildungswesen" wird ebenfalls die Einrichtung einer „Bildungsberatung" vorgeschlagen [44]. In den Erläuterungen dazu heißt es: „Im Bildungswesen ist ein zunehmender Bedarf an umfassender Beratung nicht zu übersehen ... Die organisatorischen sowie didaktischen Probleme, die in den einzelnen Schulen gelöst werden müssen, machen es erforderlich, daß den hauptsächlich betroffenen Lehrern eine ausreichende Information und Beratung zur Verfügung gestellt wird. Die Reformziele der Individualisierung und Differenzierung der Lernprozesse machen es notwendig, den Lernenden durch sachkundige Beratung bei der Wahl zwischen den Bildungsangeboten und Lernmöglichkeiten zu helfen. Die Vielfältigkeit der Arbeitswelt, die Unübersichtlichkeit der Berufsfelder, Berufsbilder und Berufschancen erfordern eine Berufsbildungsberatung. Die Notwendigkeit des Zusammenwirkens zwischen Bildungseinrichtungen und Eltern verlangt, daß den Eltern eine umfassende Informationsmöglichkeit gegeben wird." Es wird vorgeschlagen (Seite A 91), die Bildungsberatung „unter organisatorischen und qualifikatorischen Gesichtspunkten in folgende drei Funktionsbündel zusammenzufassen: die Schulberatung, die sich an die Schule insgesamt und an die Lehrer insbesondere wendet, die individualpsychologische Beratung sowie die Bildungslaufbahnberatung für den Schüler und seine Eltern".

Diese und andere hier nicht erwähnte Aussagen stimmen in der Grundtendenz überein: Ohne Beratung ist ein modernes Bildungswesen nicht möglich. Nicht mehr so ein-

---

[44] Deutscher Bildungsrat, Empfehlungen der Bildungskommission, Zur Reform von Organisation und Verwaltung im Bildungswesen, Teil I, Stuttgart 1973, S. 35 und A 128.

heitlich bleibt das Bild dann, wenn konkrete Modelle vorgeschlagen werden. Da gibt es Übereinstimmungen, aber auch gegensätzliche Auffassungen über die Organisation, die Aufgaben, die Zielgruppen, das Personal und so weiter. Gelegentlich meint man mit dem Begriff „Beratung" auch Unterschiedliches.

Will man versuchen, die Trends der verschiedenen Vorschläge und der allgemeinen Diskussion zu erfassen, dann ist folgendes festzustellen: Einmal meint man mit „Beratung" die Beratung der Bildungsinstitutionen und Bildungsverwaltungen in bezug auf die Grundfaktoren des Bildungswesens, wie zum Beispiel das Standortproblem, die Aktivierung der Bildungswilligkeit, die Struktur, Organisation und Verwaltung des Bildungswesens, die Personalstruktur, das Curriculum, die Didaktik, das Beurteilungsverfahren und das Qualifikationssystem. Die mit diesen Grundfaktoren gegebenen Aufgaben sind ohne die ständige Beratung durch Spezialisten nicht zu bewältigen. Mit Recht hat man deshalb gefordert, für diese Beratung der Bildungseinrichtungen eine Bildungsberatung beziehungsweise Schulberatung einzurichten. Aufgabe der Bildungsberatung ist es, bildungspolitische und pädagogische Planungsarbeit zu leisten. Der Einsatz dieser Bildungsberatung kommt dem Bildungswesen insgesamt zugute.

Man diskutiert aber auch einen anderen Beratungsschwerpunkt, den nämlich, der nur auf eine konkrete Bildungsinstitution bezogen ist. So fordert man zum Beispiel einen Beratungsdienst für eine Gesamtschule. Während die Bildungsberatung von ihrer Aufgabenstellung und ihrem Organisationsprinzip her ein institutionsexternes Beratungssystem ist, wäre die Beratung für eine konkrete Bildungsinstitution als ein institutionsinterner Beratungsdienst zu organisieren. Dieser Dienst mit seinen Fachleuten hat die Aufgabe, die Funktionsfähigkeit der Institution so zu fördern, daß es im Zusammenwirken von Lernenden, deren Erziehungsberechtigten, Lehrenden und den Verantwortlichen für die Institution gelingt, die Institution im Sinne ihrer Zielsetzung effektiv werden zu lassen. Das heißt praktisch: Der Beratungsdienst steht als Helfer in allen Problemsituationen zur Verfügung, bemüht sich um Klärung beziehungsweise Lösung des Problems (beratend — therapeutischer Aspekt) und berät aufgrund dieser Erfahrungen die Institution und deren Mitarbeiter mit dem Ziel, durch Veränderungen von Merkmalen der Institution die Wahrscheinlichkeit für das Auftreten bestimmter Probleme zu verringern (prophylaktischer Aspekt).

Dieser institutionsinterne Beratungsdienst ist ein System zur Selbstwahrnehmung von Problemsituationen und zur Selbstkorrektur. Zwischen der Bildungsberatung und der institutionsinternen Beratung bestehen mannigfache Beziehungen. Während die Bildungsberatung vor allem an der Erarbeitung und Herstellung von Rahmenbedingungen beteiligt ist, hilft der Beratungsdienst einer Bildungsinstitution mit, diese Rahmenbedingungen praktisch zu verwirklichen und den Realitäten anzupassen. Diese Erfahrungen sind dann wiederum nützlich für die weitere Arbeit der Bildungsberater.

Die Beratung in der Sekundarstufe II ist als ein institutionsinterner Beratungsdienst zu organisieren.

1. **Begründung für eine Beratung in der Sekundarstufe II**
Es wird in der Empfehlung „Zur Neuordnung der Sekundarstufe II" unter anderem vorgeschlagen, die allgemeine und die berufliche Bildung in ein System (Kolleg) zusammenzufassen, das in vier Lernorte (Schule, Betrieb, Lehrwerkstatt und Studio) ausgelegt ist und dessen Lernprozesse über ein gemeinsames Curriculum aufeinander bezogen sind. Das gesamte Lernangebot wird in Kursen angeboten. Der Lernende kann einen fachlichen Schwerpunkt wählen und sich innerhalb dieses Schwerpunkts noch für ein seinen Möglichkeiten und Neigungen angemessenes Profil entscheiden. Die Fachqualifikation ist auf zwei Ebenen möglich. Außerdem kann er noch Kurse innerhalb eines Wahlbereiches frei wählen. Das wesentliche Prinzip der Lernorganisation ist die Individualisierung.

Die so verfaßte Sekundarstufe II bedeutet für den Lernenden unter anderem:
— Er lernt in einem System mit einem sehr differenzierten Lernangebot.
— Er muß sich über seine eigenen Möglichkeiten und Neigungen klar werden.
— Er muß sein Bildungsziel festlegen.
— Er muß viele Entscheidungen treffen.
— Er lebt in einer komplizierten Sozialorganisation.
— Er befindet sich als Person in einer Phase der Umorientierung und der Verunsicherung (er ist nicht mehr Kind und auch noch nicht Erwachsener).

In der Lernorganisation muß sich der Lernende unter anderem für einen Teil des sehr differenzierten Lernangebots entscheiden. Zuvor muß er — im Zusammenhang mit der Wahl eines Berufes oder Berufsfeldes — einen Schwerpunkt mit dem für ihn geeigneten Profil wählen. Er muß sich auch für ein bestimmtes Qualifikationsniveau entscheiden. Das alles zwingt ihn permanent zu Wahl- und Entscheidungshandlungen. Dafür muß er Informationen über die Lernorganisation, über sich selbst und über das Beschäftigungssystem erhalten. Nicht immer wird es ihm gelingen, sich allein auf der Basis dieser Informationen zu entscheiden. Dann muß er die Möglichkeit haben, sich beraten zu lassen. Auch sonst kann der Lernende Lernschwierigkeiten der verschiedensten Art haben, zu deren Behebung er auch die Hilfe eines Beraters in Anspruch nehmen können muß.

Im Bereich der Sozialorganisation wechseln die Bezugs- und Lerngruppen oft, die interpersonale Psychodynamik ist sehr komplex und damit nur schwer überschaubar. Das kann zu sehr differenzierten sozio-dynamischen Vorgängen und damit auch zu sozialen Spannungen führen — nicht nur auf der Ebene der Lernenden unter sich, sondern auch zwischen den Lernenden und den Lehrenden.

Zum Sozialbereich gehören auch die Beziehungen zur Familie, zur „peer group" oder zu einem persönlichen Partner. Auch bei diesen Beziehungen kann es zu Spannungen kommen, die der einzelne nicht ohne weiteres abbauen kann und die seine Lernsituation belasten.

In diesen Fällen muß dem Lernenden dadurch geholfen werden, daß ein Berater mit ihm die jeweilige soziale Situation analysiert und — unter Umständen zusammen mit dem Lehrenden — nach Mitteln und Wegen sucht, die bestehenden Probleme im Sozialbereich zu lösen und damit die Spannung zu verringern.

Schließlich kann er auch als Person Probleme haben, etwa dadurch, daß er in eine Selbstwert- oder eine Orientierungskrise geraten ist. Es können auch Probleme sein, die sich aus seiner psychischen Entwicklungssituation ergeben, mit psychischen Störungen zusammenhängen oder ihre Ursachen im Organbereich haben. In den meisten Fällen beeinflussen solche persönlichen Belastungen das Lernverhalten ganz entscheidend. Auch bei solchen Problemen ist der Lernende auf einen Berater angewiesen. Mit ihm zusammen muß er versuchen, die Hintergründe des Problems zu erkennen, und der Berater muß ihm — unter Umständen durch eine längere Betreuung und Behandlung — helfen, das Problem oder die Krise zu überwinden.

Deshalb ist in einer differenzierten Bildungsinstitution der Sekundarstufe II, der Lernende auf Beratung und auch auf

Hilfe angewiesen. Das gilt — wenn auch mit anderen Schwerpunkten — ebenfalls für die Erziehungsberechtigten, die Lehrenden und die Institution selbst.

2.   Grundsätze

Beratung ist ein Prinzip der gesamten Sekundarstufe II (Kolleg) und damit eine Aufgabe der Kollegleitung und aller im Kolleg Lehrenden.

Aufgabe des Kollegs ist es, bei der Organisation der Lernprozesse neben den curricularen, didaktischen und berufsorientierten Gesichtspunkten auch lernpsychologische, individualpsychologische, sozialpsychologische und soziologische Gesichtspunkte zu berücksichtigen. Auch die spezifischen Problemsituationen der Institution selbst, bei Lernenden und Lehrenden sind prinzipiell Aufgabe des Kollegs und all seiner Mitarbeiter. Beratung als Prinzip der Sekundarstufe II insgesamt bedeutet für den Lehrenden unter anderem:

— Zwischen ihm und dem Lernenden muß das Verhältnis der Partnerschaft bestehen.

— Er soll eine emotional positive Atmosphäre schaffen, damit die Zusammenarbeit zwischen den Lehrenden und den Lernenden so effektiv wie möglich wird.

— Er soll die gruppendynamischen Prozesse seiner Lerngruppe, das Rollengefüge, den Interaktionsstil, den sozialen Status einzelner und so weiter beobachten und die Verfahren kennen, Fehlentscheidungen vorzubeugen beziehungsweise — sollten sie eingetreten sein — zu beheben.

— Er soll Lehrmethoden anwenden, die den Fähigkeiten und Interessen des einzelnen Lernenden entsprechen.

— Er muß die Ausbildung nicht nur am Fachaspekt orientieren, er muß sie auch auf die gegenwärtige Situation in der Gesellschaft beziehen.

— Er soll dem Lernenden helfen, wenn dieser mit sozialen Problemen innerhalb der Lerngruppe, der Familie oder innerhalb anderer sozialer Bezüge Schwierigkeiten hat.

— Er soll dafür sorgen, daß der Lernende gut informiert die verschiedenen Entscheidungen im Verlauf seiner Bildungslaufbahn treffen kann.

— Dem Lernenden soll er helfen, seine eigenen Fähigkeiten und Grenzen zu erkennen und seine Interessen zu entwickeln.

— Er soll rechtzeitig erkennen, wenn ein Lernender überfordert ist, persönliche Probleme hat oder in eine soziale Außenseiterposition geraten ist.

— Er soll mit den Beratungsfachleuten zusammenarbeiten, wenn für die Lösung eines aktuellen Problems die Möglichkeiten des Lehrenden nicht ausreichen.

Für Problemsituationen, die nur mit Hilfe von Spezialisten aufgehellt und bewältigt werden können, ist für jedes Kolleg ein Beratungsdienst einzurichten. Für ihn gelten die folgenden Grundsätze:
— Der Beratungsdienst ist funktional in das Kolleg zu integrieren.
— Institutionell ist er aber ein eigenständiger Handlungsbereich. Die Mitarbeiter unterstehen nicht der Rechts- und Funktionsaufsicht des Kollegs, sind daher in bezug auf ihren persönlichen und institutionellen Status unabhängig.
— Fachlich ist der Beratungsdienst eines Kollegs in das „institutionsexterne" System der Bildungsberatung zu integrieren.
— Der Beratungsdienst steht allen Lernenden, den Erziehungsberechtigten, den Lehrenden, den Lernortleitungen und der Kollegleitung zur Verfügung.
— Die Initiative zur Aktivierung des Beratungsdienstes geht grundsätzlich von den Ratsuchenden aus.
— Den Leitern des Kollegs und der Lernorte gegenüber kann der Beratungsdienst auch von sich aus Anregungen geben oder Vorschläge machen.
— Der Ratsuchende muß in jeder Phase der Beratung mit der Art der Beratung beziehungsweise Behandlung einverstanden sein. Im anderen Falle hat er das Recht, die Beratung oder Behandlung von sich aus abzubrechen.
— Jede Beratung ist grundsätzlich vertraulich.
— Informationen, die mit der Beratungssituation zusammenhängen und vertraulich sind, dürfen nur mit Genehmigung des Ratsuchenden an andere Personen weitergegeben werden.
— Die Kollegleitung, die Lernortleitungen und die Lehrenden sind verpflichtet, die Berater auf Anforderung über die Situation des Ratsuchenden in den Lerngruppen zu informieren.
— Die Mitarbeiter der Beratungseinrichtungen untersuchen das Problem, entwickeln mit dem Ratsuchenden zusammen alternative Lösungsmöglichkeiten, die Lösung selbst ist aber grundsätzlich Aufgabe des Ratsuchenden. Der Beratungsdienst hilft dabei mit seinen Möglichkeiten.
— In den Fällen, in denen die praktische Lösung nur mit Hilfe spezieller Fachkenntnisse oder Verfahren möglich ist,

führt der Beratungsdienst die Behandlung selbst durch
oder sorgt für eine angemessene fachliche Betreuung, zum
Beispiel durch Mithilfe von Fachleuten oder Institutionen
außerhalb des Kollegs.

— Die Grenzen der Beratung liegen dort, wo sich — etwa
durch eine zu starke Steuerung, Beeinflussung oder Kontrolle — für den einzelnen Nachteile ergeben.

3.   Aufgaben

Auf den Lernenden bezogen hat der Beratungsdienst die
Aufgabe, den Lernenden dabei zu unterstützen, ein unge-
störtes Verhältnis zur Organisation des Kollegs und zu den
Lernprozessen zu haben beziehungsweise ein von Störung
bedrohtes Verhältnis ungestört zu erhalten. Das bedeutet
im einzelnen Hilfe zur bestmöglichen Eingliederung des
Lernenden in das Kolleg unter folgenden Hauptaspekten:

— Berücksichtigung seines Begabungsprofils und optimale
Entwicklung der in diesem Profil liegenden Möglichkeiten.
Das heißt: Unterstützung der Persönlichkeitsentwicklung
unter den Aspekten der Individuation (Selbstverwirklichung) und Sozialisation (Emanzipation).

— Berücksichtigung seiner Berufswünsche und Sicher-
stellung eines dafür geeigneten Lernangebots, zum Beispiel
durch Beratung in bezug auf die Berufsentscheidung.

— Hilfe bei Problemen im Lernbereich, zum Beispiel in
bezug auf die Lernorganisation, die Zusammenstellung des
individuellen Lernprogramms, den Kontakt zu Lehrenden
und zur Lerngruppe, den Inhalt.

— Hilfe bei Problemen im Sozialbereich, zum Beispiel in
bezug auf Situationen im Bereich der „freien Sozialkontakte"[45]), die Familie, die „peer group" oder einzelne
Partner.

— Hilfe bei Störungen der Persönlichkeitsentwicklung im
Bereich der Selbstverwirklichung oder der geistigen Orientierung, zum Beispiel bei Selbstwert- und Orientierungs-
krisen, Schwierigkeiten im Bereich der Erlebnisverarbei-
tung (z. B. bei Angst und Depressionen).

Auf das Kolleg bezogen ist es die Aufgabe des Beratungsdienstes, das Kolleg bei besonderen Problemsituationen zu unterstützen und ihm zu helfen, die Lernprozesse in bestmöglicher Weise zu organisieren, ein angemessenes Lernangebot zu machen und die wirkungsvoll-
sten Lehrmethoden anwenden zu können. Im einzelnen
bedeutet das:

---

[45]) S. Empfehlung, Kapitel 3.1.3.1. Freie Sozialkontakte.

— Beratung der Kollegleitung und der Lernortleitungen in bezug auf Probleme im Rahmen der Lern- und Sozialorganisation im Kolleg.

— Beratung der Kollegleitung in bezug auf Probleme der Kommunikation und Kooperation mit anderen Beratungsinstitutionen.

— Beratung der Kollegleitung bei der Organisation der „freien Sozialkontakte".

— Beratung der Lehrenden in bezug auf Probleme bei der Anwendung bestimmter Lehrverfahren und bei der Beurteilung des Lernverhaltens und des Lernerfolgs der Lernenden (z. B. in Verbindung mit den Qualifikationen).

— Beratung der Lehrenden in bezug auf Probleme, die einzelne Lernende oder bestimmte Lerngruppen haben.

— Beratung bei der Überwindung dysfunktionaler Prozesse innerhalb des Kollegs.

Zusammengefaßt bedeutet das: Der Beratungsdienst des Kollegs wird als Vermittler zwischen den Lernenden und seinem Kolleg tätig bei Problemen

— der Organisation des Kollegs,

— des Lernens und Lehrens unter curricularen und didaktischen Gesichtspunkten,

— der Wahl von Bildungsgängen und Kursen (Bildungslaufbahn),

— der Berufsorientierung,

— der im Bereich der Sozialkontakte sich ergebenden gruppendynamischen Prozesse und Einzelsituationen,

— der Persönlichkeitsentwicklung und der geistigen Orientierung der Lernenden.

4.   Zielgruppen

Die Beratung kann notwendig werden gegenüber

— den Lernenden, zum Beispiel in bezug auf Lebens-, Orientierungs- und Entscheidungsprobleme,

— den Erziehungsberechtigten, zum Beispiel in bezug auf Erziehungs-, Orientierungs- und Entscheidungsprobleme,

— den Lehrenden, zum Beispiel in bezug auf Erziehungs-, Sozialisations-, Beurteilungs- und didaktische Probleme,

— dem Kolleg, zum Beispiel in bezug auf Lernorganisation, Curriculum und Beurteilungsverfahren.

5.   Funktionsbereiche

Beratung als ein vielschichtiger Vorgang gliedert sich in verschiedene Funktionsbereiche aus.

5.1   Funktion der Faktenerhebung

Eine gezielte Beratung wird erst dann möglich, wenn der
Berater in bezug auf die verschiedenen Dimensionen der
jeweiligen Beratungssituation möglichst viele Fakten zur
Verfügung hat. Das können Fakten sein über
— den Lernenden, zum Beispiel zur Entwicklungsgeschichte, Persönlichkeitsentwicklung, Begabung, Lernverhalten, Neigungen, familiären Situation, Freizeit;
— den Lehrenden, zum Beispiel zur pädagogischen und
fachlichen Kompetenz;
— den Erziehungsberechtigten, zum Beispiel zur beruflichen, ökonomischen, familiären Situation, zum Erzie-
hungsverhalten;
— die Lernorganisation, zum Beispiel zur Organisation,
Personalstruktur, Kommunikations- und Kooperationsstruktur, curricularen Angebotsstruktur und zu den möglichen Qualifikationen;
— die Sozialorganisation, zum Beispiel zur Struktur der
Sozialorganisation, zum Angebot an Gruppenaktivitäten,
zur soziodynamischen Situation in einzelnen Gruppen;
— das Beschäftigungssystem, zum Beispiel zur Wirtschafts-
lage, regionalen Wirtschafts- und Betriebsstruktur, zu
Berufsfeldern, Berufen und Laufbahnen, Verdienst-, Aus-
bildungs- und Weiterbildungsmöglichkeiten.

5.1.1   Als Verfahren, durch die Fakten erhoben beziehungsweise
verfügbar werden, kommen in Frage
— die individualpsychologische Diagnose zur Abklärung
der Entwicklungsgeschichte, der allgemeinen Persönlichkeitsmerkmale wie Begabung und Leistungsfähigkeit, der
Berufseignung und so weiter;
— die sozialpsychologische Diagnose zur Abklärung der
gruppendynamischen Situation, der Gruppenstruktur und
der sozialen Stellung einzelner innerhalb der Gruppe und
so weiter;
— die pädagogische Diagnose zur Abklärung der Inter-
aktionsprozesse innerhalb der Lerngruppe, der Effektivität
des Lehrens und Lernens, des Lernverhaltens einzelner
oder Gruppen, des Lernerfolgs in den einzelnen Kursen
und so weiter;
— die medizinische Diagnose zur Abklärung organischer
Sachverhalte.
Außerdem muß der Beratungsdienst ausreichende Informationen über die Merkmale des Kollegs mit seinen
Lern- und Sozialorganisationen und das Beschäftigungs-

system haben. Zu diesem Zweck muß der Informationsfluß zwischen der Kollegleitung und den Lernorten auf der einen und dem Beratungsdienst auf der anderen Seite sehr intensiv sein. Die Informationen über das Beschäftigungssystem sollte die Arbeitsverwaltung regelmäßig zur Verfügung stellen, soweit die Information für die Berufsbildungsberatung in der Sekundarstufe II notwendig ist.

5.1.2   Eine weitere Aufgabe für den Beratungsdienst ist die Speicherung der genannten Fakten. Fakten — sowohl die über Lernende als auch die über das Kolleg und das Beschäftigungssystem — werden nicht nur für den Zeitraum einer Beratung benötigt. In vielen Fällen werden die einzelnen Lernenden während der Ausbildungszeit mehrere Male zu beraten sein. Deshalb sollten neben der Speicherung der Informationen über das Kolleg und das Beschäftigungssystem, die für jede Beratung verfügbar sein müssen, auch die durch Diagnose bekanntgewordenen Fakten über die Lernenden und deren Daten über die Lernerfolge gespeichert werden.

Diese Speicherung kann entweder mit Hilfe eines mechanischen Karteikartensystems oder eines elektronischen Speichersystems geschehen. Folgende Bedingungen müssen erfüllt sein:
— Die gespeicherten Fakten müssen als Information so umfassend wie möglich sein.
— Sie müssen leicht abrufbar sein.
— Sie müssen sowohl in bezug auf bestimmte Personen (alles über N. N.) als auch in bezug auf bestimmte Kriteriengruppen (z. B. alles über die Berufswünsche der Lernenden) abrufbar sein.
— Die Fakten müssen laufend ergänzt werden.
— Die Fakten müssen in regelmäßigen Abständen auf ihre Aktualität hin überprüft werden. Überholte Fakten müssen gelöscht werden.
— Es dürfen keine Fakten gespeichert werden, die der Verpflichtung zur Vertraulichkeit und Verschwiegenheit unterliegen.
— Vertrauliche Fakten dürfen nur durch den Berater persönlich festgehalten werden, zum Beispiel in einer Handakte. Sie sind unter Verschluß zu halten und nach Austritt des Lernenden aus dem Kolleg zu löschen.

5.2   **Funktion der Information**
Aufgabe des Beratungsdienstes ist es, nicht nur Fakten zu erheben und zu speichern; der Beratungsdienst muß auch

von sich aus andere informieren und ihnen damit Grundlagen für Entscheidungen oder Maßnahmen zur Verfügung
stellen. Das können Informationen sein über die Merkmale
— eines Kollegs mit seinen verschiedenen Bereichen innerhalb der Lern- und Sozialorganisation,
— des Beschäftigungssystems, soweit sie für Berufs-
entscheidungen notwendig sind,
— der einzelnen Lernenden, soweit das für die Durchführung gezielter Maßnahmen und zum Wohle des Lernenden nützlich ist.

Diese Informationen können den verschiedenen Zielgruppen entweder regelmäßig, zum Beispiel bei Eintritt in
das Kolleg, oder dann gegeben werden, wenn ein aktueller
Anlaß vorliegt.

In jedem Falle muß die Information so gegeben werden,
daß sie von den Zielgruppen verstanden werden kann
(keine Fachsprache!). Außerdem muß man dafür sorgen,
daß sie den Informationsempfängern über den Zeitpunkt
der Information hinaus verfügbar bleibt, zum Beispiel
durch Überreichung einer gedruckten Zusammenstellung
der wichtigsten Fakten (Prospekt, Broschüre u. ä.).

5.3   Funktion der Beratung

Sie ist die Hauptfunktion des Beratungsdienstes. Im Gegensatz zur Information wird die Beratung immer durch eine
Problemsituation ausgelöst. Das können Probleme sein, die
primär durch Merkmale einzelner Personen oder Gruppen,
durch Merkmale des Kollegs als Institution oder des Beschäftigungssystems entstanden sind.

Es ist nicht das Ziel, den Ratsuchenden — sei er eine
Person oder das Kolleg als Institution — Handlungsanwei-
sungen für die Lösung des Konfliktes zu geben oder den
Lernenden an die vorgegebenen Situationen anzupassen;
das Ziel der Beratung ist es vielmehr, den Ratsuchenden zu
befähigen, seine Probleme selbst zu lösen und damit den
Prozeß der Selbstverwirklichung (bei den Personen) beziehungsweise Selbstregulierung (bei der Institution) zu
unterstützen. Das bedeutet im einzelnen:
— Das Problem muß für die Ratsuchenden und die Berater in seiner wirklichen Struktur erkennbar werden.
— Die Ursachen müssen gemeinsam erarbeitet werden,
unter Umständen durch Verwendung diagnostischer Verfahren.
— Der Berater muß die zur Sache gehörenden Informationen geben.

— Es muß verdeutlicht werden, was an der eigenen Person und was an der Situation geändert werden kann.

— Es müssen rationale Argumente als Entscheidungsbeziehungsweise Lösungshilfen gemeinsam erarbeitet werden.

— Es müssen Lösungsmöglichkeiten alternativ diskutiert werden.

— Für den Lösungsprozeß müssen Prioritäten entwickelt werden, durch die die einzelnen Stadien der Lösung bestimmt werden.

— Die Möglichkeiten des Ratsuchenden und damit die eigene Beteiligung an der Lösung des Problems müssen realistisch und zugleich kritisch erkannt und aktiviert werden.

— Es muß unter Umständen aufgezeigt werden, ob und in welchem Umfange fremde Hilfe notwendig ist. Sollte das der Fall sein, muß aufgezeigt werden, wie diese Hilfe möglich ist.

— In vielen Fällen ist es notwendig, die soziale Bezugsgruppe (Lerngruppe, Familie, „peer group") in die Beratung einzubeziehen.

— In den Fällen, in denen das Problem aus bestimmten Gründen nicht zu lösen ist, muß dem Ratsuchenden geholfen werden, das Problem als gegeben anzunehmen und mit ihm leben zu können.

— Der Berater muß gegenüber dem Problem ein sachlich-neutrales Verhältnis haben, also als Person oder über seine persönlichen Interessen weder direkt noch indirekt am Problem beteiligt sein. Nur so kann er die Funktion eines beratenden „Entscheidungshelfers" ausüben und ein Mittler zwischen Lernenden, Lehrenden, Erziehungsberechtigten und der Institution sein.

— Dem Ratsuchenden ist mit Abschluß der Beratung zu empfehlen, sich wieder zu melden, wenn erneut Schwierigkeiten auftreten sollten. Er sollte sich aber auch melden, wenn er das Problem gelöst hat. Diese Rückkoppelung ist für die Kontrolle der Beraterfunktion sehr wichtig (Effizienzkontrolle).

5.4 Funktion der Behandlung

In Verbindung mit der Beratung in Problemsituationen kann deutlich werden, daß der Ratsuchende bei seiner gegenwärtigen Verfassung nicht in der Lage ist, das Problem selbst zu lösen, vielleicht deshalb, weil er

— organisch krank ist,

— psychisch gestört ist,

— unter sozialen Zwängen steht und so weiter.

In diesen Fällen muß dafür gesorgt werden, daß der Ratsuchende mit dem Ziel behandelt wird, seine Handlungsfähigkeit zu verbessern, möglichst mit dem Ergebnis, daß er nach der Behandlung seine Probleme selbst lösen kann.

Die folgenden Behandlungsarten kommen grundsätzlich in Frage:

5.4.1 Die pädagogisch orientierte Behandlung

Sie ist bei Störungen im Lernverhalten beziehungsweise bei umfassenden Lerndefiziten notwendig und kann darin bestehen, daß zur Verbesserung des Lernverhaltens durch Zusatzunterricht/Zusatzkurse die Lerndefizite ausgeglichen werden beziehungsweise verhaltenstherapeutische Hilfen gegeben werden.

5.4.2 Die psychologisch orientierte Behandlung

Sie ist bei psychischen Störungen angezeigt und ist — einzeln oder in Gruppen — als Verhaltenstherapie, Gesprächstherapie, Spieltherapie, Musiktherapie, Maltherapie, Rollenspiel, Psychodrama, Beschäftigungstherapie, analytische Therapie und so weiter möglich. Die Art des Verfahrens richtet sich nach der psychischen Störung. Das Ziel ist es, die psychischen Störungen abzubauen und dadurch den Prozeß der Individuation zu harmonisieren.

5.4.3 Die sozialpädagogisch orientierte Behandlung

Sie ist vor allem bei Verwahrlosungserscheinungen geboten und besteht aus gruppentherapeutischen Verfahren. Das Ziel ist es, den jungen Menschen zu befähigen, seinen Ich-Anspruch in ein angemessenes Verhältnis zu den Ansprüchen, Bedürfnissen und Normen der Gruppe zu bringen, also seine Sozialisation zu verbessern.

5.4.4 Die medizinisch orientierte Behandlung

Sie ist dann notwendig, wenn organische Funktionsstörungen die Ursache für das Entstehen eines Problems sind.

Für die verschiedenen Formen der Behandlung sind jeweils bestimmte Fachkräfte notwendig. Sollten sie zum Team des Beratungsdienstes gehören, könnte die Behandlung durch den Beratungsdienst — in Zusammenarbeit mit den Lehrenden und den Erziehungsberechtigten — durchgeführt werden.

Sollte die Fachkraft im Team nicht vorhanden sein, wäre es die Aufgabe des Beratungsdienstes, außerhalb des

Kollegs eine Behandlungsmöglichkeit durch einen Arzt, Therapeuten und so weiter zu finden. Diesen „externen" Fachkräften sollten durch den Beratungsdienst alle die Informationen gegeben werden, die für die Durchführung einer wirkungsvollen Behandlung nützlich und notwendig sind.

5.5 Funktion der Aus- und Fortbildung der Lehrenden

Beratung, das sei wiederholt, ist nicht nur Aufgabe des Beratungsdienstes; es ist ein Prinzip der Sekundarstufe II insgesamt. Deshalb ist es notwendig, alle Lehrenden für diesen Aufgabenbereich auszubilden, entweder schon während ihres Studiums oder danach als Weiterbildung. Diese Ausbildung verfolgt zwei Ziele:

— Die Lehrenden sollen lernen, wie sie Beratung als Prinzip der Sekundarstufe II innerhalb der Lerngruppen verwirklichen können.

— Sie sollen außerdem befähigt werden, mit dem Beratungsdienst der Sekundarstufe II fachlich zusammenzuarbeiten.

Für diese Ausbildungsaufgabe sind die Mitarbeiter der Beratungsdienste aufgrund ihrer praktischen Erfahrung besonders prädestiniert.

5.6 Funktion der Forschung

Dieser Funktionsbereich wird seit langem intensiv diskutiert. Zum einen wird betont, daß Berater die Aufgabe hätten, ihr Tätigkeitsfeld auch wissenschaftlich und damit unter bestimmten Gesichtspunkten systematisch zu bearbeiten und auf diese Weise zu kontrollieren. Ihre Erfahrungen könnten dann auch die Grundlage für wissenschaftlich abgesicherte Informationen über den Beratungsprozeß an sich und über bestimmte Merkmale des Kollegs werden, die dann wieder Ausgangspunkt für Verbesserungen im Beratungsdienst und im Kolleg werden könnten (Effizienzkontrolle).

Der Gesichtspunkt ist ohne Zweifel bedeutsam. Die Praktiker fragen aber mit einem gewissen Recht, ob die Berater diese Forschungsaufgabe neben ihrer Beratungstätigkeit leisten können. Für den Berater kann die Forschung sicher nur eine Nebenfunktion sein. Wenn er aber die ihm durch die Bearbeitung der praktischen Fälle bekanntgewordenen Fakten sachgemäß speichert, wäre damit schon eine wesentliche Voraussetzung für die systematische Bearbeitung dieser Erfahrungen gegeben. Kleinere Forschungsaufgaben könnten die Berater selbst durch-

führen, für größere Aufgaben müßten sie eine Zusammenarbeit mit wissenschaftlichen Instituten oder einzelnen
Wissenschaftlern suchen.

Trotz dieser Schwierigkeiten sollte aber Forschung eine
Funktion des Beratungsdienstes sein. Nur so wird gesichert, daß die praktische Tagesarbeit wissenschaftlich er-
faßt wird und die Berater wissenschaftlich auf dem laufenden bleiben.

5.7   Funktion der Koordination

Informations-, Beratungs- und auch Behandlungsdienste mit
jeweils besonderen Schwerpunkten gibt es auch außerhalb
des Kollegs. Es sind die regionalen und überregionalen
Bildungsberatungsstellen, die Curriculum-Institute, der
schulärztliche Dienst, die Dienste für die Betreuung Behinderter, die Familienfürsorge, die Jugendhilfe, die Erzie-
hungsberatungsstellen, die Heime der Jugendhilfe, die Einrichtungen mit heil- beziehungsweise sonderpädagogischem
Schwerpunkt, die Institutionen zur finanziellen Förderung,
die Berufsberatung und Studienberatung.

Der Beratungsdienst eines Kollegs ist auf die zusätzlichen
Möglichkeiten und die Erfahrungen dieser Institutionen
angewiesen. Zum Teil können diese Stellen Amtshilfe in
einzelnen Fällen leisten, zu einem anderen Teil ergänzen
sie die Arbeit des Beratungsdienstes im allgemeinen. Es ist
deshalb erforderlich, mit diesen Institutionen ständig im
Kontakt zu bleiben und darüber hinaus eine wirkungsvolle
Zusammenarbeit zu organisieren. Nur so können sich alle
beratenden und behandelnden Stellen gegenseitig unterstützen, nur so bekommt das gesamte Beratungssystem die
notwendige Einheitlichkeit im Sinne einer sinnvollen Abstimmung der einzelnen Aktivitäten aufeinander, nur so
werden sinnlose Doppelarbeiten (auch Doppelkosten) vermieden.

Ein besonderes Problem ergibt sich aus der Zusammenarbeit mit der Berufsberatung, die ein Teil der Arbeitsverwaltung ist. Zugleich ist aber die Berufsbildungsberatung ein wesentlicher Teil der Beratung innerhalb der
Sekundarstufe II. Zwischen der Kultusministerkonferenz
und der Bundesanstalt für Arbeit wurde eine Rahmenvereinbarung beschlossen [46]), durch die festgelegt wurde, daß
Schule und Berufsberatung sehr eng zusammenarbeiten

---

[46]) Rahmenvereinbarung über die Zusammenarbeit von Schule und
Berufsberatung vom 5. Februar 1971 (KMBl, S. 520).

sollen. Es wurde außerdem festgestellt, daß „in Modell-
schulen und bei Schulversuchen ... neue Formen der Zusammenarbeit von Schule und Berufsberatung erprobt
werden" können. Ein solches neues Modell ist für die
Sekundarstufe II, in der die allgemeine und die berufliche
Bildung verbunden sind, sicher notwendig. Dieses vorgeschlagene Modell sollte sich an folgenden Grundsätzen
orientieren:

— Die Berufsberatung verbleibt in der Zuständigkeit der
Arbeitsverwaltung.

— Die Berufsberatung unterstützt die Schule durch regelmäßige Informationen über das Beschäftigungssystem.

— Das Kolleg informiert umgekehrt die Berufsberatung
regelmäßig über seine Situation (Schwerpunkte, Kurse
usw.).

— Die Mitarbeiter der Berufsberatung unterstützen das
Beraterteam im Kolleg bei der Berufsbildungsberatung.

— Umgekehrt unterstützt das Kolleg die Berufsberatung
bei der Vermittlung von Ausbildungsstellen und Praktikantenplätzen.

— Berater im Kolleg und Berater der Arbeitsverwaltung
arbeiten bei der Entwicklung diagnostischer Verfahren zur
Untersuchung der Berufs- und Studierfähigkeit sowie bei
der Erstellung von Curricula für einschlägige Bereiche zusammen.

— Die Berufsbildungsberatung ist für ein Kolleg, in das
die Berufsbildung integriert ist, eine permanente und besonders wichtige Aufgabe. Sie sollte deshalb in die Beratung innerhalb des Kollegs integriert werden, und das auch
räumlich. Dadurch würde einmal der in der Sache liegende
Zusammenhang zwischen den Lernprozessen im Kolleg
und der Berufsbildungsberatung beachtet werden können,
zum anderen wäre es eine Erleichterung für die Lernenden. Sie müßten zum Zwecke der Berufsbildungsberatung
nicht zu einer anderen Institution gehen.

— Die praktische Konsequenz davon wäre: Mitarbeiter
der Berufsberatung arbeiten entweder ständig oder zeitweise innerhalb des Beratungsdienstes eines Kollegs und
unterstützen die Beratungsarbeit vor allem im Bereich der
Berufsbildungsberatung (teilweise Teamberatung). Günstig
wäre es, wenn auch die Vermittlung von Ausbildungsstellen innerhalb des Kollegs durch die Berufsberatung geschehen könnte (z. B. im Zusammenhang mit dem Berufs-
grundschuljahr).

Beratung in der Sekundarstufe II — Funktionsschema

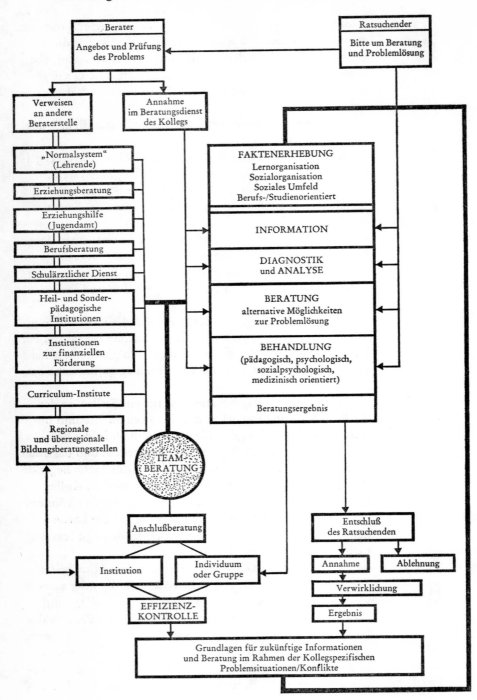

6.   **Beratungsfachleute**

Die Beratung als vielschichtiger Prozeß ist nur mit Hilfe verschiedener Fachleute zu bewältigen.

(1) Unter idealtypischen Gesichtspunkten und durchaus von Inhalt und Umfang der Aufgaben her zu begründen, werden folgende Fachleute für nötig gehalten:

— Psychologen für die diagnostische und therapeutische Tätigkeit und als Erziehungsberater,

— Diplom-Pädagogen beziehungsweise Lehrer als Lerndiagnostiker, Curriculum-Experten, Fachleute für Leistungsmessung und didaktische Berater,

— Diplom-Soziologen als Fachleute für Probleme der Sozialorganisation,

— Sozialpädagogen als Fachleute für die Gruppenarbeit und die fürsorgerischen Gesichtspunkte,

— Psychagogen als Fachleute für die Einzel- und Gruppentherapie,

— Beratungslehrer mit Unterrichtsverpflichtung als Vertreter des Beratungsdienstes innerhalb der Lernorganisation,

— Beratungslehrer ohne Unterrichtsverpflichtung als Koordinatoren des Beratungslehrereinsatzes,

— psychologisch-technische Assistenten als Helfer bei der Durchführung und Auswertung von Einzel- und Gruppenuntersuchungen,

— Berufsberater als Fachleute für die Berufsbildungsberatung,

— Ärzte als Fachleute für Störungen im Organbereich oder als Experten für psychische Störungen,

— Verwaltungspersonal zur Durchführung von verwaltender Tätigkeit als Entlastung der Fachkräfte von „fachfremder" Tätigkeit.

Für die Kollegs, die für die Ausbildung Behinderter vorgesehen sind, müßten unter den Mitarbeitern auch solche sein, die die Behindertenproblematik kennen. Außerdem wären noch die Rehabilitationsberater [47] und — nach Behinderungsart verschieden — spezielles therapeutisches Personal, zum Beispiel Beschäftigungstherapeuten, Logopäden und so weiter, nötig. Dies ist eine idealtypische Personalstruktur, nicht ein konkreter Vorschlag für ein einzelnes Kolleg; sowohl aus finanziellen als auch aus personellen Gründen wird diese Personalstruktur kaum für jedes Kolleg zu verwirklichen sein.

[47] S. Anhang I, W. Bärsch, Bildung und Ausbildung Jugendlicher mit besonderem Lernverhalten.

(2) Zur hauptamtlichen Mindestausstattung sollten aber gehören:
— der Psychologe,
— der Sozialpädagoge,
— der Beratungslehrer als Koordinator (ohne Unterrichtsverpflichtung) oder in den Lerngruppen tätig (mit Unterrichtsverpflichtung),
— der Berufsberater (durch die Arbeitsverwaltung abgeordnet),
— Verwaltungspersonal.

Alle weiteren Fachleute könnten — soweit sie nötig und verfügbar sind — die Tätigkeit für den Beratungsdienst im Nebenamt ausführen.

(3) Aufgrund vorliegender Erfahrungen ist noch eine Bemerkung zur Qualifikation der Berater nötig. Die Fachkompetenz, so wichtig sie auch immer ist, reicht für die Mitarbeit in einem Beratungsdienst nicht aus. Beratung bedeutet immer Umgang mit Problemen und auch mit schwierigen Menschen. Deshalb muß der Berater selbst möglichst frei von chronischen persönlichen Problemen sein und insgesamt eine stabile Persönlichkeit mit einer „hohen Frustrationstoleranz" sein.

Die Aufgaben der zur Mindestausstattung gehörenden Beratungsfachleute können nur annähernd gegeneinander abgegrenzt werden. In der Praxis überlappen sich die Aufgaben. Die verfügbare Fachkompetenz wird durch die Ausbildung bestimmt.

— Der Psychologe: Er ist Fachmann für die psychologisch orientierte Diagnostik, die methodisch einwandfreie Auswertung der Befunde und die fachgerechte Interpretation der Auswertungsergebnisse nach individual-, sozial- und lernpsychologischen Gesichtspunkten. In der Regel beherrscht er auch die für eine wirkungsvolle Beratung notwendigen Kommunikationstechniken und einige für die Behandlung relevanten Therapieverfahren. Aufgrund seiner umfassenden Fachkompetenz ist ihm auch aufgegeben, die Arbeit der anderen Mitarbeiter im Sinne eines Überblickes in die Gesamtheit der Beratung zu integrieren.

— Der Beratungslehrer: Er ist Pädagoge mit einer Zusatzausbildung in pädagogischer Psychologie und Beratungslehre. Er beherrscht die wichtigsten Beratungstechniken, kann in der pädagogischen Situation durch Beobachtung und Gespräche Befunde erheben und kann die für die Hand des Lehrers entwickelten Tests durchführen, auswerten und die Ergebnisse interpretieren. Seine Aufgabe ist es, die aktuelle Situation in dem Lernbereich, für den er zuständig ist, zu beobachten und dann zur Verfügung zu stehen, wenn ein Lernender oder Lehrender Probleme hat. Die Probleme versucht er mit dem Betroffenen gemeinsam aufzuhellen, diskutiert auch Lösungsmöglichkeiten und bietet seine Hilfe an. Das geschieht aber alles nur innerhalb der Grenzen seiner Fachkompetenz. Sollte diese nicht ausreichen — und dafür muß der Beratungslehrer sensibel genug sein — muß er hauptamtliche Mitarbeiter des Beratungsdienstes einschalten. In vielen Fällen gehört es auch zu den Aufgaben des Beratungslehrers, in Verbindung mit einer vorliegenden Problematik Kontakt zu den Erziehungsberechtigten, den Lehrenden in anderen Lernorten oder der Kollegleitung aufzunehmen.

— Der Sozialpädagoge: Er ist Fachmann für die sozialen Bereiche des menschlichen Lebens und damit Experte für gruppendynamische Probleme und gruppenorientierte Aktivitäten. Außerdem beherrscht er den Bereich der Fürsorge, Jugendhilfe und anderes. Damit ist der Sozialpädagoge vor allem geeignet, Helfer bei sozialen Konflikten zu sein. Das kann bedeuten: Betreuung und Beratung bei Konflikten, die durch die Verschiedenartigkeit der im Kolleg miteinander lernenden Gruppen, den Wechsel von Lernorten (und den damit gegebenen unterschiedlichen Erwartungen, Verhaltensnormen und Reaktionsweisen) und den raschen Wechsel von Bezugsgruppen entstehen; Betreuung und Beratung verhaltensgestörter Jugendlicher; eventuell Elternarbeit, Förderung durch Einzel- und Gruppenarbeit, Beratung des Kollegs bei speziellen Problemen im Rahmen der Sozialorganisation und so weiter.

— Der Berufsberater: Er kennt die Situation im Beschäftigungssystem, weiß um den Bedarf an Fachleuten, kennt die Anforderungen für die verschiedenen Berufe und weiß um die Fähigkeiten, die bei den Bewerbern für bestimmte Berufe entwickelt sein müssen. Seine Aufgabe ist es, den Beratungsdienst im Bereich der Berufsbildungsberatung zu unterstützen. Außerdem gehört es zu seinen Aufgaben, bei der Vermittlung von Ausbildungsstellen und Praktikantenplätzen behilflich zu sein. Unter Umständen kann der Berufsberater, weil er die Wirtschafts- und Betriebsstruktur seiner Region kennt, auch Ratschläge in bezug auf das Lernangebot im Kolleg geben.

— Das Verwaltungspersonal: Zu dessen Aufgaben gehören die Sammlung und Verwaltung von Informationen, die Verwaltung des Untersuchungsmaterials (Tests), die Speicherung der Fakten, die Organisation des Beratungsablaufes, die Organisation der Kontakte zu anderen Institutionen, Schreibarbeit (Befunde, Berichte, Korrespondenz) und so weiter.

7. **Die Ausbildung der Beratungsfachleute**

Für eine Tätigkeit in einem Beratungsdienst gibt es zur Zeit allgemeine Ausbildungsmöglichkeiten, so zum Beispiel zum Diplom-Psychologen und zum graduierten Sozialpädagogen, in einigen Bundesländern auch schon zum Beratungslehrer. Eine spezielle Ausbildung für die Tätigkeit in einem Beratungsdienst gibt es aber noch nicht; sie ist aber zu fordern, denn die allgemeine Qualifikation als Psychologe, Sozialpädagoge und so weiter genügt noch nicht. Bei der Vielfältigkeit der Beratertätigkeit ist es notwendig, fachliche Schwerpunkte zu bilden. Es ist unmöglich, jeden Berater für alle Beratungstätigkeiten auszubilden.

Formal sollte man eine Ausbildung zum Erwerb einer Grundqualifikation, zum Beispiel als Lehrer, Psychologe, Berufsberater und eine Zusatzausbildung zum Erwerb beratungsspezifischer Qualifikation unterscheiden. Die Zusatzausbildung könnte zum Beispiel nach einem Units-Kreditsystem organisiert sein. Dadurch wäre eine elastische Gestaltung der Zusatzausbildung möglich. Diese Zusatzausbildung könnte in geschlossenen Ausbildungskursen oder auch dienstbegleitend absolviert werden.

Grundständige Ausbildung und Zusatzausbildung könnten entweder innerhalb eines geschlossenen Ausbildungszeitraumes miteinander verbunden werden oder zeitlich auseinanderliegen.

Zur grundständigen Ausbildung sollte mindestens gehören:

— Ausbildung in einem Fachschwerpunkt, zum Beispiel Ausbildung zum Lehrer, Psychologen und so weiter (Erwerb einer Grundqualifikation),

— Einführung in die Sozial- und Erziehungswissenschaften,

— Information über das Bildungswesen.

Zur Zusatzausbildung (Zusatzqualifikation) könnten, je nach Wahl, zum Beispiel gehören:

— psychologische, soziologische oder pädagogische Diagnostik,

— Entwicklungspsychologie, Lernpsychologie, Sozialpsychologie,

— Statistik,

— Kommunikations- und Informationstheorie,
— Theorie und Praxis der Beratung,
— Gruppendynamik,
— Verhaltenstherapie und Gesprächstherapie.

Als Zielvorstellung für die Ausbildung der Fachleute für die Bildungsberatung sollten folgende Maßnahmen berücksichtigt werden:

— Einheitliche und gestraffte Ausbildung von Psychologen und Sozialpädagogen für die Beratung in der Sekundarstufe II;
— Festlegung und Vereinheitlichung der Ausbildung für Beratungslehrer im Rahmen der Lehreraus- und Lehrerfortbildung (gegenwärtig bestehen nur sehr unterschiedliche Ausbildungsmöglichkeiten und Voraussetzungen für den Einsatz bei Beratungsaufgaben in der Schule).

Ausbildung aller Lehrenden: Wenn akzeptiert wird, daß die Beratung ein Prinzip der Sekundarstufe II insgesamt sein soll, muß jeder Lehrende für diese Aufgabe zusätzlich ausgebildet werden. Zur Zeit wird das nur dienstbegleitend möglich sein, später sollte diese Ausbildung in das Grundstudium integriert werden. Neben der Fachkompetenz und dem methodisch-didaktischen Können muß der Lehrende auch die wesentlichen Methoden der Beratung beherrschen und das Notwendige über die individualpsychologische und soziokulturelle Situation der Lernenden und die Situation in Wirtschaft und Gesellschaft wissen. Im einzelnen müßte die Ausbildung aller Lehrenden unter dem Aspekt „Beratung" unter anderem folgendes enthalten:

— Information über das gesamte Bildungswesen und die Beschäftigungsstruktur,
— Information über die verschiedenen Rollen, die Lehrende und Lernende in der Schule übernehmen müssen,
— Information über die dynamischen Prozesse innerhalb der Interaktion zwischen Lehrenden und Lernenden und zwischen den Lehrenden und Personen (Leiter, Aufsichtsbeamte, Kollegen), mit denen der Lehrende laufend zu tun hat,
— Einführung in die Entwicklungs-, Persönlichkeits-, Sozial- und Lernpsychologie,
— Einführung in die Methoden der Beobachtung und Beurteilung sowie in die Durchführung von Tests,
— Information über die Möglichkeiten zur Zusammenarbeit mit den Fachleuten des Beratungsdienstes.

Da eine einmalige Ausbildung nicht genügt, müßte der Aspekt „Beratung" auch ein ständiges Thema der Lehrerfortbildung sein.

8.   Organisation

Wie die Beratung in der Sekundarstufe II am besten zu organisieren ist, wird sich erst aufgrund praktischer Erfahrungen endgültig festlegen lassen. Zur Zeit können nur allgemeine Orientierungen gegeben werden, wie sie sich aus den bisherigen Erfahrungen — vor allem im Bereich der Schulpsychologie — ergeben.

8.1   Der Organisationsort

Der Beratungsdienst als zentraler Dienst für das gesamte Kolleg wird am Lernort Schule eingerichtet. Nach der Empfehlung soll jeder Bildungsgang einen schulischen Anteil haben. Es werden also alle Lernenden den Lernort Schule besuchen. Es ist daher zweckmäßig, den Beratungsdienst an diesem Lernort zu lokalisieren.

8.2   Die Personalstruktur

8.2.1   Im Beratungsdienst sollten — wie bereits erwähnt — mindestens vertreten sein (Kernteam):
— der Psychologe,
— der Sozialpädagoge,
— der Beratungslehrer ohne Unterrichtsverpflichtung als Koordinator,
— der Berufsberater (ständig oder zeitweise),
— das Verwaltungspersonal.

Die Anzahl der einzelnen Fachkräfte ergibt sich aus der Größe eines Kollegs und dem Umfang der anfallenden Aufgaben. Je nach Möglichkeit und Bedarf wird dieses Kernteam durch nebenamtliche Mitarbeiter erweitert.

Für die Kollegs, die für die Ausbildung Behinderter vorgesehen sind, ist das Personal des Beratungsdienstes entsprechend auszuweiten.

Der fachliche Leiter des Beratungsdienstes ist der Psychologe. Es ist auch denkbar, daß das Gesamtteam (Kernteam und nebenamtliche Mitarbeiter) den Leiter unter den Mitgliedern des Kernteams auf eine befristete Zeit wählt.

8.2.2   Es sind Beratungslehrer einzusetzen, die für ihre Tätigkeit zum Teil von ihrem Hauptamt entlastet werden. Für je 500 Lernende ist ein Beratungslehrer einzusetzen [48]. In

[48] Vgl. Bund-Länder-Kommission für Bildungsplanung, Bildungsgesamtplan, a.a.O., Band I, S. 80.

jedem Lernort sollte unabhängig von der Anzahl der Lernenden an diesem Ort mindestens ein solcher Berater eingesetzt werden. Die Arbeit dieser Berater wird durch den Beratungslehrer im Kernteam des Beratungsdienstes fachlich betreut und koordiniert.

8.3   **Die Kommunikations- und Kooperationsstruktur**

Es ist dafür zu sorgen, daß die Kommunikation mit allen Zielgruppen so eng wie möglich ist. Die folgenden Grundsätze unter anderem können das sicherstellen:

— Der Beratungsdienst steht allen Lernenden offen und ist während der Unterrichts- beziehungsweise Ausbildungszeit jederzeit zu erreichen. Mindestens mit einem Mitarbeiter muß die Dienststelle des Beratungsdienstes ständig besetzt sein.

— Für die Erziehungsberechtigten sollten eventuell zweimal wöchentlich abends Sprechstunden angeboten werden.

— Zwischen dem Beratungsdienst, den Mitarbeitern des Kollegs und den einzelnen Ratsuchenden besteht eine Informationspflicht, einmal in bezug auf die Fakten, die für eine ordnungsgemäße Beratung nötig sind und zum anderen in bezug auf das Ergebnis der Beratung. Über die Verwendung vertraulich zu behandelnder Informationen entscheidet grundsätzlich der Ratsuchende.

— In der Kollegleitung und den Lernortleitungen sollte je ein Verbindungsmann zum Beratungsdienst bestellt werden.

— Für die Verbindung zu den Institutionen außerhalb des Kollegs hat der Beratungsdienst zu sorgen. Diese Aufgabe sollte einer der hauptamtlichen Mitarbeiter des Beratungsdienstes übernehmen. Geeignet wäre dazu zum Beispiel der Sozialpädagoge.

Auch die Kooperation muß in gewissem Umfange mit Hilfe von vorgegebenen Auflagen organisiert werden. Als Grundsätze für die Zusammenarbeit innerhalb des Beratungsdienstes sollen gelten:

— Zwischen den einzelnen Fachleuten besteht keine hierarchische Beziehung. Es ist höchstens eine fachliche Gliederung möglich. Grundsätzlich sind alle Mitarbeiter gleichberechtigte Mitglieder des Beratungsteams.

— Jeder vertritt im Team seine Kompetenz, ist für seinen Bereich selbst verantwortlich, bezieht sich aber bei seinen Aktivitäten immer auf das Ganze der Beratung. Er ist damit zum Kontakt und zur Kooperation mit allen haupt-

und nebenamtlichen Mitarbeitern des Beratungsdienstes verpflichtet.

Als Kooperationsformen für die Berater wären denkbar:
— die Fallbesprechung mit allen notwendigen Fachleuten zur diagnostischen Abklärung eines bestimmten Problemes (Teamberatung);
— die Fallbesprechung mit Spezialisten, Leitungskräften des Kollegs, Lehrenden und, wenn notwendig, mit Mitarbeitern anderer Institutionen zur Besprechung der Behandlungsstrategie (Teamberatung);
— die kleine Teambesprechung der haupt- und nebenamtlichen Mitarbeiter zur Diskussion der für die Beratung grundlegenden Fragen (z. B. monatlich einmal oder jeden zweiten Monat);
— die Beratungslehrerkonferenzen aller Beratungslehrer unter Leitung des koordinierenden Beratungslehrers (z. B. monatlich einmal oder jeden zweiten Monat);
— die große Teambesprechung der haupt- und nebenamtlichen Mitarbeiter des Beratungsdienstes mit allen Beratungslehrern (z. B. vierteljährlich einmal).

Auf der Ebene des Kollegs soll die Kooperation sichergestellt werden durch
— Teilnahme des Beratungsdienstleiters an Grundsatzbesprechungen der Kollegleitung beziehungsweise an Besprechungen mit einer unter Beratungsgesichtspunkten wichtigen Thematik;
— Teilnahme des Beratungsdienstleiters an Sitzungen der Lernortleitungen, sofern beratungsrelevante Themen behandelt werden;
— auch der Beratungsdienstleiter hat das Recht, auf der Ebene der Kollegleitung oder Lernortleitung Besprechungen zu beantragen.

Die Kooperation mit den anderen Institutionen der Einzugsregion des Kollegs ist sicherzustellen durch die Konferenz aller Leiter der verschiedenen Institutionen (etwa halbjährlich). Weitere Mitarbeiter können je nach Thematik dazu gebeten werden. Die Leitung dieser Konferenz wechselt turnusmäßig.

9.   Probleme

Aufgrund bisheriger Erfahrungen sollen noch die folgenden Probleme angedeutet werden:
— Der Berater ist als Mittler zwischen Personen und Institutionen und damit als Mittler zwischen unterschiedlichen Interessen in einer sozialen Außenseiterposition. Mit dieser Sonderstellung muß er sich auseinandersetzen, die damit

entstehenden Belastungen muß er persönlich verkraften
können.
— Die Lehrenden könnten sich gegen die Arbeit des Beratungsdienstes sperren, weil sie den Eingriff in ihre Kompetenz befürchten, sich kontrolliert fühlen oder das Verständnis für psychologische oder sozialwissenschaftliche
Methoden nicht haben.
— Umgekehrt können die Lehrenden Problemfälle in
ihrem Bereich auch allzu leicht an den Beratungsdienst
abgeben, von ihm die perfekte Lösung erwarten und so
den Beratungsdienst als Entlastungssystem und nicht als
Unterstützungssystem verwenden.
— Erziehungsberechtigte sind in Gefahr, den Beratungsdienst als Vertreter ihrer Interessen zu betrachten oder
durch den Beratungsdienst die Entlastung von ihrer Er-
zieherverantwortung zu erwarten. Konflikte, die aufgrund
entsprechender Verhaltensweisen der Erziehungsberechtigten zustande gekommen sind, werden zum Teil ohne Ver-
haltensänderung der Erziehungsberechtigten schwer zu
lösen sein.
— Für die Diagnose gibt es zwar schon eine Reihe von
brauchbaren Untersuchungsverfahren. Für sehr viele Bereiche und Fragestellungen müßten sie aber noch weiter-
beziehungsweise neuentwickelt werden, zum Beispiel für
die Feststellung von Berufseignungen oder für den Bereich der Lernerfolgskontrolle.
— Es bestehen außerdem noch rechtliche Probleme, die
sich zum Beispiel aus dem Verhältnis von Schulrecht,
Recht der Jugendlichen und Elternrecht zueinander ergeben. Wie weit darf der Berater in die Bereiche des Lehrenden, des Lernenden und des Erziehungsberechtigten ein-
dringen oder gar eingreifen? Auch das Problem der Verschwiegenheit ist noch nicht voll geklärt. Gilt zum Beispiel
die Pflicht zur Verschwiegenheit auch gegenüber der vorgesetzten Verwaltung oder anderen Ämtern, zum Beispiel
im Vollzug der Amtshilfe? Darf der Berater Tatsachen
über den Lernenden den Erziehungsberechtigten gegenüber verheimlichen? Im Strafprozeß steht dem Berater
zum Beispiel zur Zeit nicht das Zeugnisverweigerungs-
recht nach §§ 53 und 53a der Strafprozeßordnung zu.
Diese und andere Probleme sind zu sehen und beim Aufbau und bei der Einrichtung des Beratungsdienstes zu berücksichtigen.

Hans-Jürgen Back

Welche regionalen Faktoren und Daten sind bei der Errichtung von Kollegs zu berücksichtigen?
— Gutachten —[49])

Gliederung
1. Ziel und Rahmen der gutachtlichen Aussagen
1.1 Vorbemerkung
1.2 Grundelemente regionaler Bildungsplanung
1.3 Zusätzliche Elemente einer regionalen Planung
    von Kollegs
2. Planungsrelevante Daten
2.1 Zielvorgaben
2.2 Strukturdaten
2.3 Bewertung
3. Planungsbeispiele (hypothetische Lösungen)
3.1 Region A (ländlicher Raum)
3.2 Region B (Großstadt und Verflechtungsraum)
4. Schlußfolgerungen für die Realisierung von Kollegs

1.   Ziel und Rahmen der gutachtlichen Aussagen
1.1   Vorbemerkung
Von diesem Gutachten werden eine Auflistung und
Analyse der Faktoren, die bei der Errichtung von Kollegs zu berücksichtigen sind und ihrerseits das Lernangebot
an diesem Kolleg beeinflussen können, und Kriterien zur
Berücksichtigung von Infrastruktur-, Standort- und
Kapazitätsproblemen erwartet.

Es wird sich zeigen müssen, inwieweit diesem Ziel entsprochen werden kann, zumal die bisherigen Arbeiten in
der regionalen Bildungsplanung zeigen, daß die Systematisierung und Methodisierung dieses Planungsbereiches
gerade erst begonnen hat. Es wird daher versucht, aus den
vorliegenden Planungsarbeiten diejenigen Aspekte herauszuziehen, denen bei der Realisierung der Kollegs nach dem

[49]) Die Bildungskommission hat im Oktober 1972 dieses Gutachten an
Hans-Jürgen Back vergeben. Im März 1973 wurde das Gutachten vorgelegt. Der Gutachter konnte somit nur die frühen Arbeitspapiere der
Ausschüsse der Bildungskommission heranziehen, in denen lediglich
erste Grundzüge der Neuordnung der Sekundarstufe II enthalten
waren. Die Aussagen des Gutachtens haben ihrerseits den Ausschüssen
bei der Erarbeitung des Kapitels 3.1.4 „Angebotsstruktur" (des Kollegs)
geholfen.

gegenwärtigen Erkenntnisstand regional besondere Bedeutung zukommt.

Wenn schon durch die noch offene Diskussion um Inhalte und Methoden der Schulentwicklungsplanung das angestrebte Ziel relativiert werden muß, so liegt eine schwerwiegendere Einschränkung der Ergebnismöglichkeiten in der erst in Umrissen erkennbaren Form des Kollegs selbst. Die Kriterien für eine regionale Bildungsplanung kommen jedoch in erster Linie aus der Konzeption für die Aufgabe der zu verortenden Bildungseinrichtungen, die sich im Curriculum konkretisiert und aus dem wiederum Struktur und Organisationsform der Einrichtungen abzuleiten sind.

Für die Sekundarstufe II liegen inhaltliche Eckdaten vor, die hier auf ihre regionalen Realisierungskonsequenzen weiter verfolgt werden sollen. Dabei sind diesem Konzept im wesentlichen die Überlegungen zugrundegelegt worden, die in den Ausschüssen „Lernprozesse (Sekundarstufe II)" und „Berufliche Bildung" diskutiert worden sind, soweit sie sich auf für die Organisation des Kollegs relevante Faktoren beziehen[50].

Daneben galt es, die in den einzelnen Bundesländern laufenden Versuche zur Umgestaltung der Sekundarstufe II zu betrachten und auf ihre Zielidentität mit den Intentionen der Ausschüsse der Bildungskommission des Deutschen Bildungsrates hin zu untersuchen.

Für die regionale Angebotsstrukturierung von Interesse ist besonders die Konzeption der Kollegschule in Nordrhein-Westfalen[51], die eine Aufhebung der Trennung zwischen „allgemeiner" und „beruflicher" Bildung anstrebt und damit den inhaltlichen Absichten der vorliegenden Aussagen des Bildungsrates nahesteht.

Das nordrhein-westfälische Modell kann jedoch nicht direkt als Muster übernommen werden, da es auf den Lernort „Schule" abzielt. Die Überlegungen in den Ausschüssen der Bildungskommission gehen aber von einer Pluralität der Lernorte als konstituierendem Element des Kollegs aus, wobei Funktion und besonders quantitative Auslegung, das heißt Anteil an der Gesamtdauer eines Bildungsganges und Anteil an der Gesamtzahl der

[50] Diese Aussage bezieht sich auf den Diskussionsstand in den Ausschüssen vor dem März 1973 (s. Anm. 49, S. A 118).

[51] Kollegstufe NW. Strukturförderung im Bildungswesen des Landes Nordrhein-Westfalen. Eine Schriftenreihe des Kultusministers, H. 17, Ratingen 1972.

Lernenden in einzelnen Bildungsgängen, für die einzelnen
Lernorte noch sehr unscharf oder noch gar nicht
ausgeführt sind.

1.2   Grundelemente regionaler Bildungsplanung

Die unter Einbeziehung regionaler Gesichtspunkte betrie-
bene Bildungsplanung will zweierlei erreichen:
— Eine Verteilung der Bildungsangebote im Raum, die
niemanden aufgrund seines Wohnplatzes (seiner regionalen
Herkunft) in der Wahl des ihm und für ihn geeignet erscheinenden Bildungsganges diskriminiert.
— Eine Einbeziehung des Sektors „Bildung" in die allgemeine regionale Entwicklungsstrategie, das heißt die den
jeweiligen regionalen Strukturen und Entwicklungszielen
angemessene und gegebenenfalls spezifizierte Entwicklung
des Bildungssystems.

Beide Aussagen sind idealtypisch; ihre Befolgung muß
suboptimal bleiben. Wichtiger für die Möglichkeiten
der regionalen Bildungsplanung ist es jedoch, daß zwischen
diesen beiden angestrebten Zielen Konflikte auftreten
können, zum Beispiel, wenn eine Region mit relativ geringer Einwohner- und damit Schülerzahl ihre Entwicklungs-
chance vornehmlich im Bereich der Dienstleistungen für
Freizeit und Erholung vorfindet und ein entsprechendes
Bildungsangebot benötigt, dieses Bildungsangebot aber die
Vielzahl der individuellen Eignungen und Neigungen berücksichtigen soll.

Bei diesem Beispiel, das sich durch weitere ergänzen
ließe, handelt es sich keineswegs um einen eng ökonomischen Determinationsversuch des Bildungsangebots auf der
einen und die Herstellung von Chancengerechtigkeit auf
der anderen Seite, sondern um die Kennzeichnung der
Frage, ob bestimmte Gesamtvorstellungen über die Verteilung der Bevölkerung in Raum und die Nutzung der
gegebenen Ressourcen durch sie auch über die Infrastruk-
turförderung — hier also spezieller Bildungsangebote —
durchgesetzt werden sollen oder ob dem Zielsystem des
Bildungssektors die dominierende Rolle zukommt.

Dabei ist zu beachten, daß auch das genannte Ziel für
den Sektor Bildung, die eignungs- und neigungsgerechte,
nicht aufgrund regionaler Herkunft diskriminierende Verteilung des Angebots (Fragen sozialer Benachteiligung sollen hier außer Betracht bleiben), bei näherer Konkretisierung problematisch erscheinen muß. Auf der einen Seite
stehen erziehungswissenschaftlich vorgedachte Anforde-

rungen an die Leistungsfähigkeit von Bildungssystemen, auf der anderen Seite sollen alle für eine bestimmte Zielgruppe (z. B. Altersjahrgang) möglichen Angebote von diesen unter zumutbaren Bedingungen erreicht werden können.

Die definierten, zum Teil erst in Versuchen praktizierten Leistungsfähigkeitskriterien sind zum Beispiel in der Forderung nach differenzierter Förderung zu sehen, gleichzeitig auch in der Absicht, die Wahl und das Wechseln zwischen verschiedenen Angeboten möglichst offen zu halten. Unter realistischer Einbeziehung des Personal- und Sachmittelplafonds bedeutet das: schulische Systeme erheblicher Größe. Schulorganisatorisch ist die Berücksichtigung derartiger Anforderungen an die Leistungsfähigkeit der Schule durch ein fortlaufendes Heraufsetzen der Mindestgrößen (Schüler je Jahrgang; Zügigkeit) in Richtlinien und Erlassen der Kultusministerien zu verfolgen: Als Beispiel sei die Entwicklung im Hauptschulbereich genannt, wo der vollstufigen Mittelpunktschule die zweizügige, jetzt die drei- bis vierzügige Hauptschule folgte.

Die gleichzeitige Durchsetzung des Gedankens eines zentralisierten Standortsystems für alle Angebote einer Schulstufe, das heißt die Forderung nach Zentren der Sekundarstufen I und II aus Gründen der Gleichheit regionaler Zugangsbedingungen und der Wahlmöglichkeiten, führt gegenwärtig ebenfalls zur Vergrößerung der Systeme, da ein solches Zentrum erst dort geschaffen werden kann, wo alle Einzelsysteme (im additiven Schulzentrum der Sekundarstufe I Hauptschule, Realschule, Unter- und Mittelstufe des Gymnasiums, evtl. Sonderschule) ihre Mindestgröße erreichen können. Eine unterschiedlich hohe Bildungsbeteiligung in den Teilsystemen, bezogen auf den Schülerjahrgang insgesamt, bedingt die Bildung des Zentrums erst für einen Einzugsbereich, in dem gymnasiale Angebote zwei- bis dreizügig möglich sind.

Die Leistungsfähigkeitskriterien, zu denen die Zentralisierung der stufenbezogenen Angebote eigentlich auch zu rechnen ist, erfordern große Schulsysteme mit entsprechend großen Schülereinzugsbereichen. Damit stellt sich die Frage nach der Erreichbarkeit dieser Schulzentren: in dünn besiedelten Räumen als Problem der weiten Schulwege, in dicht besiedelten Gebieten in erster Linie als Problem der Sicherheit der Schulwege. Im allgemeinen Interesse der Schüler und speziell dem ihrer schulischen Leistungsfähigkeit sollten die Schulwegbelastungen in

medizinischer, psychologischer und finanzieller Hinsicht
minimiert werden; der unter diesem Aspekt günstigste
Schulstandort wäre der, den der Schüler in einer alters-
abhängig angemessenen Zeit zu Fuß sicher erreichen
kann. Als angemessen wird gegenwärtig in den Ländern
der BRD — ohne daß dafür mehr als Annahmen vorliegen — eine Zeit von maximal 20 Minuten bei Grund-
schülern und von maximal 40 Minuten bei Sekundar-
schülern für einen Weg angesehen. In dieser Zeit lassen sich
zwischen 1 und 4 km zurücklegen.

Das Problem sicherer Schulwege soll hier nicht vertieft
werden. Aus den Entfernungsangaben läßt sich jedoch erkennen, daß in vielen Fällen — Ballungsräume ausgenom-
men — die aus pädagogischen Gründen sinnvollen Schulzentren beziehungsweise Schulen mit großen Differen-
zierungsmöglichkeiten eigentlich unzumutbare Schulwegbedingungen nach sich ziehen. Hier abzuhelfen ist Ziel
der Subventionierung von Schülerförderungskosten und
speziellen Schülertransportlinien. Wegen des unsystemati-
schen Vorgehens bei der Mittelvergabe — es gibt bisher
kaum planerisch vorbereitete Konzeptionen des Schüler-
transports unter Einbeziehung des öffentlichen Personen-
nahverkehrs — muß jedoch davon ausgegangen werden, daß
dieses Ziel bislang nicht erreicht oder nur unter zu hohem
Aufwand realisiert worden ist. Es kann sich auch erst nach
einer derartigen Planung, die im Modell eine Simulation
von Schulstandorten und Transportlösungen enthalten
müßte, zeigen, ob nicht in einer Reihe von Teilräumen
pädagogisch-organisatorische Forderungen einerseits und
zumutbare Schulwegbedingungen andererseits zu Lösungen
führen müssen, die ein Abgehen von sonst gültigen Stan-
dards (z. B. Schüler/Lehrer-Relation, geringere Gruppen-
größen) beinhalten, um eine Gleichwertigkeit des Bildungsangebots zu gewährleisten.

Es sollte gezeigt werden, daß die regionale Schulplanung
Forderungen oder Ziele verwirklichen helfen soll, zwischen denen auf mehreren Ebenen Konflikte auftreten
können. In diesem Zusammenhang muß noch darauf hingewiesen werden, daß eine sinnvolle Nutzung der für den
Bildungsbereich verfügbaren Ressourcen auch heißt, vorhandene Einrichtungen möglichst ökonomisch einzusetzen,
das heißt ihrer spezifischen Substanz und Ausgestaltung
entsprechend zu verwenden. Angesichts der gegenwärtigen
Perspektiven der Bildungsfinanzierung wird sogar davon
auszugehen sein, daß fast alle schulischen Einrichtungen

unabhängig von Standort und ursprünglicher Zweck-
bestimmung mittelfristig weitergenutzt werden müssen.

Unter den Zielen der Schulreform bedeutet das, „neuen
Wein in alte Schläuche" gießen zu müssen, eine Aufgabe,
die insbesondere von den Lehrern Aufgeschlossenheit und
Phantasie verlangt.

Es erschien notwendig, diese Hinweise zum Arbeitsfeld
regionaler Schulplanung, die zum Teil über den Schulbereich hinaus gelten können, in einer von der Problematik des Kollegs losgelösten Form zu geben. Hieran sollte
deutlich werden, daß Zielvorstellungen zum Bildungswesen
und zu seiner Aufgabe im Entwicklungsprozeß insgesamt
nur auf oberster Ebene in sich konsistent sind. Auf der
instrumentalen Ebene einer regionalen Realisierungs-
planung treten Probleme auf, für die in Kenntnis der jeweiligen Raumstrukturen spezifische Lösungen gefunden
werden müssen (z. B. schulische Verbundsysteme, Schüler-
transportorganisation, sinnvolle Angebotsdifferenzierung
bei geringen Schülerjahrgangsstärken durch vermehrten
Lehrereinsatz, regionalspezifische Bildungsangebote).

1.3   Zusätzliche Elemente einer regionalen Planung von Kollegs
Die bisherigen Überlegungen zu den Elementen regionaler Bildungsplanung können auch für das Kolleg gelten, soweit es den Lernort Schule betrifft. Zu berücksichtigen ist
jedoch, daß dieses Modell von einer Pluralität der Lernorte ausgeht, wobei jedem Lernort bestimmte Lernziele
und -inhalte zugewiesen sind. Der Jugendliche soll in
jedem Fall auch in der Schule aber nicht nur in der Schule,
sondern auch an anderen Lernorten lernen.

Der gegenwärtige Diskussionsstand im Ausschuß „Lernprozesse (Sekundarstufe II)" zeigt vier Lernorte in unterschiedlicher Konkretisierung:
— Schule als Zusammenfassung aller bisherigen allgemeinen und beruflichen Schulen in der Sekundarstufe II;
— Lehrwerkstatt als Zusammenfassung aller derartigen
Einrichtungen unabhängig von der Trägerschaft, das heißt
schulische, betriebliche und überbetriebliche Lehrwerkstätten;
— Betrieb als Lernort für einen Teil der unmittelbar berufsqualifizierenden Bildungsgänge;
— Zentrum für Spiel und Gestalten [52] als Zusammenfassung von Lernprozessen zur Förderung von Sozialverhalten,

---

[52] Als endgültige Bezeichnung des vierten Lernorts wurde „Studio"
gewählt.

9

Rollenwahrnehmung sowie Ausdruck und Gestaltung, die im curricularen Rahmen der übrigen Lernorte nicht abgedeckt werden.

Das Kolleg ist pädagogisch-inhaltliches und organisatorisches Dach für diese Lernorte. Es soll nach Meinung des Ausschusses fachlich akzentuiert sein, da ein Gesamtangebot aller Bildungsgänge und Abschlüsse kaum möglich sei.

Innerhalb des Kollegs sind diese Lernorte, was Quantität ihrer Inanspruchnahme durch den Lernenden und damit ihre Planungsrelevanz betrifft, von unterschiedlichem Gewicht. So steht fest, daß — wie auch schon in der bisherigen Sekundarstufe II — alle Lernenden den Lernort Schule besuchen müssen, wobei der Zeitanteil unterschiedlich groß sein kann. Diejenigen Schüler, die nicht ein Studium anstreben, vermutlich aber auch ein Teil der Studierwilligen, werden in einem je nach Bildungsgang festzulegenden Anteil der Gesamtzeit im Kolleg den Lernort „Lehrwerkstatt" besuchen. Im Zuge der angelaufenen Veränderungen auf dem Wege zur beruflichen Erstqualifikation (Berufsgrundbildungsjahr; steigender Anteil überbetrieblicher Ausbildung auch in der Fachstufe durch neue Ausbildungsordnungen) kommt diesem Lernort damit — wiederum rein quantitativ betrachtet — die zweitwichtigste Rolle nach der Schule zu.

Im Vergleich zur heutigen Situation der Lehrlinge und Jungarbeiter innerhalb des dualen Systems kommt dem Betrieb als Lernort eine neue Bedeutung zu. Wissenschaftsorientierung, theoretische Abstützung beruflicher Ausbildungsschritte am Lernort Schule, berufliches Grund- und Fachtraining am Lernort Lehrwerkstatt ergänzen die Ausbildungsfunktion des Betriebes. Die betrieblichen Anteile am Gesamtprogramm müssen systematisiert und gegliedert sein, um in das Kolleg eingebracht werden zu können.

Der vierte Lernort, dessen Inhalt noch genauer zu klären sein wird, läßt sich nur schwer in die Reihe der drei vorangegangenen einfügen. Auch ohne endgültige inhaltliche Definition läßt sich aus der Diskussion erkennen, daß hier Lernort nicht gleich Einrichtung sein kann, sondern zunächst eine Vielzahl von Lernprozessen verklammert wird, wobei sich manche in vorhandenen Einrichtungen (Jugend- und Freizeitheime, Sportstätten u. a.) abspielen werden. Für die weiteren Überlegungen unter dem Aspekt der regionalen Bildungsplanung kann dieser Lernort zunächst außer Betracht bleiben; er wird später wieder einzubeziehen sein.

Für die regionale Planung von Kollegs werden also Kriterien der Lernorte Schule, Lehrwerkstatt und Betrieb benötigt, soweit der Lernort „Betrieb" sich im Rahmen der geltenden Wirtschaftsordnung überhaupt planerisch beeinflussen läßt. Bei den Überlegungen wird ebenfalls davon auszugehen sein, daß mindestens der Lernort Betrieb nicht nur pädagogisch-organisationsrechtlich, sondern auch räumlich-baulich von den drei übrigen abgesetzt ist.

Die Kolleg-Konzeption, so wie sie bisher vom Ausschuß „Lernprozesse (Sekundarstufe II)" diskutiert worden ist, enthält keine Aussagen zu einer Verbindung oder Eigenständigkeit der Lernorte des Kollegs, eine Befürwortung der prinzipiellen Eigenständigkeit der Lernorte — auch in räumlich-baulicher Hinsicht — kann jedoch unterstellt werden. Es wird zu prüfen sein, ob diese Haltung unter regionalspezifischen Gesichtspunkten modifiziert werden muß, um der pädagogisch-organisatorischen Konzeption des Kollegs gerecht zu werden.

Vor einer Erörterung der planungsrelevanten Daten lassen sich auf dem Hintergrund der bisherigen Ausführungen die Ziele für die Realisierung von Kollegs wie folgt kurz zusammenfassen:

— Es sollen Systeme mit einer Vielzahl von studien- und berufsqualifizierenden Bildungsgängen geschaffen werden, um eine breite Chancenplattform herzustellen.

Diese Systeme umfassen vier Lernorte; quantitativ die wichtigsten und der Planung am ehesten zugänglich sind die Lernorte Schule und Lehrwerkstatt.

— Zur optimalen Förderung des einzelnen sollen pädagogisch-inhaltlich leistungsfähige Systeme geschaffen werden. Die einzelnen Lernorte müssen dieser Forderung genügen.

— Die Kollegs müssen regional so gestreut sein, daß es jedem möglich ist, sie unter zumutbaren Bedingungen zu erreichen. In erster Linie wird diese Forderung für die Lernorte Schule und Lehrwerkstatt zu stellen sein.

Zwischen dieser Forderung und der anzustrebenden Breite des Angebots muß ein Kompromiß entsprechend der regionalen Situation gefunden werden, wobei alle Möglichkeiten einer Verbesserung der Schulwegbedingungen (organisierter Transport u. a.) ausgeschöpft werden müssen, bevor aus Gründen einer zu geringen Schülerbasis eine Angebotsbeschränkung erfolgen darf.

— Im Kolleg sollen die vorhandenen Einrichtungen, die

den pädagogischen Anforderungen annähernd entsprechen, aus ökonomischen Gründen weitergenutzt werden. Vor neuen Investitionen ist die Möglichkeit zur Zusammenarbeit mit allen Trägerorganisationen der Region, die über Einrichtungen im Sinne der genannten Lernorte verfügen (z. B. Werkstätten in Gewerbeförderungsanstalten der Kammern), zu prüfen.

2. Planungsrelevante Daten

Die folgenden Faktoren und Daten für die Planung von Kollegs basieren auf dem gegenwärtigen Stand der regionalen Schulentwicklungsplanung. Die Verbesserung der Informationssysteme (Statistiken, Dateien) läßt erwarten, daß das zum Teil noch grobe Planungsraster verfeinert werden kann.

2.1 Zielvorgaben und regionale Situation

Gefragt wird zunächst nach dem Modell des Kollegs, das sich quantitativ ausdrückt in Annahmen über eine Verteilung der Lernenden auf die Sekundarstufe II (nach Art und Niveau) und von daher auf die einzelnen Lernorte. Gefragt wird ferner nach den pädagogischen Leistungsfähigkeitskriterien, wie sie sich in Angaben zur Stärke von Lerngruppen, zur Schüler/Lehrer (Ausbilder)-Relation, zur Ausstattung des Lernplatzes darstellen. Gefragt wird schließlich nach der inhaltlich sinnvollen Untergliederung des Gesamtangebots an Bildungsgängen und Abschlüssen.

Das Ergebnis — wenn möglich in mittel- und langfristiger Aufgliederung der Ziele — ist ein idealtypisches Modell des Kollegs und der mit ihm verfolgten bildungspolitischen Steuerungsfunktion.

Solange diese Werte noch nicht kollegspezifisch aufbereitet sind (besonders was die Verteilung auf die Lernorte anbetrifft), muß das Modell aus den entsprechenden Zielwerten, die bisher vorliegen oder diskutiert werden, zusammengesetzt werden. Globale Hinweise liefern der „Strukturplan für das Bildungswesen"[53]) und der „Zwischenbericht der Bund-Länder-Kommission für Bildungsplanung"[54]); Kriterien der pädagogischen Leistungsfähigkeit liefern ebenfalls diese Werke in Verbindung mit Aussagen zu einzelnen Schularten und Ausbildungsformen; die

[53]) Deutscher Bildungsrat, Empfehlungen der Bildungskommission, Strukturplan für das Bildungswesen, Stuttgart 1970.
[54]) Zwischenbericht der Bund-Länder-Kommission für Bildungsplanung über den Bildungsgesamtplan und ein Bildungsbudget, Bonn 1971.

Planungen der Länder zum Berufsgrundbildungsjahr geben Anhaltspunkte für die Quantität der Nachfrage an den verschiedenen Lernorten, sie müsssen um Richtwerte aus neu erlassenen Ausbildungsordnungen ergänzt werden. Ein Modell für die fachliche Gliederung des Kollegs bietet der nordrhein-westfälische Kollegschule-Versuch. Auf diese Weise kann ein vorläufiges Zielbild des Kollegs entstehen, das neben inhaltlichen auch quantitative und organisatorische Aussagen enthält.

Neben den bildungspolitischen Zielen, hier gekennzeichnet durch das (vorläufige) Modell des Kollegs, muß die regionale Schulentwicklungsplanung auch die Ziele der Regionalentwicklung erfassen. Sie liegen häufig als Raumordnungs- oder Entwicklungspläne vor und enthalten Angaben über vorgesehene zentrale Orte, Infrastrukturausbau, eventuelle Förderungsprogramme. Zu prüfen ist, ob die Entwicklungspläne Aussagen zum Bildungswesen enthalten und welche Schwerpunkte dabei gesetzt werden.

In der Regel muß aber davon ausgegangen werden, daß die Regionalentwicklungspläne keine unmittelbaren Vorschläge zur Verbesserung der Bildungssituation beinhalten. Häufig liegen noch nicht einmal derartige Entwicklungspläne als fachübergreifende Planungen vor, sondern es finden sich mehrere Teilziele in einzelnen, meist unkoordinierten Fachplanungen (z. B. Wirtschaftsförderung, Verkehrspläne, landwirtschaftliche Strukturverbesserung, Erholungsplanung). Für die regionale Bildungsplanung kommt es darauf an, die für ihren Bereich relevanten Ziele zu erfassen und mit den Zielen des Sektors „Bildung" zu verknüpfen.

Die Feststellung der in der Region zu berücksichtigenden Ziele für Bildung und Regionalentwicklung zeigt den Rahmen, in dem Planung sinnvoll ist. Es soll nun erörtert werden, welche Informationen erforderlich sind, um diesen Rahmen auszufüllen, wobei im Mittelpunkt das Kolleg und die für seine Planung benötigten Daten stehen.

2.2   Regionale Strukturdaten

Der Zielrahmen, das Regionale Bildungsprogramm, enthält idealtypische Vorstellungen über die Struktur, Kapazität und Verteilung des Bildungsangebots nach Stufen im Raum. Die konkrete Planung muß dieses Zielbild zwar als Plan-„Utopie" im Blick behalten, jedoch im Einzelfall — durch die jeweilige Situation bedingt — Modellvarianten vorsehen. Im Bezug auf die Errichtung von Kollegs läßt

sich die Situation besonders durch die Bestandsdaten und
Vorausschätzungen in den Bereichen Bevölkerung/Sied-
lungsstruktur, Wirtschafts- und Berufsstruktur, Bildungseinrichtungen und sonstige Einrichtungen der kulturellen
sowie sozialen Infrastruktur beschreiben.

2.2.1 Daten zur Bevölkerung, Siedlungsstruktur und zum Bildungsverhalten

In den allgemeinen Überlegungen zur regionalen Bildungsplanung ist schon darauf hingewiesen worden, daß aus
Gründen der Leistungsfähigkeit — im Kolleg vordringlich
zu definieren für die Lernorte „Schule" und „Lehrwerkstatt" — die einzelnen Systeme eine bestimmte Schüler-
jahrgangsbasis haben müssen. Vorausgesetzt, daß die Leistungsfähigkeitskriterien aus pädagogisch-inhaltlicher Sicht
hinreichend quantifiziert seien, läßt die Bestandsermitt-
lung und Vorausschätzung der regionalen Bevölkerung,
besonders in den Altersgruppen der 15- bis 19jährigen,
erkennen, ob ein zunächst pragmatisch abgegrenzter Raum
ein Kolleg tragen kann.

Für diese Bestandsaufnahme und Vorausschätzung reicht
im Kollegbereich in der Regel das bevölkerungsstatistische
Material der Kreise (Landkreise oder kreisfreie Städte) in
Verbindung mit der amtlichen Statistik der entsprechenden Schulen aus; Ausnahmen bilden größere städtische
Neubaugebiete mit homogener Altersstruktur, da in ihnen
langfristige Wellenbewegungen in der Schülerzahlentwick-
lung zu erwarten sind. Die relativ grobe Abschätzung der
Schülerzahl und ihrer Entwicklung ist gegenüber aufwen-
digen Prognosearbeiten deshalb vorzuziehen, weil die
Unsicherheiten beziehungsweise Bandbreiten der Schulentwicklungsplanung im Bereich der pädagogischen
Zielvorgaben und der Organisationselemente liegen.

Die Planung von Kollegs — hier zunächst immer auf die
beiden quantitativ wichtigsten Lernorte Schule und Lehrwerkstatt beschränkt — braucht neben der Information
über die Schülerzahl auch die Kenntnis ihrer Verteilung
im Raum. Daten dafür liefert die Erfassung der Siedlungsstruktur und Siedlungsgröße, so daß es möglich wird,
potentiellen Kolleg-Standorten (bzw. den Standorten der
einzelnen Lernorte) Schülerzahlen gegliedert nach der Ent-
fernung zum jeweiligen Wohnplatz zuzuordnen. In Verbindung mit einer Aussage über bestehende Transport-
systeme oder deren Einrichtung ist dann die Definition des
für den gedachten Standort individuell zumutbaren Einzugsbereichs möglich.

In einer ersten Schleife des Verfahrens wird es hier erforderlich zu prüfen, ob auch in dem so ermittelten zumutbaren Einzugsbereich noch eine ausreichend große Schülerzahl vorhanden ist, um eine den Leistungsfähigkeitskriterien entsprechende Kollegorganisation zu erlauben. Im Falle des Suboptimums muß versucht werden, zum Beispiel durch Verbesserung des Transportsystems und/oder durch Veränderung von Elementen der Leistungsfähigkeitskriterien doch ein zielgerechtes Angebot zu erreichen.

Das Kolleg geht von dem Prinzip einer sehr weitgehenden Wahlmöglichkeit innerhalb seines Gesamtangebots aus, was besonders durch die Mehrwertigkeit einzelner „Pakete" in den Bildungsgängen zum Ausdruck kommt. Damit wird die im traditionellen Schulwesen gegebene Abschätzung der Bildungsbeteiligungsquoten erheblich schwerer, denn es gibt nicht mehr „den" Gymnasiasten, „den" Berufsfachschüler und so weiter. Vielleicht ist die Offenheit des Systems im Hinblick auf die Profilierung und die zeitliche Dauer sowohl konstituierendes Element als auch planerisches Problem des Kollegs.

Immerhin wird für eine Vorausschätzung der Nachfrage nach bestimmten Abschlüssen im Kolleg davon auszugehen sein, daß sich die gegenwärtigen Nachfragestrukturen nur langsam, und auch im Rahmen der von Bildungsrat und Bund-Länder-Kommission angegebenen Bandbreiten, verändern werden.

Für die Kapazitätsplanung der Kollegs und mehr noch ihrer einzelnen Lernorte ist dies eine wichtige Annahme: es wäre dann nämlich möglich, die Quantitäten, die auf einzelne Abschlüsse entfallen, von der Basis der gegenwärtigen regionalen Struktur der Verteilung auf die Abschlüsse her vorauszuschätzen beziehungsweise offenbare Verzerrungen der gegenwärtigen Struktur auf diese Weise zu verdeutlichen. Wenn auch die Wege, innerhalb des Kollegs diese Abschlüsse zu erreichen, vielfältiger werden, kann doch über Hilfskonstruktionen — solange das curriculare Konzept für das Kolleg und seine Abschlüsse nicht „steht", werden das die partiell weiterentwickelten bisherigen Bildungsangebote sein müssen — die Gesamtnachfrage nach Plätzen im Kolleg auf bestimmte Abschlüsse und Lernorte verteilt werden.

Die sich einer regionalen Planung von Kollegs stellende Frage heißt doch wohl, wenn auch grob verkürzt, zunächst, welche Kapazitäten (Räume und Ausstattungen) in

den Lernorten Schule und Lehrwerkstatt bei einer bekann-
ten Gesamtschülerzahl vorgehalten werden müssen und
wie sich diese Kapazitäten auf bestimmte Angebote (z. B.
unterschiedliche Werkstattausrüstung, Quantität von
Fachunterrichtsräumen) verteilen sollen. Eine hilfsweise
Beantwortung dieser Fragen auf dem Hintergrund des
vorhandenen Gesamtangebots der Sekundarstufe II in
einer Region und unter Einbeziehung der quantitativen
Ableitungen aus vorhandenen Bildungsgängen wird für
einen längeren Zeitraum die einzige Möglichkeit für die
Kollegplanung sein.

2.2.2   **Daten zur Wirtschafts- und Berufsstruktur sowie zum
betrieblichen Ausbildungsplatzangebot**
Bislang ist von den Lernorten Schule und Lehrwerkstatt
gehandelt worden, da ihnen nach den Diskussionsüber-
legungen der Ausschüsse innerhalb des Kollegs die zumindest quantitativ wichtigste Rolle zukommt. Der Lernort
Betrieb wurde vernachlässigt, zumal er sich bildungsplane-
rischem Zugriff, soweit es sich nicht um Ausbildungsinhalte handelt, weitgehend entzieht.

Die Konzeption des Kollegs geht jedoch davon aus, daß
im Modell alle bisherigen Abschlüsse der Sekundarstufe II
erreicht werden können, das heißt auch alle beruflich erst-
qualifizierenden, die einen erheblichen Zeitanteil im Lernort Betrieb erfordern. Von daher muß die Kollegplanung
Informationen über das Ausbildungsplatzangebot in der
Region besitzen, um Vergleiche zwischen der — aus Ziel-
annahmen und bisherigen Bildungsverhalten abzuleitenden —
Nachfrage nach und dem Angebot von betrieblichen Ausbildungsplätzen zu erhalten. (Qualitative Kriterien für
diese betrieblichen Ausbildungsplätze, die die ermittelten
Quantitäten relativieren, sollen hier außer acht gelassen
werden.) Diese Informationen finden sich in der Arbeits-
stättenzählung, den Sonderzählungen des Handwerks und
der Landwirtschaft, besonders jedoch in den Veröffent-
lichungen und Materialien der Selbstverwaltungsorgane
der Wirtschaft (Kammern); sie sind in den Fällen,
wo zum Beispiel große Unternehmen einen regionalen
Arbeitsmarkt dominieren, durch deren Daten zu ergänzen
(z. B. Wolfsburg — VW; Leverkusen — Bayer). Die Ermitt-
lung darf sich nicht auf das gleiche globale Ausbildungsplatzangebot beschränken, sondern muß eine berufs- oder
zumindest berufsfeldspezifische Untergliederung enthalten.
Das gleiche gilt für die Vorausschätzung, wobei allerdings

erhebliche Unsicherheitsgrade in Kauf genommen werden müssen.

Als Grundlage für die Planung von Kollegs reicht selbst dieser schon schwer zu beschaffende Datenkomplex nicht aus. Es müssen noch Überlegungen der gesamt- und regionalwirtschaftlichen Entwicklung einbezogen werden. Wirtschaftliche Prozesse in der Vergangenheit haben gezeigt, daß die Lebens- und Berufschancen in bestimmten Regionen grundlegend verändert werden können (z. B. landwirtschaftlich strukturierte Gebiete, Kohlebergbau im Ruhrgebiet, Textil- und Bekleidungsindustrie im westlichen Westfalen). Es ist daher im Rahmen der Kollegplanung selbst bei einem quantitativen, berufsspezifisch aufgegliederten Ausgleich von Angebot und Nachfrage in der beruflichen Erstausbildung zu fragen, ob die Ausbildungsplatzstruktur „richtig" ist, das heißt, ob sie im Geflecht gesamtwirtschaftlicher Entwicklungstrends und -ziele eine gewisse Tragfähigkeit besitzt. Informationen dazu lassen sich aus wirtschaftspolitischen und wirtschaftswissenschaftlichen Aussagen und Berechnungen gewinnen.

Wird die Frage nach der Tragfähigkeit ganz oder teilweise verneint oder besteht zwischen der regionalen Nachfrage nach und dem Angebot von betrieblichen Ausbildungsplätzen ein Nachfrageüberschuß, ist die Zielvorstellung des Kollegs, breite Angebote in allen Abschlußarten zu machen, nicht erfüllt. Da diese Angebotsschwächen zudem auf einige Regionen beschränkt sind, wird die regionale Chancengleichheit in Frage gestellt.

Damit ergibt sich die Forderung, den Lernort Betrieb in der regionalen Planung von Kollegs unterschiedlich zu gewichten. Nur dort, wo eine ausreichende Zahl tragfähiger betrieblicher Ausbildungsplätze in räumlicher Zuordnung zu den übrigen Lernorten des Kollegs vorhanden ist, kann dieser Lernort die ihm zugewiesene Rolle übernehmen. In den übrigen Fällen (Regionen) werden die Lernorte Schule und Lehrwerkstatt, letztere in besonderem Maße, zur Erfüllung eines chancengerechten Bildungsangebots für berufliche Erstqualifikation einzusetzen sein. Sie brauchen damit auch überdurchschnittliche Kapazitäten.

Eine solche kompensatorische Übernahme der Aufgabe eines Lernortes durch andere entspricht neben dem unmittelbaren Ziel, dem einzelnen in allen Teilräumen möglichst viele Bildungs- und Abschlußangebote zu machen, auch dem entwicklungspolitischen Ziel der Struktur- und Wirt-

schaftsförderung in zurückgebliebenen Regionen. Bei einer
an betriebswirtschaftlichen Ertragsüberlegungen orientierten Standortentscheidung der Unternehmen einerseits und
der ständig wachsenden Bedeutung des Faktors „qualifizierte Arbeitskräfte" für unternehmerische Dispositionen
andererseits läßt eine Erweiterung und Verbesserung der
beruflichen Erstqualifikation in regionalen Kollegs erwarten, daß auf diese Weise die Standortgunst des Raumes
erhöht wird und dies seinen Niederschlag in Neuansied-
lungen findet. Wie zum Beispiel durch die Errichtung von
flächenschließenden, auch für Nicht-Schüler offenen Trans-
portsystemen zum Schulstandort am zentralen Ort leistet
die regionale Planung für die Kollegs ebenfalls durch derartige kompensatorische Berufsqualifikationen einen direkten Beitrag zur Landesentwicklungsplanung.

An dieser Stelle lassen sich einige Überlegungen zur
Struktur des Programmangebots der einzelnen Kollegs
sagen. Das einzelne Kolleg kann nicht das gesamte Lernprogramm der Sekundarstufe II anbieten. Es muß Akzente
setzen. Im Ausschuß „Lernprozesse (Sekundarstufe II)" ist
daher zunächst von „Schwerpunktkollegs" gesprochen
worden. Damit war ein fachlicher Schwerpunkt als Ausschnitt aus dem Gesamtangebot gemeint. Der Begriff
„Schwerpunktkolleg" läßt sich meines Erachtens unter
Bezug auf die vorangegangenen Äußerungen, jedoch auch
unter dem Aspekt besonderer Gewichtung bestimmter
Lernorte, hier des Lernorts „Lehrwerkstatt", interpretieren.

Die fachliche Schwerpunktbildung läßt sich unter mehreren Ansätzen begründen:
— Die aus pragmatischen Gründen abgeleitete Schwerpunktbildung mehrerer Kollegs, die für eine Schülerge-
samtheit alle noch unter zumutbaren Bedingungen erreichbar sind (z. B. Dezentralisierung des gesamten Kolleg-
angebotes in einer Großstadt auf mehrere Kollegs, die durch
Nutzung vorhandener, unterschiedlich ausgestatteter
Gebäude entsprechende Schwerpunkte bilden).
— Die aus Gründen der Erreichbarkeit (Schüleraufkommen
im möglichen Einzugsbereich) vorgenommene Schwerpunktbildung (dabei handelt es sich eigentlich um eine
Angebotseinschränkung, nicht eine Schwerpunktbildung.
Immerhin scheint eine derartige Beschränkung auf die
quantitativ am häufigsten nachgefragten Abschlüsse und
Bildungsgänge dann vertretbar, wenn sonst nur Angebote
außerhalb des betreffenden Gebiets wahrgenommen werden könnten).

— Die aus Gründen der Regional-(Wirtschafts-)Entwicklung abgeleitete Schwerpunktbildung, die sich darin zeigt, daß bestimmte Entwicklungsziele durch das Bildungsangebot des Kollegs unterstützt werden (Schwerpunkt in diesem Sinne würde eine besondere kapazitive und inhaltliche Hinwendung des Kollegs zu diesen speziellen Angeboten bedeuten, zum Beispiel zur Unterstützung bestehender oder Innovation gewünschter wirtschaftlicher Entwicklungen wie im Fremdenverkehrsbereich oder in der gewerblich-technischen Entwicklung bisheriger Agrargebiete).

2.2.3 Daten der Bildungseinrichtungen und sonstiger Einrichtungen der kulturellen und sozialen Infrastruktur

Die Planung der Kollegs muß im Hinblick auf die ökonomische Nutzung der Ressourcen die vorhandenen Einrichtungen kennen und in die organisatorisch-kapazitive Konzeption einbeziehen. Dabei sind nicht nur die Schulen mit ihrem Raumangebot zu erfassen, sondern auch die überbetrieblichen und großen betrieblichen Lehrwerkstätten. Die Einrichtungen der Weiterbildung, des Sports, der Freizeitbetreuung, der Jugend- und Kulturpflege sowie bestimmter sozialer Beratungsdienste sollten ebenfalls berücksichtigt werden, zumal sich in ihnen Ansatzpunkte für den vierten Lernort „Zentrum für Spiel und Gestalten" [55] bieten können.

Die Erfassung der Schulen nach Art, Standort, Einzugsbereich, räumlicher Kapazität, Ausstattung und Grundstück (auch mögliche Erweiterungsflächen) kann über die amtliche Schulanlagenstatistik erfolgen, ist jedoch genauer über den jeweiligen Träger zu erreichen. Dieser wird auch in der Lage sein, die Weiterverwendbarkeit der Anlage zu beurteilen. Für die Lehrwerkstätten muß eine ähnliche Bestandsaufnahme über deren Träger beziehungsweise ihre Organisation durchgeführt werden.

Eine Erfassung und zumindest grobe Beschreibung sollte daneben für die oben genannten sonstigen Infrastruktureinrichtungen erfolgen, da unabhängig von der Frage des vierten Lernortes funktionale Verflechtungen zum Bildungswesen bestehen und baulich realisiert werden können (Konzeption des Bildungs- und Kommunikationszentrums).

Im Zusammenhang mit der Forderung nach Weiternutzung vorhandener Anlagen beziehungsweise nach dem

---

[55] S. Anm. 52, Seite A 123.

Hineintragen neuer Inhalte in Einrichtungen, die unter
anderem Zweck angetreten sind, muß gefragt werden, ob
dann noch das inhaltliche Konzept des Kollegs erhalten
bleibt. Dieses Konzept stellt sich gegenwärtig dar als eine die
bisherigen Ansätze zur Integration und damit Überwindung
der Trennung von Schularten und Ausbildungsformen in der
Sekundarstufe II weit übertreffende Form der Individualisierung von Lernprozessen und Abschlußzielen. Zwar
bleiben mehrere Lernorte bestehen, zumindest aber der
Lernort Schule muß dem Jugendlichen die Vielfalt der
Angebote auch räumlich konzentriert vorstellen. Das bedeutet nicht unbedingt nur eine Schule je Kolleg, es bedeutet aber wohl, daß unterschiedliche Angebote innerhalb
eines Unterrichtstages wahrgenommen werden können.

Die gegenwärtige Verteilung von Schulraum in einem
Gebiet läßt diese Forderung realisierbar erscheinen. Zwar
ist davon auszugehen, daß die bisherigen Kapazitäten deshalb nicht ausreichen, weil der Lernort Schule in Zukunft
erheblich mehr Jugendliche eines Jahrgangs zu versorgen
hat als heute. Die vorhandenen Schulen der Sekundarstufe
II, besonders die Gymnasien und (Teilzeit-)Berufsschulen,
sind in den letzten Jahren zunehmend in Form von Schulzentren errichtet worden. Ältere Systeme, hauptsächlich in
den Flächenregionen, liegen zwar häufig noch voneinander
getrennt, befinden sich jedoch in der Regel im zentralen
Ort des Einzugsbereichs, zum Beispiel der Kreisstadt. Eine
Beeinträchtigung der Kollegkonzeption, die über die allgemeinen Probleme des finanziellen Engpasses der öffentlichen
Hand hinausgeht, ist hier generell nicht zu erkennen. Im
übrigen wäre im Einzelfall zu klären, ob nicht Verkehrs-
systeme die notwendige Verbindung zur Wahrnehmung
unterschiedlicher Angebote herstellen könnten, wenn es
sich um größere Entfernungen zwischen zwei Anlagen des
Lernortes Schule handelt.

In der eben geschilderten Intensität sind Probleme der
Distanzüberwindung zwischen verschiedenen Lernorten,
etwa zwischen Schule und Lehrwerkstatt, nicht zu erwarten. Anzunehmen ist, daß die jeweiligen Angebote zeitlich
so aufgeteilt sind, daß sie nicht beide während eines Unterrichtstages aufgesucht werden müssen. Wo es möglich ist,
sollte allerdings eine enge räumliche Verbindung zwischen
den Lernorten angestrebt werden, da sie inhaltliche Ziele
des Kollegs unterstützen wird und eine flexiblere Organisation erlaubt.

2.3   Bewertung

Es wurde versucht, entlang der zur Zeit erkennbaren Konzeption des Kollegs Daten zu benennen, die bei einer regionalen Planung dieser Systeme relevant sind. Dabei zeigte sich, daß zunächst eine weitere Konkretisierung des Kolleg-Modells erfolgen müßte, ehe eine direkte Ableitung regionaler Planungsprobleme vorgenommen werden kann. Die Kritik mangelhafter Schärfe der Ziele trifft häufig ebenso die regionalplanerischen Gesamtkonzepte. Da Planung jedoch das Instrument für die Überwindung einer — in diesem Falle regionalen — Soll-Ist-Differenz ist, bedurfte es einiger hilfsweiser Annahmen, um Zielbilder zu skizzieren.

Für die planungsrelevanten Daten wurde ebenfalls weitgehend auf Fragestellungen und Analysen zurückgegriffen, die generell im Rahmen der regionalen Bildungsplanung gelten und hier, soweit möglich, auf Probleme des Kollegs zugespitzt wurden. Die jeweiligen Bezüge zwischen Daten und Kollegplanung sollten gezeigt, Informationsquellen kurz benannt werden. Die Einzelinformationen, die sich hinter den drei Datengruppen verbergen, sind jedoch nicht gleichgewichtig für die Kollegplanung; die Hauptkriterien seien deshalb kurz herausgestellt:

— Im Kolleg sind Schule und Lehrwerkstatt in der Regel quantitativ dominierend; auf diese Lernorte bezogene Daten müssen dementsprechend hoch bewertet werden.

— Die Leistungsfähigkeitskriterien des Kollegs (Vielfalt der Abschlüsse, individuelle Förderung) erfordern bei nicht unbegrenzten Personal- und Sachmitteln eine breite Schülerbasis je Kolleg; der Einzugsbereich eines Kollegs (insbesondere seines Lernorts Schule) ist nicht beliebig dehnbar, ohne zu unzumutbaren Wegebedingungen zu führen. Daten der Bevölkerungsverteilung und der räumlichen Verkehrserschließung sind daher von entscheidender Bedeutung.

— Die angestrebte Gleichwertigkeit von Kollegs in verschiedenen Teilräumen bedingt Vergleichbarkeit der angebotenen Abschlüsse bei unterschiedlichen Wegen dorthin. Über Daten zur regionalen Wirtschaftsstruktur und -entwicklung sowie zum betrieblichen Ausbildungsplatzangebot muß eine den Zielen des Kollegs entsprechende Aufgabenverteilung zwischen den Lernorten Schule, Lehrwerkstatt und Betrieb begründet werden.

— Der Begriff „Schwerpunktkolleg" ist nicht eindeutig definiert. Wenn damit die Absicht verbunden ist, ohne

Substanzverlust im Kolleg bestimmte Angebote zu akzentuieren, sollten zu deren Bestimmung Daten und Information über die regionale Wirtschaftsentwicklung herangezogen werden.

— Das Kolleg, besonders die beiden Lernorte Schule und Lehrwerkstatt, ist ein bedeutender Infrastrukturfaktor für seinen Standort. Bei Kapazitätsplanungen sind daher die Stadtentwicklungskonzepte zu berücksichtigen, besonders soweit sie zur Zentralbildung anregen.

Im Kreis der regionalen Planungsdaten für Kollegs sind zwei Komplexe ausgespart: Personal und Finanzierung. Es ist unverkennbar, daß in den Problemen der Personalbeschaffung und der Finanzierung des Bildungssystems überhaupt heute — auch regional — das entscheidende Realisierungshindernis liegt. Dennoch handelt es sich nicht um Inhalte regionaler, raumbezogener Planung; weder entstehen die Probleme direkt in bestimmten Regionen noch sind sie von oder für Regionen lösbar.

3.   **Planungsbeispiele (hypothetische Lösungen)**
Zur Veranschaulichung der bisherigen Überlegungen soll nun kurz versucht werden, zwei Planungssituationen zu beschreiben, wie sie bei der Realisierung des Kollegs auftreten können. Dabei kommt es mehr auf grobe Charakteristika einer regionalen Situation als auf eine möglichst komplexe Beschreibung an.

3.1   **Region A (ländlicher Raum)**
Beschreibung:
Ein dünn besiedelter, strukturschwacher Raum mit überdurchschnittlich hohem Anteil von Erwerbstätigen in der Landwirtschaft, geringem Bruttoinlandprodukt und niedriger Steuerkraft; durch viele kleine Gemeinden beziehungsweise Wohnplätze geprägte Siedlungsstruktur; nichtlandwirtschaftliche Arbeitsstätten (Industrie, Handel, Dienstleistungen) vorwiegend in Kleinbetrieben; geringe Flächenerschließung durch öffentliche Verkehrsmittel; zwei konkurrierende Landstädte mit jeweils Gymnasium, nicht voll gegliederten Berufsschulen; relativ geringe Bildungsbeteiligung (Gymnasium), kaum zukunftsträchtige betriebliche Ausbildungsplätze; keine überbetrieblichen Ausbildungseinrichtungen; wenige gruppengebundene Jugendheime, kaum soziale Beratungsdienste; Schulgebäude alle in weiterverwendbarem Zustand, Erweiterungsflächen an allen Standorten vorhanden.

Annahme:
Die demografischen Vorarbeiten haben ergeben, daß die
Schülerzahl der Gesamtregion auf längere Sicht ausreiche,
um ein Kolleg in voller Angebotsgliederung zu tragen. Bei
den gegenwärtigen Wegebedingungen ist jedoch für viele
Schüler der Weg zu einem Standort unzumutbar.

Vorschlag (Ziel):
In beiden zentralen Städten Errichtung gleichartiger
Kolleg-Subsysteme mit beschränktem Angebot. Die Sub-
systeme bestehen mindestens aus den Lernorten Schule und
Lehrwerkstatt, die vorhandenen baulichen Anlagen werden von ihnen weitergenutzt. Bei den Schulgebäuden und
den Jugendheimen wird außerdem geprüft, ob nicht in
beiden Städten der vierte Lernort realisiert werden kann.
    Das Angebot der beiden ersten Lernorte umfaßt minde-
stens die Qualifikationen der bisherigen Schularten am
Ort. Zur Kompensation des betrieblichen Ausbildungs-
platzdefizites übernehmen Schule und Lehrwerkstatt den
überwiegenden Teil der beruflichen Erstqualifikation; als
Hilfe beziehungsweise Anreiz dafür und für Umschulung
und berufliche Fortbildung wird eine überbetriebliche Ausbildungsstätte an einem der beiden Standorte errichtet.
    Am Standort dieser überbetrieblichen Ausbildungsstätte
(Teil des Lernortes Lehrwerkstatt), die im Kolleg vordringlich der fachpraktischen Qualifizierung in der „Fachstufe" dient, werden überdies die im Lernort Schule an beiden Standorten bislang fehlenden Angebote angesiedelt.
Da Nachfrager nach diesen an einem Standort zentralisierten Angeboten auf Tansport angewiesen sind, wird in
Verbindung mit den übrigen Schülertransportbedürfnissen
der bestehende öffentliche Nahverkehr zu einem flächendeckenden Netz ausgebaut.

Vorschlag (Stufenrealisierung):
Formale Errichtung des Kollegs; Gründung eines Planungs-
verbundes der Schulträger und einer pädagogischen Vor-
bereitungsgruppe aus Vertretern aller Schulen; Verselbständigung der gymnasialen Oberstufen; Errichtung der
überbetrieblichen Ausbildungsstätten; Erweiterung der
Kapazitäten von Schulwerkstätten in beiden Standorten,
sofern die berufliche Erstausbildung das verlangt; Schaffung des flächendeckenden Verkehrssystems; Schaffung
der Einrichtungen beziehungsweise Voraussetzungen für
den vierten Lernort; formale Aufhebung der Schularten

und Zusammenfassung zum Lernort Schule des Kollegs;
Vervollständigung des Angebots im Lernort Schule.

3.2   Region B (mittlere Großstadt und Verflechtungsraum)
Beschreibung:
Dicht besiedelte Kernstadt mit einer verstädterten Ver-
flechtungszone, die keine eigenständigen Nebenzentren
aufweist; durch Handel und Dienstleistungen (Verwaltung)
geprägte Wirtschafts- und Berufsstruktur, traditioneller
Standort von Mittelbetrieben der Industrie mit hohen
Qualifikationsanforderungen; hoher Einpendlersaldo;
durchschnittliche Werte bei Bruttoinlandprodukt und
Steuerkraft; flächenhafte Erschließung des Kerngebietes
durch stadteigene Verkehrsmittel, geringe bis schlechte
Anbindung von Außenbezirken; mehrere Gymnasien im
Kernbereich ohne räumliche Verbindung zu zwei Berufsschulzentren, ein Gymnasium am Stadtrand; hohe gymnasiale Bildungsbeteiligung (sprachlicher Bereich, Wirtschaft), voll differenziertes Berufsschulangebot mit hohem
Vollzeitanteil; Angebotsüberschuß bei betrieblichen Ausbildungsplätzen; keine überbetriebliche Ausbildungsstätte;
Jugend- und Sozialzentren in den Wohngebieten vorhanden; kaum noch Erweiterungsflächen in der Kernstadt;
dort relativ viele alte Schulgebäude.

Annahme:
Die Schülerbasis der Stadt und des Verflechtungsbereichs
trägt zwei vollgegliederte Kollegs; Probleme der Wege/
Zeitentfernungen tauchen nur in Einzelfällen auf.

Vorschlag (Ziel):
Es werden zwei Kollegs im Verbund oder ein Kolleg mit
zwei Fachschwerpunkten errichtet. Die Gymnasien der
Kernstadt und die Berufsschulen der kaufmännisch-verwaltenden Berufe bilden das (Teil-)Kolleg mit dem Schwerpunkt Sprachen/Wirtschaft/Verwaltung. Am Standort des
Stadtrand-Gymnasiums wird eine zweite Kollegschule mit
dem Schwerpunkt Mathematik/Naturwissenschaft/Tech-
nik errichtet. Dort wird ebenfalls eine überbetriebliche
Lehrwerkstätte angesiedelt, bei deren Dimensionierung auf
den Anteil vorhandener schulischer und betrieblicher Lehrwerkstätten Rücksicht zu nehmen ist, der als Lernort Lehrwerkstatt schon zur Verfügung steht. Austauschprobleme
zwischen beiden (Teil-)Systemen entstehen wegen der vorhandenen Verkehrsmittel nicht. In der neuen Kollegschule

wird der vierte Lernort vorgesehen, im Innenstadtbereich soll er an vorhandene nichtschulische Einrichtungen angebunden werden.

Vorschlag (Stufenrealisierung):
Formale Errichtung der (des) Kollegs; Gründung einer Planungsgruppe aus Pädagogen und Verwaltungsvertretern; Verselbständigung der gymnasialen Oberstufen; „Flurbereinigung" zwischen den gymnasialen Oberstufen unter dem Gesichtspunkt der Schwerpunktbildung; Einbeziehung der beruflichen Schulen in die Angebotsumstrukturierung; Errichtung der überbetrieblichen Ausbildungsstätte; sukzessiver Ausbau der Einrichtungen des Kollegs in der Randzone einschließlich der Ausstattung für den vierten Lernort.

Zusammenfassend läßt sich für beide Fälle nur die aus der Situation resultierende unterschiedliche Problematik bei Ziel- und Realisierungsvorschlägen herausstellen. Die groben Aussagen zur Realisierung sollen zeitliche Abfolgen zeigen, finanzielle Überlegungen sind bei dieser Festlegung nicht berücksichtigt worden.

4. Schlußfolgerungen für die Realisierung von Kollegs

Die Frage nach den regionalen Faktoren und Daten, die bei der Errichtung von Schwerpunktkollegs zu berücksichtigen sind, ist zunächst grundsätzlicher angegangen worden. Soweit erkennbar war, was das Kolleg ausmacht, was seine spezifische Situation gegenüber der bisherigen Sekundarstufe II beschreibt, war vorrangig zu untersuchen, ob sich dieses Konzept unter allen regionalen Bedingungen durchsetzen lassen könnte. Ich würde dies bejahen, wenngleich die Realisierung in bestimmten Regionen eine Reihe von flankierenden Maßnahmen mit zusätzlichen Kosten erfordert. Dieser Hinweis trifft jedoch nicht das Kolleg, sondern die ihm zugrundeliegende bildungspolitische Intention, Chancengerechtigkeit im Angebot herstellen und den Nachfrager nach Bildung als weitgehend selbstverantwortlich Entscheidenden behandeln zu wollen.

In dünn besiedelten Gebieten entsteht in allen Bildungsstufen, somit auch im Kolleg, die Notwendigkeit, Leistungskriterien der Angebotsorganisation mit den Möglichkeiten zur Entfernungsüberwindung zur Deckung zu bringen. Die Daten, aus denen dieser Konflikt sichtbar wird, die aber gleichzeitig Grundlage für die Planung der Konfliktlösung sein können, sind genannt worden.

Im Grundsatz ist das Herstellen einer Kongruenz zwischen möglichem und erforderlichem Einzugsbereich einer funktionsgerechten Bildungseinrichtung in jeder Region aktuell und damit für jede Kollegplanung notwendig. Es ist daneben zu zeigen gewesen, daß sich aus bestimmten Regionalstrukturen Akzente für die Gestalt des Kollegs ergeben müssen, und zwar dadurch, daß ein Lernort, der Betrieb, dem staatlich-planerischen Zugriff nicht im gleichen Maße zugänglich ist wie die anderen drei. Fehlt nun der Lernort Betrieb in einer Region weitgehend, muß das Kolleg in Schule und Lehrwerkstatt aus bildungs- und entwicklungspolitischen Gründen Kompensationsmöglichkeiten eröffnen. Die Indikatoren dafür sind ebenfalls genannt.

Die Probleme bei einer Realisierung des Modells „Kolleg" sollen mit diesen Hinweisen nicht verniedlicht werden; selbst wenn Personal- und Finanzierungsfragen hier ausgeklammert bleiben, ist der Rest erheblich, da die Widerstände erst im konkreten Fall deutlich sichtbar werden. Andererseits liegen in dem Konzept Chancen für Impulse im Bereich der Regionalentwicklung und des Infrastrukturausbaus im Sektor der kulturellen und sozialen Dienste, die dort vorhandene Ansätze unterstützen. Es entspricht somit den eingangs genannten Zielen der regionalen Bildungsplanung.

Personenregister

Mitglieder der Bildungskommission:

Krings, Hermann
Dr. phil., ordentlicher Professor für Philosophie an der
Universität München
Vorsitzender der Bildungskommission des Deutschen
Bildungsrates

Becker, Hellmut
Dr. jur. h. c., Honorarprofessor an der Freien Universität
Berlin,
Direktor des Max-Planck-Instituts für Bildungsforschung,
Berlin
Stellvertretender Vorsitzender der Bildungskommission des
Deutschen Bildungsrates

Bauersfeld, Heinrich
Dr. rer. nat., ordentlicher Professor für Didaktik der
Mathematik an der Universität Bielefeld

Dams, Theodor
Dr. agr., ordentlicher Professor für Wirtschaftspolitik an
der Universität Freiburg (Breisgau)

Freudenberg, Hermann
Persönlich haftender Gesellschafter der Firma Freudenberg
& Co. und Carl Freudenberg in Weinheim (Bergstraße)

Friedrichs, Günter
Dr. rer. pol., Vorstandsverwaltung der IG Metall, Leiter
der Abteilung Automation und Kernenergie, Frankfurt
(Main)

Grevens, Werner
Dipl.-Handelslehrer, Dipl.-Kaufmann, Professor, Abteilungsleiter im Institut für Bildungsplanung und Studien-
information, Stuttgart

Hubrich, Erich-Wolfgang
Dr. phil., Oberstudiendirektor an der Klaus-Groth-Schule,
Gymnasium für Mädchen in Neumünster

Hübner, Peter
Dr. rer. pol., Dipl.-Soziologe, ordentlicher Professor an
der Pädagogischen Hochschule Berlin

Lentz, Hubert
Dr. iur., Oberstadtdirektor in Düren

Muth, Jakob
Dr. phil., ordentlicher Professor für Pädagogik an der
Universität Bochum

Nierhaus, Herbert
Dr. phil., Mitglied des Bundesvorstandes der Deutschen
Angestellten-Gewerkschaft und Leiter des Ressorts Bildung
in Hamburg

Nisius, Heinz-Josef
Studiendirektor im Studienseminar für das Lehramt an
Berufs-, Berufsfach- und Berufsaufbauschulen für den
Ausbildungsbezirk Trier

Pfizer, Theodor
Dr. phil. h. c., Oberbürgermeister i. R., Ulm

Rohde, Hubert
Dr. phil., ordentlicher Professor für Erziehungswissenschaft an der Pädagogischen Hochschule des Saarlandes

Roth, Heinrich
Dr. phil., em. ordentlicher Professor für Pädagogik an der
Universität Göttingen

Stahl, Emily
Dr. phil., Professor, Bremen

Generalsekretär des Deutschen Bildungsrates:
Letzelter, Franz
Dr. iur., Bonn-Bad Godesberg

Mitglieder des Ausschusses „Berufliche Bildung":

Dams, Theodor
Dr. agr., ordentlicher Professor für Wirtschaftspolitik an
der Universität Freiburg (Breisgau)
Mitglied der Bildungskommission
Vorsitzender des Ausschusses „Berufliche Bildung" bis
28. 4. 1971

Maier, Gerhard
Dr. rer. pol., Oberstudiendirektor
Mitglied der Bildungskommission bis 10. 4. 1972
Vorsitzender des Ausschusses „Berufliche Bildung" vom
29. 4. 1971 bis 10. 4. 1972

Dehnkamp, Willi
Bürgermeister a. D., Bremen
Mitglied der Bildungskommission bis 24. 6. 1972
Leiter der Sitzungen des Ausschusses „Berufliche Bildung"
vom 11. 4. 1972 bis 21. 9. 1972

Krings, Hermann
Dr. phil., ordentlicher Professor für Philosophie an der
Universität München
Vorsitzender der Bildungskommission des Deutschen
Bildungsrates
Vorsitzender des Ausschusses „Berufliche Bildung" ab
22. 9. 1972

Lemke, Horst
IG Metall, Abteilung Berufsbildung in Frankfurt (Main)
Geschäftsführender Vorsitzender des Ausschusses „Beruf-
liche Bildung" vom 22. 9. 1972 bis 31. 5. 1973
Mitglied des Ausschusses bis 31. 5. 1973

Freudenberg, Hermann
Persönlich haftender Gesellschafter der Firma Freudenberg
& Co. und Carl Freudenberg, Weinheim (Bergstraße)
Mitglied der Bildungskommission

Friedrichs, Günter
Dr. rer. pol., Vorstandsverwaltung der IG Metall, Leiter
der Abteilung Automation und Kernenergie, Frankfurt
(Main)
Mitglied der Bildungskommission

Nierhaus, Herbert
Dr. phil., Mitglied des Bundesvorstandes der Deutschen
Angestellten-Gewerkschaft und Leiter des Ressorts Bildung
in Hamburg
Mitglied der Bildungskommission

Nisius, Heinz Josef
Studiendirektor im Studienseminar für das Lehramt an
Berufs-, Berufsfach- und Berufsaufbauschulen für den Aus-
bildungsbezirk Trier
Mitglied der Bildungskommission

Achtenhagen, Frank
Dr. rer. pol., ordentlicher Professor für Wirtschaftspädagogik an der Universität Göttingen

Giesen, Hermann
Direktor und Hauptabteilungsleiter „Betriebliches Bildungswesen" der Mannesmann AG, Duisburg-Huckingen

Krause, Erwin
Dr.-Ing., Honorarprofessor für Berufspädagogik an der
Technischen Hochschule Aachen

Lutz, Burkart
Dr. phil., Honorarprofessor an der Universität München,
Direktor des Instituts für Sozialwissenschaftliche Forschung
e. V., München

Peege, Joachim
Dr. rer. pol., ordentlicher Professor für Pädagogik und
Wirtschaftspädagogik an der Universität Mainz

Mitglieder des Ausschusses „Lernprozesse (Sekundarstufe II)":

Krings, Hermann
Dr. phil., ordentlicher Professor für Philosophie an der Universität München
Vorsitzender der Bildungskommission des Deutschen Bildungsrates
Vorsitzender des Ausschusses „Lernprozesse (Sekundarstufe II)"

Dams, Theodor
Dr. agr., ordentlicher Professor für Wirtschaftspolitik an der Universität Freiburg (Breisgau)
Mitglied der Bildungskommission

Hubrich, Erich-Wolfgang
Dr. phil., Oberstudiendirektor an der Klaus-Groth-Schule, Gymnasium für Mädchen in Neumünster
Mitglied der Bildungskommission

Roth, Heinrich
Dr. phil., em. ordentlicher Professor für Pädagogik an der Universität Göttingen
Mitglied der Bildungskommission

Blankertz, Herwig
Dr. phil., ordentlicher Professor für Pädagogik und Philosophie an der Universität Münster, Leiter der wissenschaftlichen Begleitung Kollegstufe Nordrhein-Westfalen

Hornstein, Walter
Dr. phil., Honorarprofessor an der Universität München, Direktor des Deutschen Jugendinstituts München

Vertreter der Verwaltungen des Bundes und der Länder im Ausschuß „Berufliche Bildung":

Fredebeul, Franzheinz
Ministerialrat im Bundesministerium für Arbeit und Sozial-
ordnung, Bonn

Lemke, Horst
Abteilungsleiter im Bundesministerium für Bildung und
Wissenschaft, Bonn, ab 1. 6. 1973

Schmidt, Hermann
Dr. rer. pol., Ministerialrat im Bundesministerium für
Bildung und Wissenschaft, Bonn

Turtur, Wilhelm
Ministerialrat im Bundesministerium des Innern, Bonn

Hardenacke, Alfred
Dr. rer. pol., Ministerialdirigent im Bundesministerium für
Wirtschaft, Bonn

Dettinger-Klemm, Martin
Dr. jur., Ministerialdirigent im Kultusministerium
Baden-Württemberg

Götz, Alexander
Ministerialdirigent im Kultusministerium
Baden-Württemberg

Huber, Hans
Regierungsdirektor im Bayerischen Staatsministerium für
Unterricht und Kultus

Grützmann, Peter
Oberstudienrat beim Senator für Schulwesen, Berlin

Marencke, Werner
Oberschulrat beim Senator für das Bildungswesen der
Freien Hansestadt Bremen

Schöning, Hans
Dr. rer. pol., Oberschulrat bei der Behörde für Schule,
Jugend und Berufsbildung der Freien und Hansestadt
Hamburg

Schreiber, Hans Martin
Dr. phil., Ministerialdirigent im Hessischen Kultusministerium

Weete, Heinz
Ministerialrat im Niedersächsischen Kultusministerium

Sacks, Peter
Ministerialrat im Kultusministerium des Landes Nordrhein-Westfalen

Schaede, Klaus
Ltd. Ministerialrat im Kultusministerium Rheinland-Pfalz

Bourgeois, Manfred
Oberschulrat im Ministerium für Kultus, Unterricht und
Volksbildung des Saarlandes

Schütt, Günter
Ltd. Regierungsschuldirektor im Kultusministerium des
Landes Schleswig-Holstein

Vertreter der Verwaltungen des Bundes und der Länder im Ausschuß „Lernprozesse (Sekundarstufe II)":

Rommel, Hans-Georg
Dr. phil., Ministerialrat im Bundesministerium für Bildung und Wissenschaft, Bonn

Tidick, Marianne
Oberregierungsrätin im Bundesministerium für Bildung und Wissenschaft, Bonn

Weible, Albert
Dr. rer. nat., Ministerialdirigent im Kultusministerium Baden-Württemberg

Müller, Leonhard
Dr. phil., Ministerialrat im Kultusministerium Baden-Württemberg

Rolle, Theodor
Ministerialrat im Bayerischen Staatsministerium für Unterricht und Kultus

Hoffmann, Hansjoachim
Ltd. Oberschulrat beim Senator für Schulwesen, Berlin

Büchner, Claus
Studiendirektor beim Senator für das Bildungswesen der Freien Hansestadt Bremen

Bärsch, Walter
Dr. phil., Oberschulrat bei der Behörde für Schule, Jugend und Berufsbildung der Freien und Hansestadt Hamburg

Schreiber, Hans Martin
Dr. phil., Ministerialdirigent im Hessischen Kultusministerium

Plumhof, Wolfgang
Regierungsdirektor im Niedersächsischen Kultusministerium

Brockmeyer, Rainer
Dr. phil., Ministerialrat im Kultusministerium des Landes Nordrhein-Westfalen

Hachgenei, Wilhelm-Josef
Dr. phil., Ministerialrat im Kultusministerium Rheinland-Pfalz

Schmitz, Gerd
Ltd. Ministerialrat im Kultusministerium Rheinland-Pfalz

Denne, Ludwig
Dr. phil., Oberschulrat im Ministerium für Kultus, Unterricht und Volksbildung des Saarlandes

Menard, Johannes
Oberstudiendirektor im Ministerium für Kultus, Unterricht und Volksbildung des Saarlandes

Bruns, Heinz
Dr. phil., Ltd. Regierungsschuldirektor im Kultusministerium des Landes Schleswig-Holstein

Gutachter für den Ausschuß „Berufliche Bildung":
Autorengruppe:
Asmus, Bernd
Studienrat an der Staatlichen Gewerbeschule für Maschinenbau, Hamburg
Brandt, Ingo
Oberstudienrat an der Staatlichen Gewerbeschule für Maschinenbau, Hamburg
Brüggemann, Erich
Oberschulrat, Hamburg
Dittmar, Hans-Dieter
Oberstudienrat an der Staatlichen Gewerbeschule für Maschinenbau, Hamburg
Höpfner, Horst
Studiendirektor an der Staatlichen Gewerbeschule für Maschinenbau, Hamburg
Lingstaedt, Günther
Oberstudienrat an der Staatlichen Gewerbeschule für Maschinenbau, Hamburg
Lux, Hugo
Studiendirektor an der Staatlichen Gewerbeschule für Maschinenbau, Hamburg
Meier, Erich
Studiendirektor an der Staatlichen Gewerbeschule für Stahl- und Metallbau, Hamburg
Schoenwald, Karlheinz
Oberstudienrat an der Staatlichen Gewerbeschule für Maschinenbau, Hamburg
Gutachten: Beurteilung eines systematisierten beruflichen Bildungsganges hinsichtlich seiner Wertigkeit für die Berufsqualifikation und Studienbefähigung

Autorengruppe:
Bartscherer, Guntram
Dipl.-Ingenieur, Leiter der Hauptabteilung „Betriebliches Bildungswesen" der Daimler-Benz AG, Sindelfingen
Breithecker, Berthold
Ingenieur, Betriebsabteilungsleiter im Technischen Bildungswesen der Mannesmann AG Hüttenwerke, Duisburg-Huckingen
Stellberg, Wilfried
Studiendirektor und Fachleiter am Bezirksseminar für das Lehramt an berufsbildenden Schulen in Essen
Gutachten: Darstellung ausgewählter beruflicher Bildungsgänge und deren Analyse hinsichtlich der Erreichung allgemeiner Lernziele — Maschinenschlosser —

Berke, Rolf
Dr. rer. pol., ordentlicher Professor für Wirtschafts-
pädagogik an der Universität Nürnberg
Gutachten: Verknüpfung berufs- und studienbezogener
Bildungsgänge, Gutachten und Studien der Bildungskom-
mission, Band 29

Böhme, Margret
Dipl.-Volkswirtin, Freiburg (Breisgau)
Studie: Berufsgrundbildungsjahr als erster Teil einer
gestuften Berufsausbildung

Elias, Rhea
Dipl.-Handelslehrerin, Studienrätin a. D., Reinheim
Studie: Ausbildung der Ausbilder

Grüner, Gustav
Dr. phil., Professor für Berufspädagogik an der Tech-
nischen Hochschule Darmstadt
Gutachten: Verknüpfung berufs- und studienbezogener
Bildungsgänge, Gutachten und Studien der Bildungs-
kommission, Band 29

Autorengruppe:
Halstenberg, Christoph
Dipl.-Handelslehrer, Oberstudiendirektor an der Staat-
lichen Handels- und Höheren Handelsschule mit Wirt-
schaftsgymnasium, Hamburg
Herold, Rainer
Leiter der Kaufmännischen Aus- und Weiterbildung,
Hamburg
Hinrichs, Heinz
Dr. rer. pol., Studiendirektor an der Staatlichen Handels-
und Höheren Handelsschule mit Wirtschaftsgymnasium,
Hamburg
Gutachten: Darstellung ausgewählter beruflicher Bildungs-
gänge und deren Analyse hinsichtlich der Erreichung all-
gemeiner Lernziele — Industriekaufmann —

Hock, Rembrant
Dipl.-Kaufmann, Oberstudiendirektor und Leiter der Kaufmännischen Schulen des Landkreises Ottweiler, und
Hesse, Georg F.
Dr. rer. pol., Dipl.-Volkswirt, Studienrat an den Kaufmännischen Schulen in Koblenz
Gutachten: Darstellung ausgewählter beruflicher Bildungsgänge und deren Analyse hinsichtlich der Erreichung allgemeiner Lernziele — Einzelhandelskaufmann —

Hönes, Walter Jerg
Dr. rer. nat., Studiendirektor und Leiter der Fachabteilung
Physik an der Kerschensteinerschule, Stuttgart
Gutachten: Die Ausbildung zum Physikalisch-technischen
Assistenten in ihrer Wertigkeit für Studium und Beruf

Jürgensen, Carl
Dr. rer. hort., Dipl.-Ingenieur agr., Wissenschaftlicher Rat,
Leiter des Lehrgebietes Berufsdidaktik des Gartenbaues
der Technischen Universität Hannover, und
Preißel, H.-G.
Gutachten: Darstellung ausgewählter beruflicher Bildungs-
gänge und deren Analyse hinsichtlich der Erreichung all-
gemeiner Lernziele — Landwirt —

Kleinbeck, Uwe
Dipl.-Psychologe, wissenschaftlicher Angestellter am
Psychologischen Institut der Ruhr-Universität Bochum
Gutachten: Die berufliche Ausbildung Jugendlicher unter
dem Aspekt einer psychologischen Theorie der Motivation
beruflichen Verhaltens (bei besonderer Berücksichtigung
der motiv-spezifischen Anreizstrukturen verschiedener
Lernorte)

Krumm, Volker
Dr. phil., ordentlicher Professor für Erziehungswissenschaft
an der Universität Düsseldorf
Gutachten: Wirtschaftslehreunterricht, Gutachten und
Studien der Bildungskommission, Band 26

Lehmberg, Hans
Dr. rer. pol., Professor für Berufspädagogik an der Tech-
nischen Hochschule Darmstadt, und
Friedrich, Horst
Studienrat, Gießen
Gutachten: Darstellung ausgewählter beruflicher Bildungs-
gänge und deren Analyse hinsichtlich der Erreichung all-
gemeiner Lernziele — Friseur —

Autorengruppe:
Mayer, Rolf
Dipl.-Gewerbelehrer, Professor an der Berufspädagogischen
Hochschule in Stuttgart
Pfeuffer, Heinz
Dr.-Ing., Referent beim Kuratorium der Deutschen Wirt-
schaft für Berufsbildung

Knüttel, Willi
Studiendirektor, Mannheim
Gutachten: Darstellung ausgewählter beruflicher Bildungsgänge und deren Analyse hinsichtlich der Erreichung allgemeiner Lernziele — Elektrotechnik —

Otter, Christine
M. A., Oberstudienrätin, Referentin für Mädchenbildung
im Staatsinstitut für Schulpädagogik, München, und
Rohsmanith, Kurt
Dipl.-Psychologe, Studienrat an einer berufsbildenden
Schule in Hagen
Gutachten: Darstellung ausgewählter beruflicher Bildungs-
gänge und deren Analyse hinsichtlich der Erreichung all-
gemeiner Lernziele — Kinderpflegerin —

Schmitz, Heinz
Oberstudienrat an der Staatlichen Gewerbeschule und
Meisterschule für Tischler, Hamburg
Gutachten: Beurteilung eines systematisierten beruflichen
Bildungsganges hinsichtlich seiner Wertigkeit für die Be-
rufsqualifikation und Studienbefähigung

Autorengruppe:
Weber, Günter
Dipl.-Gewerbelehrer, Professor für Bildungsplanung und
Bildungsorganisation, Direktor des Seminars für Studien-
referendare an Beruflichen Schulen, Stuttgart
Niess, Fritz
Dipl.-Ingenieur, Professor und Fachleiter am Seminar für
Studienreferendare an Beruflichen Schulen, Stuttgart
Springer, Günter
Dipl.-Gewerbelehrer, Professor und Fachleiter am Seminar
für Studienreferendare an Beruflichen Schulen, Stuttgart
Ott, Heinz Karl
Dipl.-Handelslehrer, Professor und Fachleiter am Seminar
für Studienreferendare an Beruflichen Schulen, Stuttgart
Gutachten: Darstellung ausgewählter beruflicher Bildungs-
gänge und deren Analyse hinsichtlich der Erreichung all-
gemeiner Lernziele — Kraftfahrzeugmechaniker —

Gutachter für den Ausschuß „Lernprozesse (Sekundarstufe II)":

Back, Hans-Jürgen
Dipl.-Volkswirt, Abteilungsleiter im Institut für regionale
Bildungsplanung, Arbeitsgruppe Standortforschung,
Hannover
Gutachten: Welche regionalen Faktoren und Daten sind zu
berücksichtigen bei der Errichtung von Kollegs?

Bertelsmann, Klaus
Kunsterzieher, Holzminden
Gutachten: Spielhandlungen in der Sekundarstufe II

Blinkert, Baldo
Dipl.-Soziologe, wissenschaftlicher Assistent im Institut
für Soziologie der Universität Freiburg

Friauf, Karl Heinrich
Dr. iur., ordentlicher Professor für Staats- und Verwal-
tungsrecht an der Universität Köln
Gutachten: Rechtsgutachten für die Empfehlung „Zur
Neuordnung der Sekundarstufe II"

Grupe, Ommo
Dr. phil., ordentlicher Professor für Sportwissenschaft an
der Universität Tübingen, Direktor des Instituts für Leibesübungen
Gutachten: Sport und Leibeserziehung in der Sekundarstufe II

Autorengruppe:
Hornstein, Walter
Dr. phil., Honorarprofessor an der Universität München,
Direktor des Deutschen Jugendinstituts, München
Schefold, Werner
Dipl.-Soziologe, Referent im Deutschen Jugendinstitut,
München
Schmeiser, Gottfried
Dipl.-Psychologe, Referent im Deutschen Jugendinstitut,
München
Gutachten: Lernen im Jugendalter

Jaide, Walter
Dr. phil., ordentlicher Professor an der Pädagogischen
Hochschule Hannover, Direktor der Forschungsstelle für
Jugendfragen, Hannover
Gutachten: (Expertise) Stellungnahme zur Thematik
„Jugendliche Ungelernte"

Lempert, Wolfgang
Dr. phil., apl. Professor für Wirtschaftspädagogik an der
Freien Universität Berlin, wissenschaftlicher Mitarbeiter im
Max-Planck-Institut für Bildungsforschung, Berlin
Gutachten: Die notwendige und mögliche Funktion des
Lernortes Betrieb im Verhältnis zu Lehrwerkstätte und
Schule unter dem sozialen Gesichtspunkt des sozialen Ler-
nens und der Funktionalität der Ausbildung

von Recum, Hasso
Dr. sc. pol., Dipl.-Volkswirt, ordentlicher Professor für
Bildungsökonomie, Direktor des Forschungskollegiums des
Deutschen Instituts für internationale pädagogische For-
schung, Frankfurt
Gutachten: Kostenprobleme aufgrund der Empfehlung
„Zur Neuordnung der Sekundarstufe II"

Schmähling, Walter
Dr. phil., Studiendirektor, Referent für Deutsch an Gymnasien im Staatsinstitut für Schulpädagogik, München
Gutachten: Prinzipien und Elemente des Sprachunterrichts
in der Sekundarstufe II für den Aspekt „Deutsch"

Schmidt, Walter Dieter
Referent im Deutsch-Französischen Jugendwerk, Bad
Honnef
Gutachten: Auslandsreisen und -aufenthalte als ein
Bestandteil des Lehrprogramms in der Sekundarstufe II

Schörken, Rolf
Dr. phil., Oberschulrat beim Landesinstitut für schul-
pädagogische Bildung (Lehrerfortbildung), Düsseldorf
Gutachten: Der politische Unterricht in der Sekundarstufe II

Schröder, Konrad
Dr. phil., Professor, Lehrstuhl für Didaktik des Englischen
der Universität Augsburg
Gutachten: Prinzipien und Elemente des Sprachunterrichts
in der Sekundarstufe II (Fremdsprachen)

Söderberg, Bo
Zeichenlehrer, Schulberater in der Generaldirektion für das
Schulwesen in Schweden, Stockholm
Gutachten: Die Bedeutung des ästhetischen, kreativen und
sozialen Lernens in der Sekundarstufe II

Mitarbeiter der Geschäftsstelle:

Böhme, Margret
Dipl.-Volkswirtin (bis 31. 12. 1972)

Hermanns, Lambert
Studiendirektor als pädagogischer Fachleiter an einer
berufsbildenden Schule

Leischner, Dietmar
Studienrat an berufsbildenden Schulen (ab 1. 2. 1973)

Petry, Ludwig
Studiendirektor

Reinhardt, Jürgen
Studiendirektor

Wagner, Annelie
Dipl.-oec.-troph., Studienrätin z. A. (ab 14. 6. 1972)

Sachregister
Dieses Sachregister soll zwei Aufgaben erfüllen:
Über das Inhaltsverzeichnis hinaus soll es die Orientierung in der Empfehlung durch Angabe der Hauptfundstellen erleichtern. Durch **Fettdruck** der zentralen Fundstellen soll es für eine Reihe inhaltlicher Stichworte als Glossar benutzt werden können.

Deutscher Bildungsrat

Empfehlungen der Bildungskommission

Sammelband:

Empfehlungen der Bildungskommission 1967—1969

Einzelbände:

Zum Lehrermangel in den mathematisch-naturwissenschaftlichen Fächern an den Gymnasien
Sicherung der öffentlichen Ausgaben für Schulen
bis 1970, 2. Aufl. 1970

Einrichtung von Schulversuchen mit Ganztagsschulen
Sicherung der öffentlichen Ausgaben für Schulen und
Hochschulen bis 1975, 2. Aufl. 1970

Zur Verbesserung der Lehrlingsausbildung, 2. Aufl. 1970

Zum Schulbau, 2. Aufl. 1970

Zur Neugestaltung der Abschlüsse im Sekundarschulwesen, 2. Aufl. 1970

Einrichtung von Schulversuchen mit Gesamtschulen,
3. Aufl. 1974

Strukturplan für das Bildungswesen, 4. Aufl. 1972

Zur Einrichtung eines Modellprogramms für
Curriculum-Entwicklung im Elementarbereich, 1973

Zur Reform von Organisation und Verwaltung im
Bildungswesen Teil I: Verstärkte Selbständigkeit der
Schule und Partizipation der Lehrer, Schüler und
Eltern, 1973

Zur Planung berufsqualifizierender Bildungsgänge im
tertiären Bereich, 1973

Zur pädagogischen Förderung behinderter und von
Behinderung bedrohter Kinder und Jugendlicher, 1974

Zur Förderung praxisnaher Curriculum-Entwicklung,
1974

Empfehlung, Zur Neuordnung der Sekundarstufe II
Konzept für eine Verbindung von allgemeinem und
beruflichem Lernen, 1974

Bericht, Zur Reform von Organisation und Verwaltung:
Fragen einer ziel- und programmorientierten
Schulverwaltung unter besonderer Berücksichtigung
des Ministerialbereichs, 1974

Empfehlung, Aspekte für die Planung der Bildungsforschung, 1974